# 動詞派生と転成から見た古代日本語

釘貫 亨 著

和泉書院

# 目次

## [第Ⅱ部]

索　引

# 序章　派生と転成から見た古代日本語動詞の文法機能

## 一　本書の考え方について

本書が主たる観察対象とするのは、奈良時代及びその前後の古代日本語である。
古代日本語とは、八世紀以前の上代語を含む奈良時代語から十一世紀の平安時代語までを指す。日本列島の最初期の文字資料は五世紀後半から推古王朝まで点在しているが、共時態復元のために十分な量を伴った資料群として姿を顕すのが八世紀奈良時代からである。奈良時代語と平安時代語との間には歴史的変遷が存在するが、両者を併せて古代日本語として一括する根拠がある。それは平安時代語が先史時代以来継続してきた古代日本語形成の完成態であると見られるからである。後の時代と断絶して奈良時代語と平安時代語には文法体系に親和性が見出される。八世紀は、日本が文明化を達成した時期でもあり、大きな社会変動を経験した。このような時代は、言語も変動し（例えば室町期京都語や明治期東京語の成立）、我々日本人にとっての古典古代語の形成期であった。

言語の変動は、経験的には新しい単語の登場という形で現れる。とりわけ我々に時代の変遷を鮮やかに実感させるのが新しい名詞の登場である。名詞は、世界の名称目録のような性格を持つから、言語使用者にとってこのような実感は当然のことである。しかし、名詞の改廃がいかに流動的であろうと、それ自体は言語の体系の根幹に変化を与えない。問題は、語形態に文法の仕組みが張り付いている品詞に改廃と増殖が起こった際に言語体系の根幹が揺さぶられるのである。日本語にとって動詞、形容動詞、形容詞、活用助辞（助動詞）といった述語を構成する要素がそれらの品詞群である。

本書は、歴史時代の日本語が経験した最初の大変動である古代語形成期の様相を、動詞増殖に関して、その特徴と本質を解明しようとする。本書の筆者は、古代日本語を変革し、形成した最大の要因が動詞の機能の変化にあると捉えている。述語を構成する最高の要素が動詞である。動詞が変わると文法が変わるのである。

古代日本語において動詞は、動詞を資源として新しい動詞を派生し、他の品詞を資源として新しい動詞を産出した。その痕跡は、様々な形態上の特徴となって表れている。

例えば、「荒る→荒らす」「別く→別かる」のように、動詞は動詞を生み出した。「取る→取り持つ」「打つ→打ち越ゆ」のように別の動詞を重ねて新動詞を生んだ。「荒」「悲し」のような名詞や形容詞を資源的語幹にして「荒ぶ」「悲しぶ」のような語幹と語尾の関係が離散的で分析的な動詞を生んだ。「つく→たなづく」「たつ→際だつ」のように動詞を資源的に接尾辞として接尾辞動詞を生んだ。また、古代語動詞の中には、多様な文法形式に接続することによって自らも文法形式化して大きな役割を果たすものがあった。その代表的な語が存在動詞アリである。アリは、動詞連用形に接して「*咲きある花→咲ける花」、助辞テに接して「咲きてある花→咲きたる花」、助辞ニに接して「家にある妹→家なる妹」、のように連体修飾構造を培養器にして活用助辞リ、タリ、ナリを生んだ。リ、タリ、ナリは、成立当初、連体修飾に密集して出現した。ナリは、平安時代以後、「静かなり」「遙かなり」のようなナリ型形容動詞に展開した。アリは形容詞連用形に接して「美しくあり→美しかり」「高くあり→高かり」のようなカリ型形容動詞（形態上は動詞であり、これをカリ活用形容詞と呼ぶのは適切ではない）を生んだ。

また、形容詞も増殖システムを持った。「高→高し」「暗→暗し」のような状態性名詞を語幹にして、ク活用形容詞を産出した。「包む→つつまし」「恨む→うらめし」のように感情的意味を持つ動詞を語幹部に組み込んで奈良時代語では感情的意味を表すシク活用形容詞を生んだ。

我々は、このような古代日本語における動詞、形容動詞、形容詞の派生に関する形態上の痕跡を手がかりにして、日本語内部の歴史的な諸関係をある程度再建することが可能である。先ず、古代語における動詞造語システムを次節で概観したい。

## 二　新しい動詞を作る

日本語動詞の特徴として、自動詞と他動詞が形態的に区別されている点が知られる。それが自他対応と呼ばれる現象である。「切る・他―切れる・自」「移る・自―移す・他」「立つ・自―立てる・他」など多くの対応が現代日本語において観察される。このような形態的対応は、奈良時代語から存在し、三種類の対応が見出される。

第Ⅰ群動詞（活用の種類による対応）

入る四段自―入る下二段他　垂る四段自―垂る下二段他

切る四段他―切る下二段自　焼く四段他―焼く下二段自

第Ⅱ群動詞（語尾の相違による対応）

成る自―成す他　寄る自―寄す他　余る自―余す他

移る自―移す他　隠る自―隠す他　下る自―下す他

第Ⅲ群動詞（語幹増加とル・ス語尾付接）

荒る自―荒らす他　出ず自―出だす他　巡る自―巡らす他

掛く他―掛かる自　別く他―別かる自　上ぐ他―上がる自

自他対応の奈良時代語の全観察例は、拙著を参照されたい(1)。これらの動詞群は何れも奈良時代語に共存、混在しているので、これだけでは三つの形式の歴史的諸関係を明示しない。八世紀より前の日本語資料は、極度に貧弱な様相を呈するのである。これらの対応形式は、派生を繰り返しつつ組織され、歴史的に積み上がって奈良時代語の共時態において共存していたと見られる。というのは、自他標示の積極性、派生にかかる造語生産性から見てⅠⅡⅢの順序で改善され、造語力を増やしてきたと考えられるからである。第Ⅰ群動詞の音節数の少なさもこの形式の古態を推認させる。そしてⅠⅡⅢの順での歴史的成立を仮定することによって平安時代以後の事態をよく説明できるのである。第Ⅱ群と第Ⅲ群の自他の標識は、ル（自動詞）ス（他動詞）という積極的なものであるが、特に第Ⅲ群動詞の数が最大であり、平安時代以後も産出力が衰えない。第Ⅱ群動詞は、自他標示において合理的であるが、派生祖形がル語尾とス語尾に限定される。この点、第Ⅲ群動詞は、ズ・ク・ムなどあらゆる語尾形態動詞群の自他派生の要求に応ずることの出来る潜在的生産力を持っており、事実第Ⅲ群動詞の数が最も多い。

第Ⅱ群と第Ⅲ群の自他対応は、奈良時代において盛んに増産されていた。その結果、語尾ル＝自動詞、語尾ス＝他動詞の標識は、受け身助辞ル・ラルと使役助辞ス・サスを分出した。受け身と使役の助辞は、奈良時代語ではユ・ラユとシムによって担われたが、平安時代初めにル・ラルとス・サスに交替した。これは、語尾ル―スを標識とする自他対応を中軸にして受け身と使役にシンメトリカルに展開する個性的な体系である。このような一見突然の交替は、第Ⅱ群と第Ⅲ群動詞の旺盛な産出力を想定することによって説明することが出来る。第Ⅱ群と第Ⅲ群のルースで標識される自他対応に類推してル・ラルとス・サスが分出し、先史以来の受け身助辞ユ・ラユと使役助辞シムを駆逐した。これによって「切られる―切れる・切る―切らせる」と自他を基軸にして受け身と使役に展開して成立した独自のヴォイスの体系は、現代語まで継承されている。この体系は、動詞が動詞を産む古代語の造語法によって完成した。自他対応第Ⅲ群のような語幹増大型の動詞造語法に関しては、奈良時代語において、「住む↓住まふ　叩く↓戦かふ　切る↓きらふ　移る↓移ろふ　語る↓語らふ」など動作や作用の反復継続の意味を添えるフ語尾動詞の派生関係が知られる。このフの離散的性格に注目して反復継続の助動詞とする説もある。山田孝雄は、いわゆる「助動詞」を自立した単語とは認めず、動詞語尾が複雑に発達した二次的な語尾である「複語尾」とした。山田の複語尾論は、通時論的にも適用可能であると考えられる。古典文法が言う「助動詞」の中には、受け身使役のように歴史的に動詞語尾から派出した形態が存在するからである。本書では、活用助辞ムもまたム語尾動詞から成立したと考える。奈良時代には、体言・形状言・形容詞を語幹にして単音節の語尾を接する分析的な造語法が発達した。次にその一部を挙げる。

　あら（荒）ぶ　あらは（顕）る　あむ（浴）す　うら（心）む　うれし（嬉）ぶ　かしこ（畏）む　かた（固）む　きは（極）む　きよ（清）む　くぼ（窪）む　さだ（定）む　しわ（皺）む　くるし（苦）む　うと（疎）ぶ　かむ（神）ぶ　くし（奇）ぶ　かなし（悲）ぶ　かづら（蔓）く　いそ（争）ぐ　うな（項）ぐ　さや（乱）ぐ　うら（心）ぐ　たひら（平）ぐ　いほ（庵）る　くも（雲）る　ひろ（広）る

　例えば語尾ムを持つ動詞は、「いさむ・うらむ・かたむ・きわむ・きよむ・さだむ・にくむ・ひろむ」等、意志動詞あるいは感情動詞に偏るのに気づく。意志あるいは感情動詞に偏在するこのようなム語尾動詞の増産が意志・推量の助辞ムを類推的に派出成立させた。

新しく成立した助辞ムを中核としてク語法マクと形容詞「欲し」が連結して願望表示マクホシが成立し、さらに平安時代に願望形式マホシに向かう展開が見通せるのである。文法形式ム、マク、マクホシ、マホシを生起した根本的動力が精神的意味を表示するム語尾動詞の増殖と派生であった。

奈良時代語に見いだされる語幹と語尾の構成が分析的で離散的な右のような動詞造語法は、バム・ダツ・ヅク等の複数音節の接尾辞を駆使する動詞造語法の先駆けを成すものである。これらの接尾辞には、「立つ」「付く」等の動詞が文法化したものがある。次に挙げる語群は、奈良時代語から採集されたものである。

おい（老）づく　ちか（近）づく　あき（秋）づく　かた（方）づく　たたな（畳）づく　いろ（色）づく　さき（先）だつ　あさ（朝）だつ　ひひ（疼）らく　しみ（茂）さぶ　かみ（神）さぶ　うまひと（貴人）さぶ　をとこ（男）さぶ　をとめ（乙女）さぶ　やま（山）さぶ　かち（勝）さぶ　うづ（貴）なふ　おと（響）なふ　いざ（率）なふ　つみ（罪）なふ　とも（伴）なふ　まか（賄）なふ　に（丹）つらふ　いひ（言）づらふ　ひこ（引）づらふ

ヅク動詞、ダツ動詞、ナフ動詞は四段活用、サブ動詞は上二段活用に集中しており、意味も状態性を中心に共通性を持っている。同一共時態において意味も形態も共通する動詞群は、近接した時期にまとまって成立した可能性が高いと見られる。接尾辞を駆使した造語法は、平安時代において飛躍的な発達を見せた。

次に挙げるのは平安時代の主要な平仮名文芸作品に見いだされる接尾辞動詞の一部である。ここでは、当代語の典型的な接尾辞ダツ、メク、ガルを伴う動詞の例を挙げる。より広範な例については、前記拙著を参照されたい。

**［ダツ］**

あけだつ　あはだつ　あらだつ　あやにくだつ　いよだつ　いまやうだつ　うしろみだつ　うすやうだつ　うちはしだつ　うひだつ　えんだつ　おほきみだつ　おやだつ　かたきだつ　かへりだつ　か

たびらだつ　うるはしだつ　きたおもてだつ　きよげだつ　きりかけだつ　くさだつ　けいしだつ
けさうだつ　けしきだつ　けしからずだつ　かへりまうしだつ　こころだつ　こうらぎだつ　こまだつ
さはだつ

〔メク〕

あきめく　あだめく　いまめく　いりめく　いろめく　えびすめく　おごめく　おもほしびとめく
おぼめく　おやめく　かかめく　かどめく　からめく　きしめく　きつねめく　きらめく　くるめく
こそめく　こほめく　ことさらめく　ことめく　こめく　さめく　さうぞめく　さらめく　さか
しらめく　ささめく　ししめく　しなめく　しがくめく　しぐれめく　じやうずめく　せんじがきめ
く　そそめく　そよめく

〔ガル〕

あるじがる　あはれがる　あさましがる　あやふがる　あやにくがる　あたらしがる　あやしがる
いとほしがる　いぶかしがる　いたがる　うしろめたがる　うるさがる　うれしがる　うつくしがる
えんがる　おやがる　おぼつかながる　おそろしがる　かしこがる　かたはらいたがる　からがる
きようがる　くやしがる

右の語例における語幹部は、和語漢語名詞、形容詞、形容詞語幹、形容動詞語幹、動詞連用形、擬音語擬態語、「けしからず」のような句にも及んでいる。これらの接尾辞動詞の特徴は、他動詞を圧して状態性自動詞群によって占められることである。これら状態性自動詞は、意味と統語的特徴によって形容詞に親和性を持つ。奈良時代から平安時代にかけての古代後期の接尾辞動詞語彙の増殖は、状態的意味を持つ動詞の造語に特化している点に特徴がある。

ダツ、メク、ガルのほか平安時代語で有力な働きをした接尾辞は、ヤク・ヤグ、バムなどがあり、状態性を標識する特徴を持っている。

平安時代出現の接尾辞動詞群のうち、現代語に継承されている語を探せば、意外なほど数が少ないことに留意せざるを得ない。奈良時代語の自他対応動詞群、作用継続性フ語尾動詞群、単音節語尾動詞群の多くが現代語に継続して使用される基本語彙を多く抱え込んでいることと比較して、この時期の接尾辞動詞の「歩留まり」の悪さは印象的である。平安王朝文芸を彩った接尾辞動詞の多くは、臨時的に造語されて中世以後急速に収縮した。接尾辞の創出によって多量の使い捨て可能な動詞群が産出された可能性がある。平安時代に出現した接尾辞動詞の多数が中世以後捨てられた事実は、動詞派生を中心に発達した奈良時代以来の造語法が供給過剰に達したことを示している。

## 三　文法的に形容詞を作る

先の単音節語尾を用いた分析的な動詞造語法を継承した接尾辞動詞は、平安王朝古典語を特徴付ける大量の語彙を実現した。しかもこれらの動詞の大部分が状態性を意味に持つ自動詞群であって、これらは形容詞の意味に近接する。奈良時代から平安時代にかけて多量の造語を実現した接尾辞動詞が状態性自動詞群によって多くを占められる事実は、特別な意義を持つ。この事実は、形容詞語彙の増加に対する要求が形態的に特色ある動詞語彙によって担われた可能性があることを示唆する。そのように推測するには、日本語の内部構造に根拠を求めることが出来るからである。動詞と形容詞が密接な関係を持つというのは、日本語の特徴である。それは、欧語の形容詞が動詞よ

りも名詞に親和性を持つことと対照的である。欧語の形容詞は、それ自身で叙述形を構成できず、

She is beautiful

のように形式的にも動詞を述部に介入させざるを得ない。これに対して、日本語では「彼女は美しい」とそのままで述語を構成しうる。この点、日本語の形容詞は動詞と親和的である。第四章で解明されるように、日本語においては、古代語から現代語に至るまで一貫して形容詞語彙が動詞に比べて貧弱であるという事実がある。しかしながら、形容詞語彙の増産に対する要求が存在しなかったわけではない。その際、形容詞は、動詞の自他対応や作用継続フ語尾動詞のように動詞を資源にして新しい動詞を生みだすような語彙増産システムを持たなかった。その結果、形容詞と親和的な動詞が形容詞的意味表示の要求を肩代わりして、動詞形態を持つ意味上の形容詞の造語によってこれを補った。その一つの典型的な例が状態的意味を持つ動詞をほぼ排他的に造語した接尾辞動詞の増産であった。このような造語法は、形容詞的語彙増産のための語彙的方法というべきものである。

形容詞は、「美しい姿」「高い山」のような名詞修飾する働きと「姿が美しい」「あの山は高い」のような主格名詞を叙述する働きとがある。事物、事態の状態表示という機能が専用形態（ク活・シク活・ナリ活・カリ活）を伴って単語化したものが、形容詞と形容動詞である。このような専用形態ではなく動詞が本来の形を変えずにそのまま形容詞として働く機能が奈良時代から存在した。その代表的なものとして、名詞修飾する動詞の形容詞への転成が注目される。動詞連体形による名詞修飾には、「太郎が来た道（ガ格）」「バケツを持つ人（ヲ格）」のような述部が必須的文法項を取るものと「咲く花」「壊された扉」のような動詞部が先行文脈に依存せず、形容詞のようにふるまうものがある。前者が欧語では関係代名詞が介入する名詞修飾節であり、後者が分詞用法である。名詞修飾節と分詞は、日本語では動詞部が格助詞を取るか否かによって消極的に区別されるに過ぎないので研究者の注意を惹き

にくかった。英語では関係代名詞節に対して、分詞の名詞修飾は running man　broken door のように現在分詞と過去分詞という二種類の形態を使用する。

分詞とは、動詞を転成することによって形容詞の役割を担わせる機能である。日本語では、「飛ぶ鳥」「咲く花」「行く水」などの動詞連体部が先行文脈から離脱して事実上の形容詞として機能している。大方の欧語の分詞が、現在と過去の時制を利用するのに対して、日本語においては、本体動詞の連体形だけで形容詞に転成させる。これは、いわば無標識の絶対的分詞とも言うべき働きである。

動詞の名詞修飾は、連体修飾のほかに「焼き鳥」「死に場所」「取り皿」「勝ち馬」のような連用形転成名詞によるものがある。動詞連用形による名詞修飾は、修飾語と被修飾語との意味関係が非統語的、直観的で、連体形による形容詞的用法（「飛ぶ鳥」「行く春」「荒れたる都」）が「鳥、飛ぶ」「春、行く」「都、荒れたり」のような既存の統語構造を前提にして成立するのと異質である。連用形による名詞修飾は、あたかも英語の、

swimming pool　sewing machine　jumping throw

のような動名詞の名詞修飾に対応する。英語は、動名詞と現在分詞を形態上区別しないが、日本語では動詞連用形と連体形が両者を区別する。

古代日本語においても欧語のような現在分詞や過去分詞が存在した。先の「飛ぶ鳥」のような無標識の絶対的分詞から、助辞タリが動詞連体部に介入して過去情報と関連しながら動詞部を形容詞として標識するようになった。その際、奈良時代語においてキ、ケリ、ツ、ヌ等いくつか存在する過去辞を排除して、組織的に過去分詞を構成できたのがタリだけである。(2)「咲きたる花　残りたる雪　雅たる花　絶えたる恋」のような例がそれである。「咲きたる　荒れたる　絶えたる」等の表現は、多様な文脈で使用されるので、特定文脈からの離脱性が高く、汎用性が

高い。

タリとの違いが定説を見ない「完了・存続の助動詞」リについて、奈良時代語では先行文脈から項を引きこむ性質が強いことが分かった。上代語では、リが介入する連体修飾には、「汝が佩ける太刀」「雪に混じれる梅の花」「光るまで降れる白雪」等の表現が有意に多数見いだされる。タリはリに比べて明らかに分詞的用法に介入しやすく、リは文脈から項を引き込むことによって構文構造上にとどまろうとする傾向が強い。リの意味は、現代の歴史文法学では現前の事態進行を表示するとされており、リが介入する動詞連体部が先行文脈から離脱しにくいこともこの意味的特徴によって理解できる。リは、平安時代以後、「咲ける花」「降れる白雪」のような、特定文脈から自立した分詞用法が成立する。このようなリが現前事態の進行を表示するとすれば、リが介入する動詞部は、現在分詞として過去分詞タリと対立していると考えるのが適切である。

奈良時代に組織的な機能を持っていたタリの過去分詞的用法は、平安時代にさらなる発達を遂げた。そこで「咲く花」「降る雪」のような無標識の絶対的分詞は、平安時代以後、タリが標識する過去分詞およびリが標識する現在分詞とともに鼎立関係を成立させた。

リとタリの相違は、あたかも現代語の名詞修飾におけるテイルとタ（ダ）の相違に近似する。タリの後継形式であるタ（ダ）は、「浮いた噂」「洒落た関係」「消された真実」など離散的で慣用的な用法に盛んに用いられるが、テイルは現前事態を表示する関係上、先行文脈から項を引き込む性質を濃厚に帯びている。テイルが介入する現在分詞は、「生きている証」「混んでいる電車」など可能な表現もあるが、タ介入句のような文脈離脱性が薄弱で、表現としての汎用性は高くない。このようなテイル介入句の性格は、古代語のリと似ている。現代語動詞の時制を用いた形容詞的用法は、「生きる屍」「生きている証」「生きた化石」のような鼎立関係を構成しており、その淵源は、平安時代語にある。

存在動詞アリが助辞ニに介入してタリ、リとともに成立したナリは、万葉集の用例では、アリが本来持っていた存在の意味を保存して「駿河なる富士」「家なる妹」のように連体修飾に密集して分布した。これが「妙なる殿」「常磐なる命」のような状態性体言に接して断定の意味を表示する用法に展開し、ついには「静かなり」「遥かなり」のようなナリ型形容動詞として成立するのは平安時代である。断定辞ナリとナリ型形容動詞成立の端緒は、奈良時代語におけるアリが介入した分詞用法にあった。

## 四　本書の構成について

本書は、古代日本語を変革した最大の趨勢である動詞の派生的造語と形容詞転成を解明するに際して、二つの部分に分けて考証を行った。すなわち、前半第一部が精神的意味を表すム語尾動詞（堅む・かしこむ等）の造語に伴って精神的意味を表示する活用助辞ムが分離成立し、さらにムのク語法マクを中核にして感情形容詞ホシを組み込みながら古代語の話者願望表現マクホシが展開した過程を論証する。

特定の意味を動詞語尾が標識する現象は、古代語に観察される。自動詞ル語尾（移る・寄る・借る）、他動詞ス語尾（移す・寄す・貸す）、自発性ユ語尾（見ゆ・絶ゆ・聞こゆ・覚ゆ）、継続性フ語尾（住まふ・語らふ・叩かふ）等の動詞語尾から文法形式ル・ラル、ス・サス・ユ・ラユ、フなどが分出した。本書が最初に注目したのは、上代文献において歴史的に古相に位置づけられる『古事記』歌謡、『日本書紀』歌謡、白鳳期万葉に有意に観察される軽い尊敬を表示する語尾ス（摘ます・取らす等）である。尊敬語尾スは、平安時代以後は観察されない上代語特有の文法形式とされるものであるが、本書はその消滅の要因を奈良時代語に台頭した他動詞語尾スとの接触によって古代語の体系から撤退した可能性を提案した。このような方法は、時代的に均質なものと扱われてきた上代語資料の中から歴史的諸関係を再構成する可能性を示唆したものである。また、『万葉集』の時期区分論は、契沖によって提唱されて以来、数十年ほど前までは万葉学で議論されたものであるが、今日あまり言及されないという。しかしながら、筆者は記紀歌謡と天平期以後の口頭伝達を伝える『続日本紀』収載の宣命を引き込んで議論すれば、白鳳期万葉と天平期万葉との大摑みの区分は、なお歴史言語学的検証に耐える価値を持つと考える。

尊敬語尾スと同様に、本書は、精神的意味に有意に集中するム語尾動詞（極む・求む・定む・かしこむ等）に注目した。筆者は、これらム語尾動詞から「意志・推量」の活用助辞ムが分出したと考える。その際に筆者がよりどころとしたのが山田孝雄『日本文法学概論』（宝文館、昭和十一年一九三六）の複語尾論である。山田の複語尾論は、主著『日本文法論』（宝文館、明治四一年一九〇八）で表明されているが、『概論』の複語尾論とは、少し異なっている。山田文法の中核概念である複語尾は、当初、動詞の語尾が「複雑に発達して」出来上がった二次的「語尾」であるとして純粋に理論的にとらえられていた。ところが、『概論』では複語尾が本幹動詞から歴史的に分出成立したともとれるような記述が加わった。本書は、この点に注目して、山田の複語尾論を歴史文法学的検討に値する概念としてとらえ直そうとした。

本書後半の第二部では、古代語の動詞増殖が形容詞の慢性的不足状態を補塡する役割を担っていたことを形容詞の造語機能の特色との関連から論ずる（第四章）。続く章では存在動詞アリの文法化を伴った介入によって活用助辞タリ、リ、ナリが成立した経緯を考える。すなわち、古代語動詞の造語過程は、早い時期に実現したとみられる自他対応のごとき派生的増殖によって産出された動詞群と「堅む」「悲しぶ」のごとき語幹・語尾が離散的な単音節語尾動詞群によって動詞の基本語彙の重要な部分が形成された。次いで単音節語尾動詞の語構成を継承した接尾辞動詞が奈良時代から平安時代にかけて大量に造語された。これらの大部分は、状態的意味を持つ自動詞に偏ることから、古代語の動詞増産の局面に変化が生じたと見られる。それは、形容詞に親和性を持つ動詞が特化的に産出される事態に至ったことを意味するのである。このような特殊な方向性を伴った語彙増産の一方で、形容詞的環境を生み出す動詞の連体修飾部に存在動詞アリが介入して過去動作の完了態タリ、現前進行態リ、存在態ナリがそれぞれの個性的意味を表示する諸形式として成立した。タリとリは、「飛ぶ鳥」等の無標識の絶対分詞を起点として過去分詞、現在分詞の標識を構成し、ナリは、存在から断定辞に展開した末に、ナリ型形容動詞という意味上の形容詞を成立させた。同じ時期に、アリは、形容詞連用形に活用の補助として介入してカリ型形容動詞というもう一つの意味上の形容詞を形成した。古代語後期に顕著に展開した形容詞的意味を伴った動詞造語の趨勢は、語彙的方法と文法的方法の二方面から成り立っていた。それは、古代語の形容詞造語システムの貧弱さを補填して王朝古典語として後代に位置づけられる体系的存在を完成させた。

本研究は、以上の二部構成によって古代語変革最大の動力源となった動詞の増殖過程の、重要と思われる現象を歴史言語学的方法によって叙述する。

なお、古代語の音声と表記に関する過去の拙論二編を補論として掲載したので、併せてご参照賜れば幸いである。

本研究で使用した文献は、主として八世紀のものであり、次にそれを示したい。括弧内に依拠テクストを記した。本研究では、原則として仮名書きで観察される用例を奈良時代語資料として採取した。

古事記（日本古典文学大系、倉野憲司・武田祐吉校注、岩波書店）、日本書紀（日本古典文学大系、坂本太郎・井上光貞校注、岩波書店）、続日本紀（新日本古典文学大系、青山和夫・稲岡耕二・笹山晴生・白藤礼幸校注、岩波書店）、正倉院文書（正倉院古文書影印集成、八木書店）、万葉集（日本古典文学全集、小島憲之・木下正俊・佐竹昭広校注、小学館）、仏足石歌（日本古典文学大系・古代歌謡集、土橋寛・小西甚一校注、岩波書店）

**［注］**

（1）拙著（一九九六）『古代日本語の形態変化』（和泉書院）

（2）拙稿（二〇一二）「奈良平安朝文芸における過去辞が介入する分詞用法」『名古屋言語研究』第六号（名古屋言語研究会）

**［参考文献］**

金水敏（一九九四）「連体修飾の「～タ」について」田窪行則編『日本語の名詞修飾表』（くろしお出版）
野村剛史（一九九四）「上代語のリ・タリについて」『国語国文』六三―一
鈴木泰（二〇〇九）『古代日本語時間表現の形態論的研究』（ひつじ書房）

# 第Ⅰ部

# 第一章　上代語尊敬語尾スの消長

## 一　記紀歌謡における述語尊敬

『万葉集』巻一の冒頭は、次のような雄略天皇「御製」の長歌を置いている。

籠《こ》もよ　御籠持ち　堀串《ふぐし》もよ　御堀串持ち　この丘に　菜摘ます（採須）児　家聞かな　名告らさね（告沙根）

そらみつ　大和の国は　おしなべて　われこそ居れ　しきなべて　われこそ　坐せ　われこそは　告らめ　家をも　名をも

万葉学の理解によれば、右は雄略帝自身の歌ではなく、大和地方で謡われていた民衆歌謡に材を求め、その中から『万葉集』（以下、括弧を省略する）全巻を寿ぐに相応しい内容を有するものを編者が選定して、伝説の英雄たる雄略天皇に冠したものとされる。(1)

その点に異論を持つものではないが、筆者が注目するのは、「採ます」「告らす」とあるような特徴的な動詞派生の形態である。つまり、「採む」「告る」という動詞の基本形を丸ごと語幹部に取り込んで四段活用語尾スを配するのである。国文法では、語尾スを伴ったかかる派生形を指して、軽い敬意を伴う親愛の情を込めた上代語特有のものであるという。(2) 尊敬語尾スを擁する動詞群は、特定の意味に応じて、特定の語尾形態スによる表示である点において、自動詞語尾ル、他動詞語尾ス、作用継続性語尾フなどと同じく上代語における代表的な動詞派生の造語法によるものである。ス語尾尊敬動詞が奈良時代以前の一時期に発達した後、平安時代以後衰微した事実が注目される。尊敬語尾スの発達と衰微は、古代日本語における動詞派生と増殖過程の中で完結したというのが、本章における論証課題である。

ところで、万葉集巻一が「原万葉集」とでも呼ばれるべきものに近い形を持ち、かつ記載文芸たる抒情歌成立以前の単純質朴な民衆歌謡の面影を、とりわけ長歌においてよく保存すると言われる。万葉集以前の民衆歌謡と言えば、思い起こされるのが古事記と日本書紀に編入されている歌謡群である。冒頭の雄略歌は、これら記紀歌謡の表現世界と連続したものと考えられている。記紀歌謡群においても次のような特徴的な敬意表示が観察される。

八千矛の　神の命は　八島国　妻枕きかねて　遠遠し　高志の国に　賢し女をありと聞かし（岐加志）て　華し
女をありと聞こし（伎許志）て　さ婚ひに　あり立たし（多多斯）　婚ひに　あり通はせ（加用婆勢）　太刀が緒も
いまだ解かずて　襲をも　いまだ解かねば　嬢子の寝す（那須）や板戸を　押そぶらひ　我が立たせ（多多勢）れ
ば　青山に　鵺は鳴きぬ……

（古事記歌謡二）

同様の方法によって、かかる派生形の尊敬表示を取り出すと、古事記では、次のような結果を得るのである。

泣かさ（那加佐・五）　持たせ（母多勢・六）　奉らせ（多弖麻都良世・六）　項がせ（宇那賀世・七）　渡らす（和多良須・七）　乞はさ（許波佐・一〇）　著《け》せ（祁勢・二九）　狂ほし（玖流本斯・四〇）　会はし（阿波志・四三）
佩かせ（波加勢・四八）　織ろす（淤呂須・六七）　取らす（登良須・七〇）　問はさ（斗波佐・八五）　踏ます（布麻須・八七）　遊ばし（阿蘇婆志・九八）　捧がせ（佐佐賀世・一〇〇）

一方、日本書紀歌謡においては、古事記歌謡と重複するものに加えて次の語形を採集することができる。

撫だす（那陀須・七四）　帯ばせ（於魔細・九七）　振らす（甫羅須・一〇〇）　遣はす（莬伽破須・一〇三）　通らせ（騰褒囉栖・一〇七）　懲《きた》ます（岐多麻須・一一二）

ところで奈良時代文献においても、後の時代に支配的になる述語尊敬形式である「動詞タマフ」「用言イマス」のような、補助動詞を用いた次のような例が認められる。

今こそは　我鳥にあらめ　後は　汝鳥にあらむを　命は　な死せたまひ（志勢多麻比）そ　（古事記歌謡三）

鳥草樹《さしぶ》の木　其《し》が下に　生ひ立てる　真椿　其が花の　照り坐し（弖理伊麻斯）　其が花の　広り坐す（比呂理伊麻須）は　大君ろかも　（同五八）

高光る　日の御子　諾《うべ》しこそ　問ひたまへ（斗比多麻閉）　まこそに　問ひたまへ（斗比多麻閉）　（同七三）

やすみしし　我が大君の　隠り坐す（訶勾理摩須）　天の八十陰　（日本書紀歌謡一〇二）

打橋の　集楽の遊ぶ　出で坐せ（伊提麻栖）子　玉手の家の　八重子の刀自　（同一二四）

右に挙げた記紀歌謡に見いだされる尊敬の表示形式を次表1に示す。

表1　（語の下の数字は出現度数）

| | |
|---|---|
| 語幹増加とス語尾　26語 | 補助動詞　6語 |
| 通はす1　泣かす1　狂ほす2　取らす10　寝《な》す2　着《け》す2<br>問はす2　遊ばす2　佩かす1　織ろす1　撫だす1　帯ばす1<br>踏ます1　捧がす1　振らす1　遣はす1　持たす1　聞か（こ）す9<br>通らす1　懲《きた》ます1　立たす11　渡らす4　奉らす2　会はす1<br>うながす2　乞はす4 | 死せたまふ1　問ひたまふ2<br>照りいます2　広りいます2<br>隠ります1　出でます2 |

表1に現れたような傾向がどのような歴史的趨勢を映し出しているかを見るために記紀に隣接する時代の資料である万葉集の実態を次節で観察したい。

## 二　万葉集における述語尊敬

古事記が奏上されたのが和銅五年（七一二）、日本書紀が成立したのが養老四年（七二〇）、万葉集全巻の体裁がそろうのが、天平宝字三年（七五九）の大伴家持の最終歌以後である。万葉集には、巻一の雄略御製を始め、舒明天皇（六二九〜六四一）御製から、白鳳、天平期を経て八世紀後半までの歌を収める。しかし万葉収載歌の大多数は、八世紀以後の個人の創作和歌によって占められている。記紀歌謡とそれに連続するとみられる雄略御製などの民衆歌謡と言語、作風ともに落差が存在している。ちなみに先に見た雄略御製歌は、巻一の二番歌（舒明天皇御製）と時代差がありすぎて、万葉学では、全体の時期区分から外されており、事実上雄略天皇作とは考えられていない。上代韻文を一括して均質に扱うのではなく、集内部から歴史的遷移を可能な限り掬い出す必要がある。

万葉集が一つのまとまった文献であることは、疑う余地がない。しかしながら本書がある統一的な方針に基づいて全巻が編集され、全体として均質な言語、均質な表記スタイルによって貫かれたという意味において、まとまりのある文献であるかについては問題が残るのである。そこで便宜的に、記紀歌謡と万葉時代内部に、歴史的変遷の兆候があるかどうかを探るために、万葉集を巻次と表記体裁にしたがって、幾つかのテクストに分割し、これらと記紀歌謡群とを比較して考えたい。試みに万葉集を次のような六つのテクスト群に分類した。

### （一）　初期白鳳歌群

巻一と巻二から成る。この二巻は、万葉集の原初的な形を伝えると言われている。特に巻一は、先掲の雄略歌のように、奈良朝抒情歌成立以前の民衆歌謡の面影を強く残す歌を収めている点が注目される。その意味で、上代の古歌謡を収めた記紀歌謡群の言語と連続する。表記体裁は、音仮名と訓字を交えている。

（二）平城天平歌群

巻三、巻四、巻六、巻七から成る。初期白鳳歌を一部含み、柿本人麻呂の歌から天平十六年までの歌群を収める。表記の体裁は、（一）と同じく音仮名と訓字を交用する。

（三）太宰府歌群

巻五に相当する。山上憶良、大伴旅人等を中心とする官人の和歌を収載する。表記体裁は一字一音式の総仮名表記が主流である。

（四）平城天平歌群および諸歌集

巻八、巻九、巻十、巻十二、巻十三から成る。表記体裁は、音仮名と訓字を交用する。一部、仮名表記を極端に省略したいわゆる略体歌群を含む。

（五）東歌

巻十四に相当する。表記体裁は、一字一音の総仮名表記が主流である。

（六）後期天平歌群

巻十五、巻十六、巻十七、巻十八、巻十九、巻二十から成る。表記の体裁は、一字一音の総仮名表記が主流である。

以上の分類は、当面、小著のために設定した便宜的なものである。分類に当たって優先したのが、表記体裁の均質性であり、初期万葉の音訓交用表記と後期万葉の総仮名表記への推移を軸に設定した。以上の分類と上代語資料の時期的推移を概念化すると次のようになる。

記紀歌謡→初期白鳳万葉歌と宣命→後期天平万葉歌

なお、後期万葉歌以後出現する総仮名表記で記されている記紀歌謡を上代語資料の最古相と位置づけている理由については、太安万侶の古事記編集方針と関連して補論2で考証する。先ず、（一）の初期白鳳歌群を観察したい。

次に挙げるのが語幹増加と語尾スを付接する尊敬表示の語例である。括弧内の数字は歌番号である。

採ます（採須・一）　告らす（告沙根・一）　取らす（御執《みとらし》・三）　立たす（立須・三）　踏ます（布麻須・四）　作らす（作良須・一一）　刈らす（苅核《からさね》・一一）　思ほす（御念食可《おもほしめせか》・二九）　知らす（思良須・三六）　為《せ》す（世須・三八）　照らす（高照《たかてらす》・四五）　敷かす（敷為《しかす》・四五）　見《め》す（売之・五〇）　足らす（天足《あまたらし》有・一四七）　臥《こや》す（臥《こや》者《せば》・一九六）　通はす（往来《かよは》為・一九六）　懸かす（懸《かか》世流・一九六）　佩かす（帯之・一九九）　持たす（持《もた》之・一九九）　遣はす（遣使《つかはし》・一九九）

右のうち「照らす」の例には若干の説明が必要である。「高照」を「（タカ）テラス」と訓むのは、

天照らす（安麻泥良須）神の御代より安の川中に隔てて向かひ立ち……　（十八・四一二五、大伴家持）

の例を併せて敬意を含んだ「照らす」の存在を明らかにする。そこで、「照らす」が自動詞「照る」の他動詞形か、尊敬表示形であるのかという問題を生ずるが、古くはテラスがこの両義を兼ねていたものと思われる。「神は高天原をお照らしになる」という具合であろうか。奈良時代語資料の「照らす」の動作主は、多く日月、日の御子、神などの尊敬に値する存在である。これ以外の動作主を取る例は、万葉集では次の例を見るのである。

あしひきの山の間照らす（照）桜花この春雨に散り行かむかも　（十・一八六四、柿本人麻呂歌集詠花廿首）

大海の水底照らし（照之）しづく玉斎ひて採らむ風な吹きそね　（七・一三一九、柿本人麻呂歌集寄玉）

これらの例は、「花」「玉」のような特定のものにちなんだ主題を取り上げて、これらが周りを照らすモチーフが詠われている。作用主の「桜花」「玉」は、讃美されていると考えられる。これらの「照らす」は、ヲ格を取る他動詞であると同時に、作用主が詠み手によって讃美されている。次の例もおそらく同様である。

味酒三輪の祝の山照らす（照）秋の紅葉の散らまく惜しも　（八・一五一七、長屋王）

しかしながら、これら「照らす」主体が「桜花」「玉」「紅葉」のどれも詠者の讃美の対象ではあっても、尊敬に近い情感を見出すことは困難である。「照らす」が本来持っていたであろう尊敬の意味が脱落してゆく過程の一端をこれらの例が見せているのかも知れない。語幹を増加して語尾スを付する尊敬化派生が自他対応第Ⅲ群形式と接触することについては、第四節で詳しく述べる。

次に挙げるのは、補助動詞型の尊敬表示の例である。

撫で賜ふ（撫賜・三）　見し賜ふ（売《め》之賜牟登・五〇）　始め賜ふ（始賜《たまひ》・五二）　勤めたぶ（勤多扶・一二八）　問ひ賜ふ（問給麻思・一五九）　忘れ賜ふ（忘賜・一九六）　背き賜ふ（背賜・一九六）　遊び賜ふ（遊賜・一九六）　定め賜ふ（定賜・一九六）　治め賜ふ（治賜・一九九）　払ひ賜ふ（掃賜・一九九）　依さし賜ふ（任賜・一九九）　率《あど》もひ賜ふ（一九九）　覆ひ賜ふ（覆賜・一九九）　申し賜ふ（申賜・一九九）　隠り賜ふ（隠賜・二〇五）　刈り坐す（苅麻須・二二三）　生《あ》れ坐す（阿礼座・二九）　太敷き坐す（太敷座波・三六）　高知り坐す（高知座而・三八）　越え坐す（越座而・四五）　山さび坐す（山佐備伊座・五二）　集ひ坐す（集座而・一六七）　上がり坐す（上《あがり》座《いましぬ》奴・一六七）　磐隠り坐す（磐隠座・一九九）　天降り坐す（安母理座而・一九九）　葬り坐す（葬伊座・一九九）　静まり坐す（安定座奴・一九九）　朝立ち坐す（朝立伊麻之弖・二一〇）　聞し召す（所聞食・三六）　知らしめ

す（所知食之・一二六）　思ほし召す（所念食可・一六二）

以上の結果をまとめたものが次の表2である。この結果で注目されるのは、初期万葉における尊敬表示は、大多数が柿本人麻呂作歌であることである。巻一と巻二で用いられる語幹増加型の敬語、総出限度数二〇のうち、人麻呂作のものか、人麻呂作であると考えられているものの中に用いられるものが一一、また補助動詞使用のものの総出限度数が三二、そのうち人麻呂歌に出現するものが二四となっており、いずれも顕著な個人集中であると言うべきであろう。

**表2**　（語の下の数字は出現度数）

| 語幹増加とス語尾 | | | 20語 |
|---|---|---|---|
| 見《め》す5 | 知らす3 | 為《せ》す3 | 照らす9 |
| 告らす1 | 敷かす1 | 採ます1 | 足らす1 |
| 立たす9 | 臥《こや》す1 | 取らす2 | 通はす1 |
| 踏ます1 | 懸かす1 | 作らす2 | 佩かす1 |
| 刈らす1 | 持たす1 | 思ほす4 | 遣はす1 |

| 補助動詞 | | | 32語 |
|---|---|---|---|
| 撫で賜ふ1 | 隠り賜ふ1 | 見《め》し賜ふ5 | 刈ります1 |
| 始め賜ふ1 | 生《あ》れます1 | 勤めたぶ1 | 太敷きます5 |
| 問ひ賜ふ2 | 知らしめます2 | 忘れ賜ふ1 | 越えます1 |
| 背き賜ふ1 | さびいます1 | 遊び賜ふ1 | 集ひいます1 |
| 定め賜ふ1 | 上がりいます1 | 治め賜ふ1 | 隠りいます1 |
| 掃ひ賜ふ1 | 天降ります1 | 依さし賜ふ1 | 葬りいます1 |
| 率《あど》もひ賜ふ1 | 静まりいます1 | 覆ひ賜ふ1 | 朝立ちいます1 |
| 申し賜ふ1 | 思ほし召す1 | 聞し召す1 | 高知ります1 |

この現象が何に由来するのか詳らかにしないが、明白なことは、記紀歌謡の述語尊敬表示と比べて初期万葉歌における語幹増加型と補助動詞型が地位を逆転させて、補助動詞型が優勢な分布になっている点である。この傾向は、

一部を除いて万葉集全体に観察される。平安時代以後、語幹増加型が衰微した歴史的趨勢にかんがみて、記紀と万葉集との間の述語動詞尊敬表示の断層が留意される。

次に万葉集における（二）の平城天平歌群を観察したい。次は、語幹増加型の例である。

庵らせるかも（廬為鴨・二三五）　宣らせこそ（詔許曽・二三七）　立たせる（立流・二三九）　高照らす（高照・二六一）　思ほすや（御念八・三三〇）　召さまし（召麻之・四五四）　聞かして（所聞而・四六〇）　知らさむ（所知牟・四七六）　着《け》せる（蓋世流・五一四）　通はし（通為・六一九）　偲はせ（之努波世・五八七）　笑まして（咲為而・六八八）　敷かす（敷為・一〇四七）　作らし（作・一二四七）　刈らす（苅為・一二七五）

右のうち、「作　ツクラス」の訓みに関しては、次の和歌によるものである。

大穴道　少御神　作　妹勢能山　見吉　　（一二四七、柿本人麻呂歌集）

（大汝　少御神の　作らしし　妹背の山を　見らくし良しも）

次に挙げるのは、補助動詞型の例である。

見たまふ（見賜・三七六）　召したまはまし（食賜麻思・四七五）　あどもひたまひ（率比賜比・四七八）　忘れたまふ（忘賜・五二一）　咎めたまふ（害目賜・七二一）　治めたまへば（治賜者・九二八）　境ひたまふ（界賜・九五〇）　問ひたまふ（問賜・九六二）　祢ぎたまふ（祢宜賜・九七三）　うしはきたまふ（牛吐賜・一〇二一）　付きたまふ（付賜・一〇二一）　依りたまはむ（依賜将・一〇二一）　返したまはね（令変賜根・一〇二一）　聞かしたまひ（所聞賜・一〇五〇）　敷きいます（茂座・二六一）　来まし（来座・四六〇）　さ寝ませ（左宿・六三六）　入りいませなむ（入将座・七五九）　出でます（出座・一〇二〇）　生れまさむ（阿礼将座・一〇四七）　ま幸くます（間幸座・四四三）　思ひいませ（念座・四四三）　隠りまし（隠益・四六〇）　知らしまさむ（所知座・一〇四七）

知らしめさむと（所知食跡・九三七）

右の歌群においても補助動詞型の述語尊敬の優勢が認められるが、前群のような人麻呂歌への用例の集中は観察されない。以上の結果をまとめたものが次の表3である。

**表3**　（語の下の数字は出現度数）

| 語幹増加とス語尾　15語 | 補助動詞　24語 |
|---|---|
| 見《め》す2　着《け》す1　庵らす1　宣らす2 | 見たまふ1　召したまふ3　率《あども》ひたまふ1　忘れたまふ1 |
| 立たす5　高照らす5　思ほす2　聞かす1 | 咎めたまふ1　治めたまふ1　境ひたまふ1　問ひたまふ1 |
| 聞こす1　知らす10　通はす2　偲はす1 | 祢ぎたまふ1　うしはきたまふ1　付きたまふ1　依りたまふ1 |
| 咲ます1　作らす1　刈らす1　敷かす1 | 返したまふ1　聞かしたまふ1　敷きいます5　来ます12 |
| | ま幸くます1　思ひいます1　隠ります1　さ寝ます1 |
| | 入りいます1　出でます1　生れます1　知らします1 |

次に（三）の筑紫歌群を観察したい。語幹増加型のス語尾の形を挙げる。

宣らさね（能良佐祢・八〇〇）　照らす（提羅周・八〇〇）　任し（麻可志・八〇四）　取らし（刀良斯・八一三）　置かし（意可志・八一三）　立たせ（多々世・八五六）　釣らす（都良須・八六九）　振らし（布良斯・八七四）　忘らし（和周良志・八七七）　待たす（麻多周・八九〇）　通らせ（九〇五）　聞こし（企許斯・八〇〇）

次に挙げるのは、補助動詞型の例である。

鎮めたまふ（斯豆迷多麻布・八一三）　斎ひたまふ（伊波比多麻比・八一三）　示したまひ（斯咩斯多麻比・八一三）　置かしたまひ（意可志多麻比・八一三）　坐したまひ（伊麻志多麻比・八七九）　申したまはね（麻乎志多麻波

祢・八七九）　召し上げたまはね（咩佐宜多麻波祢・八八二）　選びたまひ（撰多麻比・八九四）　見渡したまひ（見渡多麻比・八九四）　照りやたまはぬ（照哉多麻波奴・八九二）　来まし（枳摩斯・七九四）　離りいます（社可利伊摩須・七九四）　任りいませ（麻加利伊麻勢・八九四）　うしはきいます（宇志播吉伊麻須・八九四）　幸くいまし（佐伎久伊麻志・八九四）　帰りませ（帰坐勢・八九四）　聞こしをす（企許斯遠周・八〇〇）

右の結果をまとめたものが次表4である。このグループにおいても補助動詞型の敬意表示の相対的優位が認められる。筑紫歌群は万葉集では、巻五に収められるものである。このグループの敬意表示が山上憶良の歌に目立って多く現れているが、その理由は詳らかではない。

**表4**　（語の下の数字は出現度数）

| 語幹増加とス語尾 | | | 12語 |
|---|---|---|---|
| 宣らす1 | 照らす1 | 任す1 | 取らす1 |
| 立たす3 | 釣らす1 | 振らす1 | 忘らす1 |
| 待たす1 | 通らす1 | 置かす1 | 聞こす1 |

| 補助動詞 | | | 17語 |
|---|---|---|---|
| 鎮めたまふ1 | 斎ひたまふ1 | 示したまふ1 | 罝かしたまふ1 |
| 坐したまふ1 | 申したまふ2 | 召上げたまふ1 | 照りたまふ1 |
| 選びたまふ1 | 見渡したまふ1 | 来ます1 | 離りいます1 |
| 任りいます1 | うしはきいます1 | 幸くいます1 | 帰ります1 |
| 聞こしをす1 | | | |

次に（四）のグループの歌集歌群の実態を見たい。語幹増加型ス語尾動詞を次に挙げる。

許したまへり（縦賜有・一六五七）　ちはひたまひて（千羽日給而・一七五三）　示したまへば（示賜者・一七五三）

いまし賜はね（御座給根・二三五一）　忘れ賜ふな（忘賜名・二五三一）　取らしたまひ（所取賜・三三二四）

召したまはねば（不召賜者・三三二六）　来まさじ（不来座・一四五二）　出でまさじ（伊而座左自・一四五二）

帰りませ（還万世・一四五三）　肥えませ（肥座・一四六〇）　見ませ（見末世・一五〇七）　籠りてませば（牢而座者・一八〇九）　幸くいます（幸座・二三八四）　寝ませ（宿座・二六二九）　見つついまして（見乍座而・三〇六一）　天もりましけむ（天降座兼・三二二七）　入ります（入座・三三三〇）　多くいませど（大座跡・三三二四）　日たらしまして（日足座而・三三二四）　敷きませる（敷座流・一四二九）　聞こしめす（聞食・三二三四）　思ほしめせか（御念食可・三三二六）

以上の結果をまとめたものが次表5である。この結果で注目されるのが語幹増加型が補助動詞型を上回って分布していることである。この事実は、万葉集における他のグループと比べて特異な傾向である。この歌群は、柿本人麻呂歌集および人麻呂がかかわったとされる古歌集を始め、高橋虫麻呂歌集、作者不明の民衆歌が大半を占める。歌人名を冠した歌集は、彼ら自らが制作したというより、当時おこなわれた民衆歌を採集、編集したとする主張がある。述語尊敬表示に関する（四）の歌群の傾向は、記紀歌謡に連なる民衆歌の性格を反映するのかもしれない。その意味で参考になるのが（五）巻十四の東歌の傾向であろう。出現数は少ないが、ここでの傾向が（四）と一致するのである。次に挙げるのは、語幹増加型の尊敬表示である。

踏ます（布麻之・三三九九）　採まさね（都麻佐祢・三四四四）　忘らす（和須良須・三四五七）　着せさめや（伎西佐米也・三四八四）　偲はせ（之努波西・三五一五）　咲ます（恵麻須・三五三五）　思ほす（於毛抱須・三五五二）

これに対して、補助動詞型の尊敬表示は、次に挙げる一例のみである。

来まさぬ（伎麻左奴・三四九五）

（五）の結果をまとめたものが表6である。東歌と（四）の歌群を民衆歌の概念で括ることが出来るとすれば、（四）（五）の傾向について前節でみた記紀歌謡とのつながりを想起せざるをえない。

表5

| 語幹増加とス語尾　29語 | 補助動詞　23語 |
| --- | --- |
| 照らす5　漕がす1　逢はす2　告らす2 | 許したまふ1　ちはひたまふ1　示したまふ1　いましたまふ1 |
| 渡らす1　帯ばす1　着す1　思ほす3 | 忘れたまふ1　取らしたまふ1　召したまふ1　来ます49 |
| 問はす3　嘆かす1　聞かす6　葺かす1 | 見ます4　籠りてます2　幸くいます3　寝ます1 |
| 持たす1　通はす4　憎ます1　淀ます1 | 見つついます1　帰ります2　天降《も》ります1　入ります1 |
| 咲ます1　守らす1　偲はす1　行かす2 | 多くいます1　日足《た》らします1　出でます1 |
| 促す1　立たす1　開かす1　為す1 | 肥えます1　聞こしめす1　思はしめす1 |
| 登らす1　遊ばす2　遣はす2　臥やす4 | |
| 取らす1 | |

（語の下の数字は出現度数）

表6

| 語幹増加とス語尾　7語 | 補助動詞型　1語 |
| --- | --- |
| 踏ます1　偲はす1　咲ます1　忘らす2 | 来ます4 |
| 採ます1　着せす1　思ほす1 | |

（語の下の数字は出現度数）

次に、万葉集巻十五から巻二十までの後期万葉の歌を収めた歌群を観察したい。先ず、語幹増加とス語尾を付した形を次に挙げる。

振らさね（布良左袮・三七二五）　思ほし（於毛保之・三七三六）　偲はせ（之努波世・三七六六）　遣はさなくに（不遣尓・三八六〇）　会はさば（相佐婆・三八七五）　着せる（雅世流・三八七五）　はやさね（賞尼・三八八五）　立たし（多々志・三九七七）　書かす（可加須・四〇〇〇）　帯ばせる（於婆勢流・四〇〇〇）　聞こし（伎己之・

四〇八九） 知らし（之良志・四〇九四） 思ほし（於母保之・四〇九八） 見し（売之・四〇九八） 待たし（末多之・四一〇六） 嘆かす（奈介可須・四一〇六） 会はし（阿波之・四一一六） 照らす（泥良須・四一二五） 渡らし（和多良之・四一二五） 取らさむ（取左牟・四一九一） 為《せ》し（勢志・四二五四） 足らはし（多良波之・四二六二）

次に、補助動詞型の述語尊敬表示を挙げる。

忘れたまふ（和須礼多麻布・三七七四） 返したまはめ（反賜米・三八〇九） 始めたまひ（波自米多麻比・四〇九八） 定めたまへる（左太米多麻敝流・四〇九八） 召したまふ（売之多麻布・四〇九八） 残したまへれ（能許之多麻敝礼・四一一一） まきたまふ（末支太麻不・四一一三） ととのへたまひ（等登能倍賜・四二五四） 恵みたまへば（怩賜者・四二五四） をさめたまへば（治賜者・四二五四） 撫でたまひ（撫賜・四二五四） 申したまひ（申多麻比・四二五四） 明らめたまひ（明米多麻比・四二五四） 祢ぎたまひ（祢疑多麻比・四三三一） 負せたまほ（於不世他麻保・四三八九） 嘆き宣たばく（奈氣伎乃多婆久・四四〇八） 授けたまへる（佐豆氣多麻敝流・四四六五） 誘ひたまひ（伊射奈比多麻比・四〇九四） 知りませ（之理麻勢・三五八〇） 帰りませ（可敝里麻勢・三五八二） 着ませ（伎麻勢・三五八四） 立ちませり（立麻為・三八一七） みづきいます（弥豆伎伊麻須・四〇五九） 敷きませる（之伎麻世流・四〇九四） 栄えいまさね（佐賀延伊麻佐祢・四一六九） 嘆かひいます（嘆息伊麻須・四二一四） うしはきいまし（宇之波伎座・四二四五） 御立ちいます（御立座・四二四五） 天降りまし（安母里麻之・四二五四） 出でませ（伊弖麻勢・四三二六） 悲しびませ（可奈之備麻世・四四〇八） 越えていまし（故要弖伊麻之・四四四〇） 思ほしめす（於毛保之売須・三七三六） 知らしめし（之良志売之・四〇九四） 聞こしめす（聞食・四三三一） 聞こしをす（伎己之乎須・四〇八九）

以上の結果をまとめたものが次表7である。

表7　（語の下の数字は出現度数）

| 語幹増加型ス語尾 20語 | | | |
|---|---|---|---|
| 振らす1 | 思ほす2 | 偲はす2 | 遣はす1 |
| 会はす1 | 着す1 | 見す1 | はやす1 |
| 照らす2 | 帯ばす3 | 立たす5 | 書かす1 |
| 知らす4 | 渡らす2 | 待たす2 | 嘆かす2 |
| 取らす1 | 聞こす1 | 為《せ》す1 | 足らはす1 |

| 補助動詞型 36語 | | | |
|---|---|---|---|
| 忘れたまふ1 | 誘ひたまふ1 | 始めたまふ2 | 申したまふ2 |
| 明らめたまふ3 | 撫でたまふ2 | 治《をさ》めたまふ2 | 定めたまふ1 |
| 召したまふ3 | 残したまふ1 | まきたまふ1 | 斉《ととの》へたまふ1 |
| 恵みたまふ1 | 祢ぎたまふ1 | 負せたまほ1 | 授けたまふ1 |
| 返したまふ1 | 嘆きのたぶ1 | 知ります1 | 立ちます1 |
| みづきいます1 | 敷きます5 | 栄えいます1 | 嘆かひいます1 |
| うしはきいます1 | 御立ちいます1 | 天降ります1 | 出でます1 |
| 悲しびます1 | 着ます6 | 帰ります4 | 越えています1 |
| 思ほしめす3 | 知らしめす3 | 聞こしめす2 | 聞こしをす2 |

このグループでは、万葉集における一般的傾向に一致して、補助動詞型の尊敬表示が語幹増加型に対して優勢に分布している。

以上、表1から表7の結果に至る万葉集全体では、語幹増加型ス語尾動詞は、異なり語にして六三語、補助動詞型の尊敬動詞は、異なり語にして九三語であった。補助動詞型の内訳は、タマフ型が四八語、イマス型が三九語、メス型が四語、ヲス型が一語であった。

このような実情を見ると、万葉集は、記紀歌謡に比べて語幹増加型ス語尾動詞の占める勢力が補助動詞型に対して劣勢であるとは言え、依然として高い造語力を維持していたことが知られる。右の内訳をみると分かるようにス語尾付接が奈良時代語における単独の尊敬化標識として最大の造語力であった。

かかる旺盛な尊敬化標識が平安時代に至ってあたかも突如として衰微したのである。この事実をどのように考えるべきであろうか。さらに、もう一つの傾向である補助動詞型尊敬表示の進出は、平安時代語における尊敬化標識の特徴に連なる。万葉集内部に認められるス語尾尊敬表示の衰退と補助動詞尊敬表示の進出という長期的趨勢に関して、鋭角的な断層が記紀と万葉集との間に認められる。万葉集内部においても初期万葉および民衆歌の傾向が記紀に比較的近似し、後期万葉では、補助動詞型が優勢に分布する傾向を呈した。これが、奈良時代語の歴史的趨勢を反映するのかどうかを検証するために、次節では続日本紀の宣命に認められる尊敬表示を観察したい。

## 三　宣命における述語尊敬

続日本紀（延暦十六年七九七成立）所載の「宣命」は、日本語文献資料として、韻文ではないという消極的な意味において「散文」と言われることもあるが、実際は自由な思索を盛り込んだものではなく国家儀礼の場における天皇の口頭伝達を伝える。本居宣長『歴朝詔詞解』によると、六十二の詔から成っており、文武元年（六九七）の文武天皇即位詔から始まり、延暦八年（七八九）の桓武天皇詔で終わる。宣命の成立は、時期的に万葉歌の成立展開と一致しており、比較検討に値する。宣命は、律令国家の儀礼の最高の現場で発せられる口頭言語ということで、荘厳、厳粛な雰囲気を表現できるように工夫が凝らされている。そのための効果的な技巧が全編に溢れている敬意表現である。宣命は、中務省の内記によって起案され、天皇の言葉として宣命使によって読み上げられた(3)。したがって、宣命は、口頭言語であるとはいえ、あらかじめ推敲されたものであり、日常口頭語とも、自由な思索を盛り込んだ平安時代の散文和文体とも異なっている。

宣命において述語尊敬は、語幹増加型ス語尾動詞と補助動詞型の尊敬表示が観察される。訓みは北川和秀編『続日本紀宣命校本・総索引』（吉川弘文館）による。例中の括弧内の数字は同書の宣命番号である。次に挙げるのは、語幹増加型ス語尾動詞の尊敬表示の例である。

知らしめす（所知・一）　依さし（依佐斯・五）　思ほさく（於母富佐久・五一）　労《つか》らす（労須・五八）　聞こしめす（聞行須・六一）　取らしたまふ（取賜・五）　在らす（在須・七）　習はし（学志・九）　遣はす（遣須・一三）　泣かします（哭之坐・五一）　通らせ（通良世・五八）　照らしたまひ（照給比・四一）　見《め》し上げ（召上・三四）

次に、補助動詞型の述語尊敬の例を挙げる。

あからへたまふ（阿加良閉賜・五一）　上げたまひ（上賜比・一一）　哀れみたまふ（愍美給・四四）　あへたび（敢多比・三六）　天かけりたまふ（天翔給・四五）　怪しびたまふ（怪賜・六）　改めたまひ（改給比・四三）　現れたまへ（示現賜弊・四一）　いさめたまへ（禁給弊・四一）　受け賜りたば（受賜多婆・二六）　受けたまふ（受賜・三）　失ひたまは（失賜・五一）　うつくしびたまふ（恵賜布・一四）　移したまはく（移賜久・一九）　憂へたまひ（憂賜比・五一）　選ひたまひ（選給比・一一）　贈りたまふ（贈賜不・五八）　起こしたまは（起賜波・五一）　行ひたまひ（行賜比・一一）　驚きたまひ（驚賜比・五八）　負ほせたまふ（於保世給布・四五）　思ひたまふる（念食流・一五）　おもぶけたまひ（於毛夫気賜・六）　語らひたまひ（談比賜比・五八）　悲しびたまひ（悲備賜比・五八）　返したまふ（還給・四四）　かへたまはく（換賜波久・四）　省みたまは（省賜波・五一）　考へたまは（勘賜・六二）　軽めたまひ（軽給・一九）　聞きたまへ（聞食倍・三三）　きためたまふ（支多米賜・六二）　嫌ひたまひ（岐良比給・四三）　下したまひ（下給・三〇）　加へたまはく（加賜久・一三）　悔しびたまひ（悔備賜比・五

一）　試みたまひ（試賜・七）　答へたまは（答賜・六）　殺したまへ（殺賜弊・三四）　幸はへたまふ（福波陪賜・一二）　定めたまふ（定賜布・五五）　授けたまふ（授賜布・五九）　悟したまふ（悟給・四四）　敷きたまへ（敷賜閉・五）　偲ひたまひ（之乃比賜比・五八）　示したまふ（示給夫・一三）　退けたまひ（退多麻比・二八）　救ひたまふ（救賜・四一）　勧めたまひ（勧賜比・五三）　捨てたまひ（捨給比・四五）　助けたまひ（助給比・四二）　正したまふ（正賜・一六）　尋ねたまは（温賜波・五一）　立てたまひ（立賜比・三）　平らげたまひ（平賜比・一）　使ひたまひ（使賜・七）　仕へまつらしめたまへ（令供奉賜・一〇）　仕へ奉りたぶ（仕奉利多夫・二六）　造りたまひ（造賜比・九）　罪なひたまひ（罪奈比給・三五）　照らしたまひ（照給比・四二）　解きたまひ（解賜比・六二）　調へたまひ（調賜比・一）　問ひたまひ（問賜比・六二）　取りたまひ（取賜・六二）　流したまふ（流賜布・二一）　歎きたまひ（歎賜比・五一）　成したまふ（成賜夫・一三）　宥めたまひ（奈太毎賜比・五三）　撫でたまひ（撫賜比・三）　憎みたまは（憎多麻波・四五）　宣りたまひ（詔賜比・五）　始めたまひ（始賜比・九）　葬りたまふ（波布理賜・五一）　施したまふ（布施賜夫・二四）　誉めたまひ（讃賜・一）　任けたまひ（任賜弊・一）　待たひたまふ（待比賜・五一）　護りたまひ（護賜比・一九）　申したまひ（申給比・二六）　見たまふ（見賜・五）　導きたまふ（導賜・四一）　召したまふ（喚賜・七）　用ゐたまは（用賜・二八）　弄びたまは（弄賜・五一）　安めたまは（安賜・五七）　ややみたまへ（夜々弥賜閇・二）　譲りたまへ（譲賜倍・三）　赦したまは（免給・四五）　歓びたまひ（歓賜・六）　忘れたまは（忘賜・二五）　詫びたまひ（和備賜比・五一）　治めたまひ（治賜比・三）　教えたまひ（教賜比・一〇）　並びいまし（並坐・三）　罷りいます（罷伊麻須・五一）　思ほしいます（所念坐・二）　労らしいます（労坐・三）　畏みますに（恐美坐尓・一三）　大ましまして（大坐坐而・三）　慰めまさむ（慰米麻佐牟・五八）　生れまさむ（阿礼坐牟・一）　受けまさず（受不坐・三）　継ぎまさむ（継坐牟・一一）　仕へ奉りま

し（仕奉麻之・五二）　承りまして（受被賜坐而・三）　天降《あも》りましし（天降坐志・四）　御会ひまし（御相坐・七）
　捨てます（捨麻須・七）　忘れます（忘麻須・七）　哭かします（哭之坐・五一）　導き護ります（導護末須・一八）
　願ひます（楽末須・二八）　参出《まゐで》ます（参出末須・五一）　神《かむ》づまります（神積坐須・一九）　侍ります（侍坐須・三
三）　懼ります（懼理坐・五）　思ほしめし（念保之米之・三六）　聞こしめす（聞許之売須・四六）

以上、宣命の述語尊敬表示における語幹増加型ス語尾派生形は、異なり語にして一三、補助動詞型の異なり語は、一二〇存する。補助動詞型のうち〜タマフ形が九七、〜イマス形が二三、〜メス形が二であった。

以上の結果の傾向は、明白である。宣命の述語尊敬に関する調査結果は、記紀歌謡とも万葉集とも異なっている。すなわち、語幹増加型ス語尾の衰微と補助動詞型とりわけ〜タマフ形の著しい進出である。かかる分布は、平安時代和文の述語尊敬の特徴に重なっている。ここで、我々は、記紀歌謡↓万葉集↓宣命という通時的趨勢を即断せず、資料が放つ位相的重層性を加味して考察する必要がある。記紀、万葉集、続日本紀の諸資料は、歴史的成立に関して、百年を隔たらない。そこで、これらの文献の間に認められる敬語用法の特徴の差異には、次のような可能性を想定することが出来る。

①歴史的な時代差が反映している。

②何らかの位相や場面差が反映している。

この二つの可能性は、互いに排除的にではなく統一的な説明が可能である。

記紀歌謡と万葉集の（四）（五）グループにおける語幹増加型ス語尾尊敬表示の優勢は、両者の歌が民衆歌謡に取材したものであるがゆえに、往時における語幹増加型が上代語に恒常的に存在した一般的な口語尊敬化標識であったことを想像させる。

八世紀に成立した律令国家は始めて記載言語の社会的強制力を確立する一方で、(4)宣命のように厳粛性を備えた儀式的口頭言語を国家儀礼に位置づけたのである。公文書行政の確立によって「文書主義」が拡大したからといって、国家経営における口頭言語の機能が低下したわけではない。国家の成立には、儀式や儀礼の整備が伴う。儀式・儀礼の場における言葉は、かけがえのない時間と空間をともにする感激を創出するような口頭伝達でなければならない。その際の言述には、日常を超越した格調の高さが求められる。厳粛で格調高い言語表現は、国家成立以前のわが国には存在しなかった。そこで、王権を祝福し、荘厳する重厚な表現が要請された。この求めに応えて、前代以来の民衆歌謡の単純質朴な表現を離脱して、儀礼の場に相応しい緊張度の高い表現を和歌によって実現したのが柿本人麻呂である。律令国家は、記載言語の社会的強制力の確立に伴う文字社会をもたらしたのと同時に、権力者の口頭伝達の政治的決定力をも強化した。律令国家における日本語の最高の言説たる宣命は、持統天皇の後嗣である文武天皇即位詔から伝わる。一方、人麻呂は、従来の民衆歌謡に取材しながらそれをはるかに凌駕する抒情的世界を実現して、宮中儀礼に和歌を位置づけた。人麻呂作歌は、年次の明らかなものとしては持統三年（六八九）日並皇子挽歌以後現れる。

人麻呂の技巧を尽くした表現と厳粛な宣命の表現が無関係な場で成立したと考えることは、不自然である。万葉集（一）の初期白鳳歌の述語尊敬の用例が人麻呂の歌に集中していることと（一）に隣接する時代における記紀歌謡の傾向と比較して、補助動詞型〜タマフと〜イマスの例が激増していることを想起したい。（一）の補助動詞型尊敬の語例と人麻呂作か人麻呂作が推認される歌との関係は、次の通りである。

藤原宮之役民作歌（巻一・五〇）［見し賜ふ］

藤原宮御井歌（巻一・五二）［始め賜ふ　山さび坐す］

明日香皇女木𥑎殯宮之時柿本人麻呂作歌一首（巻二・一九六）［忘れ賜ふ　背き賜ふ　遊び賜ふ　定め賜ふ］

高市皇子尊城上殯宮之時柿本朝臣人麻呂作歌（巻一・一九九）［治め賜ふ　払ひ賜ふ　依さし賜ふ　率ひ賜ふ　申し賜ふ　磐隠り坐す　天降り坐す　葬り坐す　静まり坐す］

過二近江荒都一時柿本朝臣人麻呂作歌（巻一・二九）［生れます　思ほし召す］

幸二于吉野宮一之時柿本朝臣人麻呂作歌（巻一・三六）［太敷きます　聞し召す］

（同右・巻一・三八）［高知ります］

軽皇子宿二于安騎野一時柿本朝臣人麻呂作歌（巻一・四五）［越え坐す］

日並皇子尊殯宮之時柿本朝臣人麻呂作歌（巻二・一六七）［集ひ坐す　上がり坐す　敷き坐す　知らし召す　思ほし召す］

柿本朝臣人麻呂妻死之後泣血哀慟作歌（短歌）（巻二・二一〇）［朝立ち坐す］

既述のように（一）の補助動詞型尊敬表示の用例は、人麻呂作歌に集中する傾向があるが、人麻呂作ではなくても天皇の行幸従駕歌あるいは皇族の死に際しての挽歌のような公的な儀礼歌に顕著な形で用いられている。人麻呂をはじめとする白鳳期万葉の尊敬表示の特徴は、宣命のそれと、時期的にも形態そのものも共通する。白鳳期宮中儀礼歌と宣命の補助動詞型尊敬への強い傾向は、緊張をはらんだ晴れの場における敬語使用に関する歴史的な変動が起こっていたことを推測させる。

## 四　語幹増加型ス語尾尊敬表示の衰退とその原因

語幹増加型ス語尾尊敬が何故衰退したのか、そして何故この事態が奈良時代から平安時代にかけて生起したのかという問題に解答が与えられる必要がある。我々は、律令国家の儀礼世界において～タマフを中心とする補助動詞型表示が規範的地位を獲得しつつあったことを見てきた。その一方で、語幹増加型表示が日常語の中で比較的くだけた敬意の表示として奈良時代においてしばらくは、生き残る条件があった。平安時代以後の語幹増加型ス語尾尊敬の文献からの撤退は、位相差の闇に沈んだ結果と言える。尊敬語尾スは、以後再び歴史上の文献に姿を現すことがなかった。この事実は、ス形式の尊敬表示が奈良時代をそれほど降らない時期に、日常語からも撤退したことを推測させる。語幹増加型ス語尾は、外ならぬこの時期にいかなる原因によって消滅したのであろうか。

語幹増加した上で語尾スを付する動詞造語法といえば思い起こさせるのが、自他対応形式であろう。筆者が行った上代語動詞自他対応の分類によれば、自他対応第Ⅲ群の他動化派生（枯る→枯らす、散る→散らす、飛ぶ→飛ばす等）が本章で問題にしてきた尊敬化形式と全く同じ標識を持つのである。自動詞を他動詞化する文法的情報と述語を尊敬化する文法的情報は、日本語において相互に無関係である。自他対応第Ⅲ群形式の成立が自他対応諸形式の中で比較的新しく、奈良時代がその大量派生期に当たっていた。上代語自他対応は、活用の種類の違いによるもの（入る四段自動詞―下二段他動詞、浮く四段自動詞―下二段他動詞、泣く四段自動詞―下二段他動詞等、第Ⅰ群形式）、語尾の違いによるもの（成る自動詞―成す他動詞、寄る自動詞―寄す他動詞、移る自動詞―移す他動詞等、第Ⅱ群形式）、（掛く他動詞―掛かる自動詞、寄す他動詞―寄そる自動詞等、第Ⅲ群自動化派生）があるが、このうち第Ⅰ群形式が最も古く、第Ⅱ群形式がこれに次ぎ、第Ⅲ群形式が最も新しく奈良時代がこの形式の大量造語期に相当していたと考えられる。他方、尊敬化表示は、奈良時代をかなり古く遡る一般性を持つ敬語法であった。新しい他動化表示は、古い尊敬化表示と同じ形式を利用し合ったものと考えられる。そこで、ス語尾による新しい他動化表示と古い尊敬化表示が形態論的に切り結んだ痕跡について関心がもたれるところである。

記紀歌謡と万葉集において、尊敬化ス語尾動詞の数は、六三語あり、これに対して奈良時代文献で仮名書きで確認される自他対応第Ⅲ群他動化派生語は、三七語確認される。これらのうち、両形式にかかわる語形が同じになって、文脈によっては接触する可能性があるものとして次のような例が考えられる。

**［尊敬化派生と自他対応が接触する例］**

寝す（下二段自動詞「寝」の他動詞）
狂ほす（自動詞「狂ふ」の他動詞）
会はす（自動詞「会ふ」の他動詞）
照らす（自動詞「照る」の他動詞）
沸かす（自動詞「沸く」の他動詞）
栄やす（自動詞「栄ゆ」の他動詞）
足らはす（自動詞「足らはす」の他動詞）

これに対して、尊敬化ス語尾動詞と自他対応形が異なった形を取る例として次のものが挙げられる。

**［尊敬化派生と自他対応が接触しない例］**

立たす―立つ（四段自動詞・下二段他動詞）

泣かす―泣く（四段自動詞・下二段他動詞）
佩かす―佩く（四段自動詞・下二段他動詞）
垂らす―垂る（四段自動詞・下二段他動詞）
渡らす―渡る自動詞・渡す他動詞
会はす―会ふ自他共存
敷かす―敷く他動詞・敷きる自動詞
懸かす―懸かる自動詞・懸く他動詞
任かす―任かる自動詞・任く他動詞

このような派生関係を見ると、奈良時代語における異なった二種類の文法情報が微妙な緊張をはらみつつ共存していた様相が窺える。既述のように尊敬化ス語尾動詞は由来が古く、同様に自他対応形式第Ⅰ群と第Ⅱ群は由来の古いものであった。つまり、右の語例でいえば、後者の集合が奈良時代を古く遡る尊敬化派生と自他対応の共存状態を伝えるものではないだろうか。かかる伝統的共存関係を揺さぶるような動向が自他対応第Ⅲ群形式の発達であって、前者のような集合が生じてきたと考えられる。上代日本語におけるもっとも新しい段階では自他対応第Ⅲ群他動化派生にかかわる次のような事態が進行していた。すなわち伝統的な語幹増加型尊敬化ス語尾動詞の体系に、自他対応第Ⅲ群語幹増加型ス語尾他動詞群が割り込んできた。当時、伝統的形態であった尊敬化ス語尾動詞は、日常語の中に沈潜する趨勢にあったし、この形式と自他対応の棲み分けの均衡関係は、動揺し始めていた。例えば「照らす」が当初保持した尊敬の意味（アマテラスのごとく）を第Ⅲ群他動化形式テラスと接触する中で失っていったことは、このような通時的趨勢を端的に示すものであろう。

語幹増加型ス語尾尊敬の生き残りを阻止したもう一つの要因は、使役活用助辞ス・サスの成立と発達であった。ス・サスの成立は、奈良時代後期以後のことであるが、この形式を成立させた原動力が自他対応第Ⅱ群と第Ⅲ群形式のル語尾自動詞とス語尾他動詞の弁別標識である。(9)ス語尾他動詞から類推、分出して成立した助辞スは、下二段に活用し、尊敬化語尾スは、四段活用であるから、同時代に併存したとしても弁別可能ではあるが、次の例のように終止形で出現すると外見は同じになるので、いくらかの戸惑いを生ずるだろう。

(かぐや姫を)妻《め》の女にあづけて養はす　(『竹取物語』岩波文庫、九頁)

年をへて浪たちよらぬ住之江の松かひなしときくはまことか、とあるをよみて聞かす　(同二九頁)

竹取物語には、使役を表示する助辞スが右に挙げたもののほかにも見いだされる。次に挙げるのは、竹取物語における使役助辞スに上接する動詞である。

言ふ、のたまふ、走る、焼く、吹く、賜ふ、窺ふ、習ふ、仕うまつる、まゐる、生む、寄る、帰る、包む、あはれがる、作る、見る、奉る、合ふ、葺く、問ふ、取る、知る、持つ、通ふ、守る、嘆く

右の傍線を施した語群は、奈良時代語において、ス語尾尊敬表示の形を持っている。ス語尾尊敬が平安時代においても衰退しなかったと仮定すれば、使役助辞スの発達に伴ってかなりの数の四段動詞において両形が接触する危険を抱え込むことになったはずである。この危険は、目的語を省略することの多い日常談話においてより拡大するだろう。

(桐壺更衣が)いといたう思ひ侘びたるを「いとどあはれ」と(帝は)御覧じて後涼殿にもとよりさぶらひ給ふ更衣の曹司をほかに移させ給ひて上局に賜す　(『源氏物語』「桐壺」)

右の場合、傍線部「移させ」の使役の意味は、「給ふ」に接することによる連用形「移させ（下二段）」の形が露呈することで担保されているが、「給ふ」等の用言を接することなく終止形で現れる場合には、次のように使役か尊敬かは、文脈の支えがなければ簡単には決まらないだろう。

（帝は）更衣の曹司を（何某をして）移さす。（使役）

（帝は）更衣の曹司を（帝自らが）移さす。（尊敬）

語幹増加型の動詞派生法は、尊敬化、自他対応のほか、作用継続（とる→とらふ、つく→つかふ、かたる→かたらふ）等、幾つかの意味範疇の形態的拡大に際して利用されてきた。この方法の利点は、祖形をほぼそのまま派生形語幹に保存できるので、歴史的関係を容易に想像できることにある。しかし、ひとたび当該の意味に関する伝達要求が拡大すると、語彙的方法に依存する造語法のゆえに、情報収容能力に限界を露呈する難点がある。談話における尊敬表示のような巨大な伝達要求を満たすには、補助動詞（タマフ、メス、イマス等）や中古語における活用助辞（ル・ラル等）のような、より離散的で分析的な文法的方法が要請されてくる。竹取物語には、補助動詞タマフの用例が少なからず観察される。次に挙げるのは、タマフに上接する動詞群である。

成る、聞く、持つ、宣る、奉る、申す、ものす、下る、出づ、見ゆ、帰る、入る、知らす、作る、ゐる、寄る、寄す、のぼる、つかうまつる、助く、仰す、返す、為《す》、好もしがる、思ふ、会ふ、立つ、暮らす、やつる、問ふ、ありく、求む、祈る、呼ばふ、聞き入る、伏す、起き上がる、知る、離る、笑ふ、喜ぶ、向かふ、かづく、窺ふ、探る、落つ、広ぐ、握る、覚ゆ、対面す、住む、殺す、死ぬ、御幸す、とらふ、使ふ、明かす、渡る、交はす、慰む、泣く、あはれがる、つつむ、心惑ひす、忘る、衰ふ、をくる、みおこす、嘗む、心もとながる

この物語の尊敬の補助動詞の用例は、タマフが大多数で、これ以外のものとして、次の数例がある。

　きこしめす、思しめす、取りておはす、添へています、出でおはす

竹取物語というさほど長編でもないテクストの中にこれほどの数の上接動詞が存在したことは、タマフの文法的活力が旺盛である証左であろう。タマフは、動詞だけでなく、ル・ラル、ス・サス、シム等の活用助辞や助辞テにも接することが出来た。このような接続は、本幹動詞からじかに派生してくる語幹増加型の尊敬表示には及ばない能力である。以下に、タマフが接することのできた語例を動詞とともに挙げる。

　担は(れ)、入れ(られ)、見(せ)、作ら(せ)、取ら(せ)、捨て(させ)、迎へ(させ)、奉ら(せ)、焼か(せ)、取ら(しめ)、問は(せ)、為《せ》(させ)、寄ら(せ)、おぼえ(させ)、帰ら(せ)、通は(せ)、遣は(させ)、問は(せ)、とどめ(させ)、あはれがら(せ)、聞か(せ)、教へ(させ)、取り(て)

このように柔軟な接続関係を持つタマフの発達は、自他を中軸にして受け身・使役へと拡張的に実現した中古語以降の日本語ヴォイスの体系を尊敬表現の内部に包み込んだ。これは、奈良時代語には観察されなかった敬語体系の新展開である。

以上の事実は、竹取物語という単独の文献だけから見いだされたことであるが、平安時代和文全体の傾向と違背していまい。タマフに代表される補助動詞型尊敬表示は、人麻呂作歌や宣命に見いだされたように、発達当初は、儀礼の場における格調の高い規範的用法として高い価値を伴った。また、着脱自由な離散的単位としての合理性を強みにして後代まで長らく命脈を保った。これに対して、伝統的用法であった語幹増加型ス語尾尊敬は、自他対応第Ⅲ群形式の発達に押されて安定的な場を失ったものと考えられる。

［注］

（1）西郷信綱（一九五八）『万葉私記』第一部（未来社）
（2）春日和男（一九七一）「古代の敬語Ⅰ」『講座国語史5　敬語史』（大修館書店）
（3）早川庄八（一九九〇）『宣旨試論』第三章第二節（岩波書店）
（4）拙著（一九九六）「日本語表記の成立過程と「文書主義」」『古代日本語の形態変化』第二部第六章（和泉書院）

# 第二章　精神的心理的意味を表す動詞の増殖と活用助辞ムの成立

## 一　「複語尾」と古代語動詞増殖との関係

本章では、「定む・畏む・貴む」のような精神的意味を持ち、特徴的なム語尾を持つ動詞群の増殖の結果、活用助辞ムが分出成立した過程を推論する。

学校文法では、「助動詞」とされる一群の形式は、山田孝雄の文法論ではおおむね複語尾と規定されている。「複語尾」とは本幹動詞の意味実現が不十分な場合に、それを補う再活用の語尾という意味である。よってこれは語尾であるから一人前の単語ではなく、「助動詞」というような品詞格を与えてはならないと山田は考えた。複語尾の概念は、山田の主著『日本文法論』（宝文館、一九〇八）で公にされたものである。同様の見解が『日本文法学概論』（宝文館、一九三六）においても表明されているが、異なる点がある。山田は、『日本文法学概論』の「複語尾」において次のような認識を表明している。

動詞存在詞が、その本来の活用のみにて十分に説明若くは陳述の作用を果すこと能はざる場合に、その活用形より分出して種々の意義をあらはすに用ゐる特別の語尾を今仮に複語尾と名づく。

（『日本文法学概論』二九一頁）

ここで注目されるのは、複語尾が動詞存在詞の「活用形より分出して」という歴史的成立の経緯を直観したような記述である。さかのぼって『日本文法論』での「複語尾」の規定は、次の通りである。

今吾人の見る所によればこれらは従来多く用言の語尾と見られたるが如く、本来の性質はまさに一種の語尾にして独立したる単語にはあらざるものなり。いはば再度の語尾と称すべく、動詞の語尾の複雑なるものと見るべきなり。さればこそ用言本来の変化にて十分に作用を果しかぬる場合に付属して其の意義を完からしむる用をなすなれ。

（『日本文法論』三六三頁）

ここには、『概論』に見る「その活用形より分出して」の記述は存在しない。両書は、もとより理論的著作であって観察対象は、鎌倉時代以来用いられて来たある種の古典的文語文をもとにした近代文語であり、歴史的文法研究を構想したものではない。『概論』執筆当時においては、今日盛んにおこなわれる歴史文法学的方法は存在せず、複語尾成立の経緯をほのめかすような記述が『日本文法論』に見えず、『日本文法学概論』に至って現れた理由をどのように考えれば良いのであろうか。筆者は、この二著の間に執筆された『奈良朝文法史』（一九一二年識語）、『平安朝文法史』（一九一三年識語）の成立過程で山田が複語尾の歴史的成立に関する直観を得たのではないかと推測する。

山田の文法史的直観は、当時の研究水準から見て方法論化しなかったが、彼の「複語尾」説は歴史文法学的検討に値するものである。本研究は、山田のこの直観的記述を実証的方法によって補強しようとする。

しかしながら、学校文法で「助動詞」に包摂される活用助辞がすべて山田の複語尾で説明することはできない。打消し助辞のズ、過去回想の助辞キなどの成立を複語尾説で説明することは困難である。打消しズは、「ヌ・ネ」等の異質の形態を統合して一形式としたものであり、これを活用の概念で説明するには無理があろう。また、過去回想辞キは、形容詞型の活用をするので、山田の言うように動詞語尾から類推分出したとは考えにくい。なお、形容詞は時制概念と無縁であるから、キが形容詞型活用をするのは奇妙である。

西洋文法由来の助動詞も山田の苦心の概念である複語尾も用言に接続する助辞群をすべて包摂できないとすれば、形態上の特徴をとらえた松下大三郎の「動助辞」に倣って本書では、これらを活用助辞と呼称するものである(1)。

奈良時代には、体言・形状言・形容詞を語幹にして単音節の語尾を接する「荒ぶ・悲しぶ・定む」のような分析的な造語法が発達していた。このうちム語尾動詞が精神的心理的意味が付随するという注目すべき特徴があった。ム語尾動詞のような特徴的意味に特定の語尾が対応する現象は、ル語尾自動詞、ス語尾他動詞、ユ語尾自発動詞、フ語尾反復継続動詞などがあるが、語尾形態が単音節であることが制約になって、飛躍的な造語が望めなかった。そこで、単音節の語尾に代わって登場したのが複数音節の接尾辞であった。

接尾辞を付した接尾辞動詞は、奈良時代から現れ始めるが、飛躍的といえる勢いで発達したのが平安時代である(2)。接尾辞の造語能力に最初に注目したのが阪倉篤義であった(3)。阪倉によれば、古代語の接尾辞は、以下のごとき形式群である。

だつ、めく、ばむ、ばる、がる、やく、らく、なふ、はふ、らふ、がふ、づく、くる、びる、さぶ、ぐむ、ぶる、じみる、めかす、つらふ、かす、たがる、つく

右の接尾辞群には、現代語に継承されているものも多く、おおむねある共通の意味によって把握される。すなわちそれは、物事の状態を表す状態動詞であるという点である。奈良時代から平安時代にかけて組織的に造語されたこれらの動詞群は、何故、動作動詞ではなく状態動詞に偏っていたのかという点が問題である。

その理由を筆者は、古代日本語の形容詞の語彙不足と造語生産性の弱さにあると考える。それは、古代語の形容

詞が自己増殖を発揮する形態上のシステムを備えていなかったことが関連している。動詞が動詞をはじめとして他品詞を語幹部に取り込んで新しい動詞を派生するシステムによって盛んに増産されていたことと対照的に、形容詞は、形容詞自らを資源とする造語システムを欠いていた。感情的意味を持つ動詞を語幹部に取り込んでシク活用形容詞を造語する方法は、数少ない重要な事例である。形容詞の有力部分を構成するク活用形容詞の資源は、主として「浅、高、繁、黒」のような状態性を意味に持つ体言である。この造語法は、現代語にも生きており、「うざ・い、きも・い、けば・い、丈夫・い」のような新語も行われている。シク活用の後継語尾であるシイを用いた「図々・しい、ばかばか・しい、仰々・しい」のような形態も健在であるが、全体的に見て造語に際しての資源品詞の規模と範囲は、動詞に到底及ばない。

古代語の文法体系は、形容詞語彙の不足を補う形でナリ型形容動詞、カリ型形容動詞を出現させた。これと表裏の形で、接尾辞を駆使した状態性自動詞の大量造語があった。

奈良時代語の語幹と語尾の構成が離散的で分析的な動詞群（荒・ぶ、浴む・す、神・ぶ、たひら・ぐ等）は、阪倉が注目したバム・ダツ・ヅク等の複数音節からなる接尾辞を駆使する動詞造語法の先駆けをなすものである。接尾辞動詞は、語幹と接尾辞との切れ目がはっきりしており、離散的で分析的な語構成を構成している。

奈良時代に生起し、平安時代に大いに発達した接尾辞動詞を一貫する特徴は、それらの殆どが状態動詞である点である。状態動詞は、意味上の特性から見て形容詞、形容動詞と親和性がある。平安時代に接尾辞を駆使した状態動詞が大量造語された実態は、形容詞の語彙不足と貧弱な造語生産性を補った。形容詞の造語力の弱さについては、改めて第四章で論ずる。

古代語動詞において、ある特定の意味範疇を持つ動詞群に共通の形態が付与されることがある。中でも、語が意味する行為に精神性心理性が表示される動詞群の存在が注意される。筆者が注目するのは、奈良時代語のム語尾動詞であり、これらは語尾ムとともに精神性心理性を根拠的動機にした行為として記号化されている。特に三音節を超える多音節ム語尾動詞は、このような動詞群を多く収容している。精神的心理的意味を表示する用言が文法体系に有意味に関与していることを示す興味深い実例が存在する。その痕跡は、古代語形容詞のク活用とシク活用の意味対立の中に見ることができる。古代語形容詞のク活用とシク活用の意味上の相違の存在が報告されたのは、学習院大学学生（当時）、山本俊英による「ク活用・シク活用の意味上の相違について」『国語学』二一集（国語学会、一九五五）においてであった。山本によればク活用形容詞は、「白し、黒し、重し、高し」のような状態的な属性概念を表示し、シク活用は、「麗し、美し、嬉し、恨めし、楽し」のような心的情意的な意味を現すことが多く、この傾向は奈良時代語において特に顕著であるとした。山本論文は、画期的な報告であったが、両活用の意味上の相違が何に由来するのであるかの洞察までは至らなかった。山本論文は、大きな反響を呼んでいくつかの批判的な検討結果も公表された。しかし、議論はこれ以上深まることはなかった。

この現状に対して、筆者は、前著において上代語のシク活用形容詞は、動詞からの派生形を独占しており、かつ派生源の動詞には感情的意味を表示する語が多い。この事実がシク活用形容詞の情意的意味の根源であることを論証した(4)。その奈良時代語における実例とは、次に示すとおりである。カッコ内は、派生源の動詞である。

あさまし（浅む）　いたぶらし（いたぶる）　いつくし（厳く）　いとほし（厭ふ）　いきどほろし（憤る）　うるはし（潤ふ）　うらめし（恨む）　およし（老ゆ）　かからはし（関らふ）　かたまし（固む）　くすばし（奇しぶ）　くるほし（狂ふ）　おもほし（思ふ）　こひし（恋ふ）　こほし（恋ふ）　くやし（悔ゆ）　たたはし（称ふ）　たのもし（頼む）　つからし（疲る）　なみだぐまし（涙ぐむ）　なつかし（懐く）　なやまし（悩む）　はづかし

（恥づ）　まきらはし（紛らふ）　めだし（愛づ）　めづらし（愛づ）　やさし（痩す）　ゆるほし（緩ふ）　わびし（侘ぶ）　ゑまはし（笑まふ）　よろし（寄る）　よろこぼし（喜ぶ）

いわゆるシク活用形容詞の情意的意味とは、派生源の動詞の感情的意味を反映する。感情的意味を持つ動詞群が古代語の形容詞形成に有意味に関与したことは、このような実態によって確認することが出来る。感情形容詞は、人称制限の現象などで現代語において無視できない役割を果たしている。感情的心理的意味を持つ形容詞（シク活用）は、感情的意味を表す動詞を語幹部に選択的に取り込む形で上代語に成立した。感情的心理的意味を持つ動詞は、古代語文法体系成立に有意に関与したのである。

時間を超越した静的状態を表す形容詞に対して、世界を時間的推移の中で動的に把握する認識の反映として動詞の存在がある。その結果、動詞の本来的性質として動作、作用を表示することは当然である。その中で精神的心理的意味を有する動詞が日本語の文法体系において関与的に機能していたかどうかの判断は、容易ではない。精神的心理的意味が動詞の形態に表示されないことも多い。「見る、話す、言ふ、走る、行く」等の動作動詞に含意される意志性は、形態上からは確認できない。その一方、奈良時代語において精神的心理的意味を動詞の形態に表示しようとする動きが生まれつつあった。それは、語尾にムを取るム語尾動詞の出現である。上代文献において確認されるム語尾動詞群は、以下に示すとおりである。傍線を施したものが精神的心理的意味を有すると思われる語群である。

**［二音節語］**

あむ（編）　あむ（浴）　うむ（生）　うむ（続）　うむ（埋）　うむ（倦）　かむ（嚙む）　かむ（醸）　くむ（汲）
くむ（組）　こむ（隠）上二段下二段　しむ（染）　すむ（住）　すむ（澄）　せむ（責）　そむ（染）四段下二段

そむ（始）　たむ（運）　たむ（未詳）　たむ（吐）　たむ（曲）　つむ（採）　とむ（富）　とむ（止）　なむ（列）　なむ（並）　なむ（嘗）　のむ（飲）　のむ（祈）　はむ（食）　はむ（入）　ふむ（踏）　ほむ（褒）　もむ（揉）　やむ（病）　やむ（止）四段下二段　よむ（数）　ゑむ（笑）　四三語

**【三音節語】**

あつむ（集）　あゆむ（歩）　いさむ（勇）　いどむ（挑）　いはむ（満）　かくむ（囲）　かすむ（霞）　かたむ（奸）　かたむ（固）　きすむ（蔵）　きたむ（罰）　きはむ（極）四段下二段　きよむ（清）　くくむ（嚢）　さだむ（定）　しじむ（縮）　しづむ（沈）四段下二段　しぼむ（萎）　すすむ（勧）　そねむ（嫌）　たくむ（巧）　たたむ（畳）　たのむ（頼）　つかむ（摑）　つつむ（包）　つとむ（勤）　とがむ（咎）　とどむ（留）上二段下二段　とよむ（響）四段下二段　とをむ（彎）　なだむ（宥）　なづむ（泥）　なやむ（悩）　にくむ（憎）　にこむ（和）　ぬすむ（盗）　はさむ（挟）　はじむ（始）　ふふむ（含）　めぐむ（恵）　もとむ（求）　ひろむ（広）　ふかむ（深）　やすむ（安）　ややむ（労）　よどむ（淀）　をさむ（治）　をしむ（惜）　五五語

**【四音節語】**

あきらむ（明）　あひだむ（間）　うべなむ（諾）　かしこむ（畏）　しがらむ（柵）　たたずむ（佇）　たふとむ（貴）　つつしむ（慎）　なぐさむ（慰）四段下二段　をろがむ（拝）

右の傍線を施した語に関する判断は、用例と併せて現代語の内省を交えているので完全に客観的であるとは言えない。しかしながら、これらの語群には、「組む・踏む・歩む」などが表示する動作に最初から含意される意志性とは違って、精神的発信が行為の根拠として記号化されている。したがって本書でいう「精神的心理的意味」とは、記号内化された精神的意向が見出されるという意味で他の語群と区別される。

右のム語尾動詞から、次の事実を知ることができる。すなわち、二音節のム語尾動詞群には動作動詞の占める割合が高いが、三音節を超える語群になると精神的心理的意味を表す語が増加し、特に四音節になるとすべてがこの種の動詞によって占められる。これは、有意味な傾向と理解しなければならない。特に奈良時代語には、動詞をはじめあらゆる品詞で文法的単位の多音節化傾向が存在していた。観察対象を平安時代初期に広げるとこの種の語彙はさらに増加する。

あぢまむ（嗜）　あらたむ（改）　いとなむ（営）　うらやむ（羨）　うれしむ（嬉）　くるしむ（苦）　たしなむ（辛苦）　ちりばむ（鏤）　はにかむ（含羞）　はづかしむ（恥）

古代語話者にとって多音節ム語尾動詞は、精神的心理的意味を想起させたに違いない。動詞語尾ムが精神的心理的意味を標識する形態として機能していたことは、このような分析的な語構成からムの有意性が推認される。奈良時代語には精神的心理的意味を有する動詞を形態的に組織化しようとする趨勢が存在した。ここから「意志・推量」の活用助辞ムが分出してきたと考えられる。活用助辞ムは、語尾ムに類推して、これの「再活用」として発達してきた。

しかしながら、語彙的意味としての意志と推量は、かけ離れた意味範疇である。かけ離れた意味範疇がムの一形式で使い分けられる理由がどこにあるのか。

学校文法や受験参考書等において広く信じられている通説によれば、ムを接した動詞が一人称を取る場合には意志、三人称を取る場合には推量の意味であることが多いとされている。確かにそのような傾向が存在するようである。

ムに関するこのような理解は、古文解釈だけが目的であればそれなりに実用性を持つであろう。ムという形態があたかも人称の違いに応じて動作主の意志から話し手の推量までの広範囲の意味を表示するかの如くである。人称に応じてムの意味が変化するかのような説明は、ムがそれ自体で意志や推量の意味を表示すると誤解させる可能性がある。またこのような説明は、人称が意志から推量までの意味分布を規定しているように読み取られるかも知れない。果たして、人称が助辞ムの意味表示を決定しているのであろうか。

筆者は、活用助辞の意味は、上接する語と相俟って決定されると考える。ムの意味表示を本源的に規定しているのは、ムに上接する語の性質である。ムに上接する語は、上代語において動詞、形容詞、形容動詞であり、ムの具体的な意味表示を規定するのは、これらの上接語群である。ムに接する語群のうち、形容詞と形容動詞は比較的用例が少ない。次は、形容動詞と形容詞にムが接している例である。

ま葛延ふ夏野の繁くかく恋ひばまことわが命常ならめ(常有目)やも　（十・一九八五）

大和路の島の浦廻に寄する波間は無けむ(無牟)我が恋ひまくは　（四・五五一）

形容詞や形容動詞は、物事の状態を表示するので、三人称を取りやすく、述語にムを接した場合には、話し手の叙述事態に関する精神的意向を表示するのである。これに対して、意志動詞は、動作主の意志を含意するので、日常的談話では一人称を取る頻度が高いと思われる。ムに関与する述語がどのような人称を取るのかは、ムに上接する単語の性質によって規定される。

ムに上接する動詞、形容動詞、形容詞の関係は、断絶しているのではなく、連続している。動詞にはヲ格を要求する他動詞とそれらを包含する意志動詞、またガ格のみを要求する自動詞とそれに連続する状態動詞に至るまで多様な働きが共存している。「雨が降る」のようにガ格のみを要求する自動詞文は、「山が高い」のような形容詞文の統語構造と似ている。さらに形態的には動詞でありながら意味的には形容詞と同じ働きを持つ形容動詞が、形容詞と動詞の中間に入り込んでいる。つまり、ムを接する述語は、意志的他動詞から、専ら状態を表示する形容詞にまで及んでいる。これらの単語群がムの文脈的意味表示に関与していると考えられる。本章の目的は、文法形式ムが意志の意味を実現する場合と推量その他を実現する場合の根本的条件を探し出すことにある。

ムを接した述語が意志の文脈的意味を実現するためには、前接動詞に意志の意味が含まれていなければならない。日本語動詞において、意志動詞という範疇がある。意志動詞は、「切る」「移す」のような対応する自他の他動形のほか、「待つ」「持つ」のようなヲ格動詞、「行く」「走る」「歩く」のような移動を表すヲ格自動詞を含んでいる。

意志動詞に対立する概念として、無意志的状態動詞という範疇がある。ここには、「雨が降る」のように、ガ格一項だけを要求する自動詞が含まれる。ガ格のみを取る無意志的状態動詞の統語構造は、形容詞、形容動詞と共通し、これらもムに接続して「推量」の意味表示に関与している。したがって、ムを接した述語が意志の文脈的意味を表すか、推量の意味を表すかは、ムに上接する語における意志性の有無が関与している可能性がある。

ここでは、意志性の強い動詞である意志的他動詞を一方の極とし、意志とは無関係な、状態を表示する形容詞を他方の極に配置し、ムを接した語群と人称の関与について、万葉集における実態を通して観察したい。ここではムが仮名書きで観察される例を調査対象として報告する。

以下、ムに接続する用言群を意志動詞と無意志動詞、形容動詞、形容詞に分類し、それぞれ「一人称意志」「一人称推量」「二人称意志」「二人称推量」「三人称意志」「三人称推量」に分布する実態を観察したい。和歌の解釈については『日本古典文学全集　萬葉集（1）〜（4）』（校注・訳　小島憲之・木下正俊・佐竹昭広、小学館）を参考にした。括弧内の数字は万葉集中でのムが接する用例数である。

**［意志動詞］**

（一人称意志）66語

奉る（2）　暮らす（2）　問ふ（2）　摺る（1）　置く（1）　とどむ（3）　見る（40）　浴むす（2）　明らむ（3）　語る（1）　祝ふ（3）　漕ぐ（1）　顧みる（1）　折る（1）　罷る（1）　解く（3）　滅ぼす（1）　着る（2）　縫ふ（1）　拾ふ（2）　受く（1）　告ぐ（2）　経《ふ》（2）　飲む（2）　恋ふ（15）　遣る（13）　放く（2）　思ふ（4）　残す（2）　開く（1）　過ごす（1）　及ぼす（1）　忘る四段（1）　偲ふ（16）　別く（1）　尋ぬ（1）　取る（3）　継ぐ（2）　宣る（1）　求む（1）　為《す》（36）　待つ（16）　振る（1）　手向く（1）

贈る（1）　巻く（1）　慰む下二段（1）　休む下二段（1）　賜る（2）　手折る（1）　懐く下二段（1）　付く下二段（1）　かざす（3）　枕く（4）　立つ下二段（1）　生ほす（1）以上他動詞　逢ふ（14）　住む（1）

葛く（1）　行く（33）　遊ぶ（2）　仕ふ（2）　寝（11）　立つ四段（3）　敢ふ（3）　通ふ（5）以上自動詞

（一人称推量）3語

恋ふ（2）　為（1）　逢ふ（2）

（二人称意志）1語

寝（1）

（二人称推量）5語

寝（1）　恋ふ（2）　為（3）　行く（1）　別る（1）

（三人称意志）10語

引く（1）　見る（2）　漕ぐ（1）　結ふ（1）　持つ（1）　遣る（1）　起こす（1）　偲ふ（1）　宣る（1）

求む（1）
（三人称推量）5語
思ふ（1）　行く（2）　寝（1）　立つ四段（2）　通ふ（4）

**【無意志動詞】（形容詞と形容動詞を含む）**

（一人称意志）12語
知る（1）　忘る下二段（5）　若返《を》つ（1）　渡る（2）　住まふ（1）　出づ（2）　鳴く（1）　死ぬ（1）　有り（7）　居り（8）　混じる（1）　寄る（2）
（一人称推量）13語
知る（1）　忘る下二段（1）　増す（1）　嘆く（1）　死ぬ（2）　飽く（1）　有り（6）　現はる（4）　居り（4）　足る（1）　見ゆ（1）　さぶし（1）　惜し（2）以上三語形容詞
（二人称推量）7語
住まふ（1）　堪ふ（1）　思ほゆ（1）　吹く（1）　飽く（1）　有り（3）　います（1）
（三人称推量）55語
現す（1）　知る（1）　過ぐ他動詞（1）　明く（2）　渡る（2）　増す（3）　響む（1）　思ほゆ（1）　かぬ（2）　散る（1）　出づ（5）　失す（1）　嘆く（3）　寄す（1）　止む（6）　絶ゆ（7）　ゑむ（1）　鳴く（11）　死ぬ（1）　去ぬ（1）　凪ぐ（2）　吹く（1）　落つ（3）　移ろふ（2）　散る（3）　成る（1）　有り（38）　栄ゆ（3）　現はる（1）　います（2）　過ぐ自動詞（4）　淀む（1）　足る（1）　降る（1）　聞こゆ（4）　泊つ（4）　寄る（1）　咲く（2）　しく（3）　繁し（1）　安し（2）　恋し（4）　早し（2）　広

し(1)　時じ(2)　なし(4)　さぶし(1)　多し(1)　長し(1)　称はし(1)　うら悲し(1)　現し(2)　かしこし(1)以上一〇語形容詞　常なり(1)　直なり(1)以上二語形容動詞

**[意志無意志両義動詞]**

(一人称意志) 3語

来(17)　至る(3)　超ゆ(1)

(一人称推量) 1語

来(13)

(二人称推量) 2語

言ふ(1)　来(1)

(三人称意志) 2語

超ゆ(1)　言ふ(2)

右の結果によれば、全体として意志動詞（他動詞のすべてと一部の自動詞を含む）がムを接する場合には、動作主（話主）すなわち一人称意志を表示する傾向が強い一方で、無意志動詞、形容動詞、形容詞がムを接する際には、動作主は三人称で、話主の推量を表示する傾向が強いことが明白である。先程の学校古典文法の記述は、この実態をとらえたものである。

「見る（他動意志）」「恋ふ（他動意志）」「偲ふ（他動意志）」「為《す》（他動意志）」「待つ（他動意志）」「行く（自動意志）」「逢ふ（自動意志）」等を始めとする意志動詞群にムを接する用例が多数存在して、一人称意志の用法に顕著に集中している。この傾向は、「奉る、暮らす、語る」のような、ムを接する出現数の少ない意志動詞群が一人称意志へ一律に呈する分布とも軌を一にする。

他方、「絶ゆ（自動無意志）」「鳴く（自動無意志）」「有り（自動無意志）」などの無意志動詞群がムを接する用例も多く存在し、三人称推量の用法に多く分布している。また形容詞と形容動詞にムが接する例はすべて三人称推量の意味に分布している。

ここで問題となるのは、意志・推量といった文脈に即した意味の実現を規定しているのは、単語なのか、人称なのかという点である。文の成立を決定するのは、人称か述語かという問いは、言語伝達の根源に触れる難問であるが、多くの文法学者は、文成立の鍵となる「陳述の力が寓せられてある語」(5)たる用言すなわち述語であると答えるかも知れない。実際の言表においてしばしば人称が略されることがある日本語においては、人称に対する述語の優位性が想起される。

自然の談話における一人称構文の述語には、話主の意志や疑問等の主観的表出が生じやすく、三人称の場合は、叙述事態に関する推量や断定などの文意が生じやすいことは理解できる。助辞ムの実現において一人称では意志が、三人称では推量が生じやすいのは、ある意味では自然であろう(6)。

先の調査結果によれば無意志動詞にムが接する場合、一人称で「意志」の文脈的意味が生ずる例が一二語、同じく一人称で「推量」の意味が生ずる例が一三語現れる。これは、人称がムの意味実現に際して積極的に関与していないことを示唆している。これに対して、意志動詞にムが接した場合、一人称で「意志」が実現する例は、六六語、同じく一人称で「推量」が実現するのが三語である。この事実は、意志動詞にムが接した場合の「意志」の意味実現にとって重要な要因がどの人称を取るかではなく上接語の性格すなわち意志動詞にあることを物語っている。これらの事実は、ムの文脈的意味実現にとっての重要な要因が人称ではなく上接語であることを示唆する。ムの文脈的意味実現にとって、人称に対する上接語の優位性が認められる。つまり人称の違いがムの意味を決定しているのではなく、意志性と無意志性の相違を孕んだ動詞、形容動詞、形容詞といった単語が人称と意味の決定に際して優勢に関与しているのである。

このようにムの文脈的意味実現の主要因は、人称ではなく、ムの上接語である。ムそのものが意志・推量といった特定の意味を伴って話線上に配置されるのではなく、ムを接した述語に文脈的な意味を付与するのは、ムに上接する単語である。より精確に言えば動詞、形容動詞、形容詞等の上接用言がムと相俟って意味を決定し、その結果として人称が決定されるのである。発話において最初に話者が獲得するのが述語の位置に入るべき単語であって、人称を選択するのではない。述語が確定したあと、人称の分布が決まり、人称の制限が生ずる。人称は、決定された述語用言の性質によって分配される。結果的に意志と共起する一人称、推量と共起する三人称は、決定された文脈的意味に付随する事後的分布であることが了解されよう。

右の資料に関して、ムを接した意志動詞に対して、ムを接した無意志動詞は、前者の一人称意志への集中度に比べて、三人称推量への集中度が比較的弱い。たとえば、三人称推量に最も多く分布する「有り（38）」が注目されるが、先の調査結果によれば「有らむ」の一人称意志が七例、一人称推量が六例、二人称推量が三例と、三人称推量以外の分布が合計一六例となる。したがって「有らむ」が三人称推量に顕著に集中しているとまでは断定できない。無意志動詞にムが接しても意志動詞ほどの顕著な人称制限は生じない。次に挙げるのは、「有らむ」の一人称意志の例と一人称推量の例である。

薪伐る鎌倉山の木足る木を待つと汝が言はば恋ひつつや有らむ(安良牟)　（十四・三四三三）

吾妹子に恋ふれにか有らむ(有牟)沖に住む鴨の浮き寝の安けくもなき　（十一・二八〇六）

一方、すべての動詞が意志動詞と無意志動詞に分属しているわけではない。「言ふ」のように、環境によって意志性を伴う場合とそうでない場合があるなど、両義的とも言うべき性格を持つ語もある。このような場合は人称も意味も分散して出現することがある。次は、前者が一人称意志、後者が三人称推量の例である。

言はむ（伊波牟）すべせむすべ知らに岩木をも問ひさけ知らず　（五・七九四、山上憶良）

人こそばおほにも言はめ（言目）我がここだしのふ河原を標結ふなゆめ　（七・一二五二）

自動詞「通ふ」もまた文脈に応じて意志と無意志の意味が出現する。次に挙げるのは、前者が一人称意志、後者が三人称推量の例である。

我が背子が宿の山吹咲きてあらば止まず通はむ（可欲波牟）いや年のはに　（二十・四三〇三、大伴家持）

落ち激つ片貝川の絶えぬごと今見る人も止まず通はむ（可欲波牟）　（十七・四〇〇五、大伴池主）

存在動詞「有り」は、それ自体は無意志自動詞であり、その性質を反映して、「有らむ」の文脈的意味は三人称推量に傾くのである。一方、「有り」は抽象的な意味を備えており、完了辞リ、タリや断定辞ナリの成立要素となるなど文法化する傾向を濃厚に持っている。また種々の動詞に下接して補助動詞化するのも「有り」のこのような文法化傾向を反映する。次は、「有り」が意志動詞「恋ふ」「逢ふ」の否定形に接して、一人称で意志を表示している。これと同様の例がまとまって存在するが、「有り」が上接する意志動詞「恋ふ」「逢ふ」に従属した結果であろう。

玉の緒を片緒に縒りて緒を弱み乱るる時に恋ひずあらめ（不恋有目）やも　（十二・三〇八一）

命をし全くしあらばあり衣のありて後にも逢はざらめ（安波射良米）やも　（十五・三七四一、中臣宅守）

「恋ふ、逢ふ、来、解く」などの意志動詞（幾つかは否定形）に「有り」が接して一人称で意志を表示する例（「恋ひつつあらむ」「解かずあらむ」「逢ふこともあらむ」「逢はざらめ」等）は、万葉集において十三例存在する。

存在動詞「居り」もまた「有り」と同様の文法化傾向を呈する。次の二例は、ともに一人称で推量を表示していると考えられる。

かくのみや我が恋ひ居らむ(故非乎浪牟)ぬばたまの夜の紐だに解き放けずして　（十七・三九三八）

かくのみや息づき居らむ(伊吉豆伎遠良牟)新珠の来経行く年の限り知らずて　（五・八八一、山上憶良）

以上、助辞ムに関する文脈的意味実現において、意志動詞にムが接する場合の一人称意志への排他的集中に顕著な特色がある。

反対に無意志動詞にムが接する場合には、元々含意されない「意志性」は当然形態上に露呈しない。そこで、「雨、やまむ」「命、絶えむ」のように、無意志動詞にムが接する場合には、叙述する事態に対する話主の精神的な意向がムによって表示されることになる。それが我々によって「推量」と解釈される意味の実態である。これが現代語では、「雨はやもう」とはならず、「雨、やむにてあらむ」の後継形態である「雨、やむだろう」という奈良時代語に存在しない近代語特有の分析的な表示によって表現されるのである。存在動詞「有り」が文法化する兆候は、奈良時代から観察されるのは見た通りであるが、「やむだろう」の形が成立するためには、「有らむ」のさらなる高度な文法化プロセスが必要であった。

述語が表す意志的行為に精神性が加わるとすれば動作主の意志が表示され、無意志的状態叙述に精神性が加わるとすれば、事態に対する話主（話し手）の推量が表示される。上代語の活用助辞ムは、語尾ムに類推して成立したが、これによって動作主の意志と話主の推量が形態として実現した。その結果、意志の場合には一人称を、推量の場合には三人称を多く取る配置が実現した。

それでは、一般的に述語に意志が表示されると一人称、推量表示されると三人称が排他的に実現するのであろうか。それを検証するために、試みに右の調査結果において顕著な一人称意志への集中を見せた「見る」「為《す》」「行く」を取り上げて、これらがムを接しない裸の基本形の用例に注目して、そこでの人称の現れ方を観察しよう。

先ず、「見る」は万葉集において、ムを接して「見む」となる際、一人称で意志を表示する例が四〇例、三人称で意志を表示する例が二例と一人称への集中を呈する。一方、「見る」が基本形のまま出現している仮名書き例（終止形と連体形）は、三〇例見出される。そのうち一人称をとるものが二一例を占め、かなり高い一人称への集中を見せる。しかし次に挙げる例を含む九例が三人称を取っており、ムを下接する場合のような排他的といえる「人称制限」が存在するとは言えない。

　里人の見る（見流）目恥づかしさぶる児にさどはす君が宮出しりぶり　（十八・四一〇八、大伴家持）

次に「為」にムを接する「為む」もまた一人称への集中が顕著である。万葉集中「為む」の仮名書き三七例中三六例が一人称意志の意味で現れる。他方、助辞を伴わない「為」の基本形のうち終止形スの仮名書き三一例中一人称が一四例、二人称一例、三人称が一六例現れる。連体形スルの仮名書きが五三例中一人称二二例、二人称五例、三人称二六例出現する。終止形連体形ともに特定の人称への偏りは認められない。

「為」は、助辞を接しないときには、比較的自由な人称の分布を見せるが、ひとたびムに接するや否や一人称への顕著な集中傾向が現れるのである。

「行く」にムが接した「行かむ」の例も三五例中三三例が一人称意志で現れる。極めて顕著な一人称集中が生じている。これに対してムを接しない「行く」基本形で出現する用例を見ると、仮名書き例では連用形が二八例、終止形連体形の例は四八例現れる。このうち、連用形二八例中一七例が、また終止形連体形四八例中一八例が一人称を取る用例である。「行く」は、基本形で現れる場合には一人称への集中は起きていないと見るべきである。意志動詞は、基本形で出現する場合においては、二人称三人称を取る場合が少なからず出現する。とりわけ「為」は、基本形での用例において一人称の用例は、三人称の用例に比べて少なかった。「見る」「為」「行く」等の代表的な意志動詞に助辞ムを接するときには、顕著な一人称集中が生ずるのに比べて、基本形単体で現れる際には人称集中が起こっていない。

以上から、意志動詞が一人称以外の動作主を排除していないことが判明する。ところがひとたびこれに助辞ムが接するや否や、排他的な一人称集中が生ずるのである。これは、何故か。

意志動詞が単体で現れる際においても意志という意味特徴が一人称を取りやすくしたことは想像しやすい。しかし、これらの意志動詞は、意志性だけを含意しているのではなく、動作性、感覚性、自動性、他動性といった関与的な意味特徴を単語内に抱え込んでいる。よって意志動詞の基本形が一人称を排他的に要求するというようなことになれば、その表現範囲は極めて限定されたものにならざるを得ないだろう。

意志動詞がムを接する際において顕著な人称制限が生ずる理由を筆者は次のように推定する。すなわち、多くの意志動詞において、意志性は形態上に表示されず、単語内に含意されているに過ぎない。そこに精神的心理的意味を表示する働きを補助する助辞ムが接したとき、内部に含意されていた意志性が、並列的に内在していた種々の意味から突出し、形態として実現する。その結果、ムを接した意志動詞において意志性が極めて優勢に機能する結果、一人称を強力に要求したのではないか。このことをムの現代語における後継形式であるウ、ヨウで考えれば理解しやすい。例えば現代語の意志動詞「行く」「する」に、ウ、ヨウを接した形である「行こう」「しよう」は、それだけで一人称構文（意志・勧誘）を強く推認させるだろう。そこで上代では、『意志動詞＋ム（意志）』のセットが話し手（詠み手）の感情表現を実現する和歌において現代語の談話と同様に一人称集中という顕著な人称制限を呼び起こしたのではないか。

## 二　活用助辞ムの意味配置に関与する統語構造

活用助辞ムは、話し手の精神的心理的表出を補助的に標識する文法形式として、「定む、畏む、貴む」のような多音節ム語尾動詞が有意に持つ精神的心理的意味に類推して分出、成立した。精神性を標識する共通の語尾から分出した助辞ムは、意志動詞に接する場合には動作主の意志を、無意志動詞、状態動詞、形容動詞、形容詞に接する場合には叙述事態に関する話し手の推量を表示するという文脈的意味が生じて奈良時代語文法体系に定着した。これが現代に至るまでの日本語形成に大きな役割を果たしたことは言うまでもない。独自の形態と固有の安定的な意味を伴って話線上に高い自由度で出現する単語とは異なって、上代語活用助辞のムは、上接する本幹動詞に従属的に規定される本質を免れない。本書において、このような形式を「助動詞」と呼ばず、単語に至らない形態素として活用助辞と呼称する所以である。

また、上代語動詞における意志性と無意志性の対立は、自他対応のように形態上に標識されず、その有意差を見出すことは容易ではない。しかし、意志性の有無は、動詞が助辞ムに接する際の文脈上の意味実現の決定過程に関与的に機能していた可能性がある。古代語動詞の意志性と無意志性の有意な対立について、柳田征司に年来の主張があり、検討の余地がある(7)。

古代語活用助辞ムは、精神的心理的意味を記号内化したム語尾動詞群を母胎にして成立した。助辞ムの持つ精神的心理的意味は、意志・推量といった文脈的意味を実現する前の段階であって、山田孝雄が指摘した「設想」がこれをよく言い当てている(8)。

本書の調査結果によれば、万葉集において意志動詞に接続する助辞ムは、「我は見む」のように動作主かつ話主（すなわち一人称）の「意志」の意味を多く実現する一方で、無意志動詞、状態動詞、形容動詞、形容詞に接続するムは、「花は散らむ」のように、叙述する事態（三人称）に対する話主の「推量」の意味を多く実現することが分かった。万葉集の用例が語るところによれば、意志の意味に解釈される例は、意志動詞がムを接した述語に一人称への集中が生じている。そこで、ムの連想的資源となったと思われる第一節で挙げたム語尾動詞（傍線）をいま一度参照されたい。これらの語群は、それぞれが有する個性的な心的態度とともに意志動詞も数多く含んでいる。これらのうちで明白に無意志動詞と考えられるのは、傍線を施した四四語のうち「うむ（倦）」「にこむ（和）」「ややむ（労）」の三語だけである。助辞ムの意志用法は、資源となったム語尾動詞が含意した意志性から拡張的に移行した可能性が高いと思われる。また傍線語以外のム語尾動詞にも意志動詞は存在している。当然のことながら、これらも意志ム成立の資源となり得た。個性的な精神的心理的意味を有する多音節ム語尾動詞の語尾から類推した活用助辞ムは、多くの動詞が含意する意志性を形態として実現することによって成立したと考えられる。

次に、第五節で挙げた万葉集の助辞ムが推量の意味に解釈される動詞リストを参照されたい。万葉集で推量の意味に解釈される例は、無意志動詞、状態動詞、形容動詞、形容詞が接して、三人称を多く実現している。このことは、ムに上接する用言の働きによって、物事（三人称）が作用する事態に関する話し手の心的態度が、我々によって「推量」と解釈されるということである。文脈的意味としての意志と推量を分ける要因は、上接する単語の性質によるのであり、奈良時代語の文法体系において動詞の意志性の有無が関与的に機能していたことは疑問の余地がない。

以上を要するに奈良時代語の活用助辞ムをめぐる統語構造は、意志動詞に接する意志の意味と無意志的用言に接する推量の意味との異なる二層から成り立っている。それでは、ムの成立に際して、いずれの用法が先行して成立したのであろうか、それを次節で解明したい。

## 三　意志と推量の新古の問題

単一の言語形式に複数の用法が併存するとき、当該の現象は共時論の問題であると同時に、その来由に関して通時論的な事情が干渉していることがある。

ムが関与する二つの意味のうち「意志」が実現するときは意志動詞が上接し、「推量」が実現するときには無意志動詞、状態動詞、形容動詞、形容詞が上接するという排他的な現象は、通時論的考察の対象となりうる。資料の及ばない先史日本語に関する推論は、考証の領域に達することはないが、歴史的諸関係についての合理的推論が得られれば、後の時代の変化を有利に説明できる。自他対応を通時論的に推測することによって、平安時代以後の受け身・使役の助辞体系「ル・ラル／ス・サス」の成立がよく説明できるのである。

意志と推量の助辞ムの成立に関する通時論的説明の可能性は、三つある。意志の用法が先行して成立した場合、推量の用法が先行して成立した場合、そして意志・推量いずれの新古も決定できず、いわば同時に成立したと解釈せざるを得ない場合である。

先ず、助辞ムが、意志の意味を最初に獲得した可能性について考えてみたい。意志ムが意志動詞に接続する際、一人称への集中を呈する。それは、ムに上接する動詞が含意していた意志性を形態として標識化することに伴って、意志の意味が突出した結果、一人称集中という制限を生起したのであった。助辞ムの母胎となったム語尾動詞には、意志動詞が多く存在した。これらの中には、意志ムを実現するために必要な資源的形質を備えた動詞が少なからず存在していた。これらから精神的心理的意味を連想させる語尾ムが分出したときに実現する文脈的意味が意志であったことは想定可能である。したがって、助辞ムは意志の意味を最初に実現した可能性がある。

次に、ムが推量の用法から成立したという可能性についてはどうであろうか。この点に関して言えば、上代語に「推量動詞」というカテゴリーは存在しない。意志動詞と違って推量の意味を含意する本体動詞はこの時代に存在しないからである。「おす」「はかる」などが推量を意味するようになるのは後の時代のことである。よって上代語において推量の形態表示は、「む」「らむ」「けむ」のム系助辞によって文法的に表示するほかない。精神的心的意味表示は、意志のほか疑問を意味する本体動詞として上代語では「いぶかる」「たづぬ」「とふ」などがある。意志や疑問が語彙的にも文法的にも表示することが出来るのに対して、上代語に関していえば、推量は文法的手段によって表示するほかなかった。ム系助辞の中核要素はムであるから、推量ムが意志ムよりも先行して成立したとすれば、既存の本体動詞に意味も形態的な痕跡も存在しない「推量」ムが資源的形質なしに出現したという事態を説明しなければならなくなる。推量ムが意志ムに先行したという仮定は、推量という文脈的意味の形態標識がムに託されて成立したことを効果的に説明できない。さらに、推量ムが意志ムより成立が早いとすれば、推量ムが成立した時点において無意志動詞、状態動詞、形容動詞、形容詞という広い範囲の語群に接したときに意志動詞だけを排除的な形で把握したことになる。しかも意志動詞を標識するのではなく、それ以外の無意志動詞、形容動詞、形容詞に接してそれらを標識することを通じて行われたというのである。このような想定が現実性を持つのであろうか。これを要するに、推量の形態表示は、既存の精神的心理的意味の表示形式（すなわち意志ム）に間借りして成立したと想定するのが妥当性を持つのではないか。

次に、意志ムと推量ムの新古はつけられない、いわば同時期に両方の用法が成立した可能性についてはどうであろうか。この場合においても、推量ムが先行して成立したという想定と同じ問題が生ずる。すなわち推量ムが、先行する資源的形質なしに成立することができたのは何故か、という問いである。しかも推量ムと意志ムが同時期に成立したのであれば、形態ムは、意志動詞無意志動詞を問わずほぼすべての動詞に接続できたことになる。意志動詞に接する際には、既存の形質によって「意志」が実現できたことは説明できるが、無意志動詞、形容詞、形容動詞に接するに際して、日本語がかつて経験したことがない推量の意味が何故取り出されたのかが説明しがたい。動作主（三人称）が行う事態・態様に関する話し手の心的態度表明は、推量だけではない。文法形式として標識される可能性のあるものとして断定、強い断定（確言）、願望、疑問、懸念などもある。物事が作用する態様、叙述事態に関する話者の心的態度の形態表示に際して、なぜ推量の意味だけが取り出されたのであろうか。断定辞ナリ、強い断定（終助詞ゾ、コソ）、願望マクホシ、ガホシ、疑問カ、懸念（中古語のモコソ）などの多くは、先行する資源的形態（ニ・アリ、モ・コソ、マク・欲シ、ガ・欲シ）を推測することが可能である。推量ムは、推量自体としての先行形態は見当たらず、ム語尾動詞に付随して表示される意志が推量ムに先行する資源形式であったと考えるほかない。

多音節ム語尾動詞から類推して成立した助辞ムによって、精神的心理的意味が述語形態上に表示された。ム系助辞やマクホシの中核をなすムのク語法から展開して動作主の願望を表示する形式がムを起点として古代語世界に拡大したことが展望できる。

活用助辞ムの用法の実態は、ム語尾動詞から類推して、先ず意志ムが分出、成立し、次いで同じ形態に推量が積み重なった。その結果、助辞ムには、意志動詞に下接して意志の意味を表示する用法と無意志動詞、形容詞に下接して推量の意味を表示する二つの用法が併存することとなった。

奈良時代語以前には、推量を語彙的に表示した例は見当たらない。何らかの方法で、話者の推量を表示するためには、ム系助辞によって文法的に表すほかない。推量ムに上接する無意志動詞、状態動詞、存在動詞、形容動詞、形容詞の無意志性用言に共通する特徴は、物事の状態を表示している点である。物事の状態とは、話し手の外側にある世界の状態である。したがって、これらの語が述語の位置についた場合、その主格の位置に三人称が多く分布するのは自然である。無意志性状態性の用言にムが接して三人称を取る時点で動作作用主と話主が分離する。話し手の外側にある世界（動作作用主）の存在の様態に関する話し手の心的態度が文法的に表示される。それが我々によって推量と解釈される文の意味となる。「三人称推量」に分布する語群の中で存在動詞アリの万葉集での用例が突出して多いことを確認されたい。無意志性状態性用言の中核に存在詞アリが位置している。この事実は、推量ムに関与する述語用言の中でアリが象徴的な位置にあることを示している。［話主・三人称動作主─アラ・ム］の統語構造が話主の外側のモノの存在の態様に関する話主の心的態度を表示する。

推量ムは、何故意志ムの形式を借りなければならなかったのであろうか。意志とは、近接する未来において話主が叙述する事態を実現することの意志表示であり、推量とは、近接する未来において話し手に外在する動作主体が、叙述事態を実現することを話し手が予測することの表示である。「近接する未来に叙述事態が実現する」という事柄が意志と推量の共通性であり、事態の未実現ということにおいて、推量ムが意志ムの未然形接続形式を借りて成立した理由もこの点に存するのである。近接する未来の事態に関する話し手の意志と推量が連想関係になりうることは、現代英語助動詞の will をめぐる構文においても認められる。推量ムの歴史的成立に際して上代語の文法体系が意志ムの意味と形態にその資源を求めたことの原因がこの点に想定できるのである。

## 四　活用助辞ムのク語法マクの展開

精神的心理的意味を表示するム語尾動詞は、活用助辞ムを分出したのち、生産性を喪失した。そののち、動詞に付随する精神的心理的意味表示に対する伝達要求が消滅したのかといえば、そうではない。例えば、意志と近い意味として動作主の行為願望がある。動作主の願望が表示される奈良時代語のマクホリは、活用助辞ムのク語法マクに動詞ホル（欲）が接続して成立した。動詞型活用のマクホリに上接する語は、「見る」「聞く」の二語である。「見マクホリ」は万葉集中で九例出現するが、用例は次章で検討する。

動詞型活用のマクホリと対をなすように形容詞型に活用する願望形式マクホシが存在する。マクホシは、活用助辞ムのク語法マクに形容詞ホシ（欲）が接続して成立した。

たく領巾の掛けまく欲しき（巻欲寸）妹が名をこの背の山を掛けばいかにあらむ　（三・二八五、丹比真人笠麻呂）

マクホシに上接する動詞は、「掛く、見る、見す、問ふ、守る、染む」の六語である。これらはすべて意志動詞である。マクホシの用例は万葉集中で二〇例出現し、すべて話主すなわち一人称の例である。話主でありかつ動作主の願望を表示する形式マクホシとマクホリは、精神的心理的意味を表示する助辞ムを中核にして成立したのである。

動詞型マクホリよりも形容詞型マクホシの方が文法的機能が高いと思われるが、平安時代以後、マクホシの後継形式と考えられているマホシが発達する。マクホリ、マクホシ以外に動作主願望を表す奈良時代語の文法形式にガホシがある。

出で立ちて振りさけ見れば神からやそこば貴き山からや見がほし（我保之）からに
（十七・三九八五、大伴家持）

マクホリと同様に願望形式マクホシ、ガホシは奈良時代語資料における用例では、一人称に集中している。願望という感情的意味を持つ形容詞型活用助辞が接した語には、感情形容詞が有する人称制限の現象が生じている。マクホシは、話主の動作願望を表示する最も有力な形式として発達した。マクホシ類は、マクノホシ、マクシホシ、マクゾホシを併せて万葉集中で二〇例出現し、すべてが一人称を取る。平安時代以後マクホシの後継形式と考えられているマホシが発達する。

上代語の話主の動作願望は、助辞ムと願望「ホル」「ホシ（欲）」を原資にして成立したのである。文献に現れた例だけからマクホリ、マクホシ、ガホシの文法的機能の高低を評価するのは難しいが、後代に継承されたのは、マクホシであり、平安時代以後マホシに形態変化して用いられた。ガホシ、マクホリに比べてマクホシの歴史的耐久力がまさったのは、マクホシ構文の体系性にある。マクホシをめぐる統語構造は、［話主＋動詞未然形＋マク・ホシ］であるが、ホシの位置には、多くの感情形容詞が入り込んで、広範囲の話主の感情を表示する統語構造の一環に位置づけられる。その表現型と代表的用例を次に示したい。

［明けまく惜し］

秋萩の妻を枕かむと朝月夜明けまく惜しみ（明巻鴛視）
（九・一七六一、柿本人麻呂作）

［開けまく惜し］

玉匣開けまく惜しき（開巻惜）あたら夜を衣手枯れて一人かも寝む
（九・一六九三）

［荒れまく惜し］

ひさかたの天見るごとく仰ぎ見し皇子の御門の荒れまく惜しも（荒巻惜毛）　（一・一六八、柿本人麻呂）

［枯れまく惜し］

みつみつし久米の若子がい触れけむ磯の草根の枯れまく惜しも（干巻惜裳）　（三・四三五）

［掛けまくもあやに畏し］

掛けまくもあやに畏し（挂巻毛文尓恐之）吾大王皇子の命　（三・四七八、大伴家持）

［過ぎ隠らまく惜し］

常はさね思はぬものをこの月の過ぎ隠らまく惜しき（過匿巻惜）夕かも　（七・一〇六九）

［刈らまく惜し］

真玉つく越の菅原我刈らず人の刈らまく惜しき（苅巻惜）菅原　（七・一三四一）

［散らまく惜し］

磯影の見ゆる池水照るまでに咲ける馬酔木の散らまく惜しも（知良麻久乎思母）

（二十・四五一三、甘南備伊香真人）

［入らまく惜し］

天の原雲なき宵にぬばたまの夜渡る月の入らまく惜しも（入巻恡毛）　（九・一七一二）

［置かまく惜し］

白露の置かまく惜しみ（置巻惜）秋萩を折りのみ折りて置きや枯らさむ　（十・二〇九九）

［掛けまくのゆゆし畏し］

掛けまくのゆゆし畏き（由々志恐伎）住之江の吾が大御神　（十九・四二四五）

［言はまくもゆゆし］
掛けまくもあやに畏し言はまくもゆゆしき（齋忌志伎）かも吾が大王　（三・四七五、大伴家持）
［見まくしもよし］
山の紅葉たむ見まくしもよし（見莫下吉）　（十・二二〇〇）

話主の動作願望表示マクホシは、右のような統語構造［動詞未然形＋マク＋感情形容詞］の体系の一部である。しかし、右に挙げた諸型式とマクホシ構文には、一点相違するところがある。それは、上接する動詞の性質の違いである。マクホシの上接動詞は、動作願望であることを反映して「見る」「見す」をはじめ、すべて意志動詞であるのに対して、右の諸型式に出現する動詞は、「明く」「荒る」「枯る」「隠る」「散る」等、無意志動詞が含まれている点である。この種の表現では、例えば「朝月夜明けまく惜しみ」のように「月夜が明ける」のを歌の詠み手が「惜しい」と嘆いている。つまり、話主（詠み手）の外の世界の事態が推移するのを詠み手（話主）の感情を表す形容詞が受ける構造をなしているので、推移事態を叙述する動詞には、無意志動詞や状態動詞が分布するのである。とすれば、願望マクホシのマクの中核要素は意志ムであり、「枯れまく惜し」のように、「惜し」「畏し」「ゆゆし」をはじめとする感情形容詞に上接するマクの中核要素は推量ムであるということになろう。

以上のように、マクホシとその他の形式には相違するところがあるが、［動詞未然形＋マク＋感情形容詞］の統語構造によって維持されていた体系的表現であるので、ガホシ、マクホリなどに比べて強固な文法構造の支えが存在したと見られる。また、マクホシが表示する話主の動作願望は、極めて一般的かつ普遍的な意味であるので、他の「掛けまくもゆゆし」「散らまく惜し」などの類型表現が時代が降るとともに廃れたのとは同調せず、長く残存した。

［マク＋ホリ］［マク＋感情形容詞］の表現型のほかに、ク語法マクを使用しながら、下に立つ述語に感情形容詞や感情動詞等を接続しない例も万葉集内に存在する。句例のみ次に挙げる。

吹かまく・寝まく・越えまく・見まく・巻かまく・告げ遣らまく・告げまく・恋ひまく・降らまく・寒くあらまく・散らまく・死なまく・逢はまく・過ぎまく

右の表現の上接動詞は、意志動詞、無意志動詞ともに立って、偏りは観察されない。これらの表現型に意志動詞と無意志動詞に偏りがないのは、ク語法によって体言としてまとめられた内容を話主が心的に態度表明しないので、マクに上接する動詞の意志性の有無は、関与的でないからである。しかし、マクに上接する語群における無意志的状態動詞（散る、吹く、あり等）の例に感情形容詞が下接する場合には、話者の外側の事態（三人称）の作用に対する話者（一人称）の感慨が表わされ、意志動詞（寝、越ゆ、見る等）に感情形容詞が下接する場合には、話者（一人称）自身の行為に対する話者（一人称）の感情や意向が表わされる。マクホシは、後者の統語構造から出現したはずである。

平安時代以後、動詞型活用のマクホリ、形容詞型活用のガホシは廃れ、マクホシの後継形式マホシが発達する。マクホシ、ガホシともに形容詞「欲し」が介入している。中世以降動作主の願望を現すタシ（現代語助辞タイの祖形）もまた形容詞型活用をする。感情形容詞の人称制限が奈良時代語にも存在したとすれば、マクホシ、ガホシの排他的一人称集中が良く説明できる。動詞型マクホリもまた一人称に集中するが三人称の用例が一例存することはすでに述べた。動詞は、潜在的に三人称を取りうるのであろう。願望の意味を動詞形態によって表示する要求は、一人称以外に表現を拡大する動きを実現した。それが話主の感情的意向を標識する接尾辞ガル動詞の出現である。「あはれがる、あさましがる、あやふがる、あたらしがる、あやしがる」などの接尾辞動詞が三人称を取る文脈は、容易に想定できるだろう。感情の傾きや方向を表示するガル動詞が出現したことは、感情的意味が三人称によって客観的かつ組織的に叙述できる統語構造を獲得した。

以上のように、動作主または話主の精神的心理的な意向を動詞形態に最初に表示したのが「堅む、畏む、悲しむ」などの多音節ム語尾動詞であった。それまでは、動詞が含意する精神的心理的意向は形態化されることなく意志性と無意志性が区別されていた。動作動詞が含意する意志性は、統語的環境に応じて関与的に機能する場合があったと思われる。その痕跡は、動詞がムを接する場合に意志と推量が区別される事実から、文脈的意味の実現を規定する意志性の有無の関与を推測することが出来る。動詞ム語尾から類推分出した助辞ムは、多くの動詞に精神的心理的意味を表示する手段を提供したのである。

**［注］**

（1）松下大三郎（一九二八）『改撰標準日本文法』（紀元社）
（2）拙著（一九九六）「古代語動詞内部形式による範疇的意味の発達過程」『古代日本語の形態変化』第三部第四章（和泉書院）
（3）阪倉篤義（一九六六）『語構成の研究』（角川書店）
（4）注2拙著第二部第四章
（5）山田孝雄（一九三六）「用言概説」『日本文法学概論』第十章、一四三頁（宝文館）
（6）仁田義雄（一九九一）『日本語のモダリティと人称』（ひつじ書房）
（7）柳田征司（二〇一一）『日本語の歴史2―意志・無意志―』（武蔵野書院）
（8）推量、意志といった文脈的意味を包摂した高次の精神的心理的意味を山田孝雄は、「設想」と規定した。山田孝雄（一九〇八）「動詞の複語尾」『日本文法論』第三章、四四一頁（宝文館）

# 第三章　話者願望表示の文法的方法と語彙的方法

## 一　はじめに

奈良時代語における話者の願望を表示する形式は、幾つも存在する。その多くがナ、ネ、ナム、モガモ、テシカといった文法形式による表示である。願望の意味が抽象的な文法形式によって表される。文法形式だけで話者の願望が表示されることは、現代語にもある。例えば、

この場所にベンチがあればなあ。

のように、文法形式の連結（条件形式＋終助詞）だけで、願望を表すことが出来るのである。このような表現が可能となる背景には、特定の文脈で使い込まれた習慣による表現の成熟が必要である。もちろん文法的方法による以外にも、願望の語彙的表示によって、明晰にそれが表される場合もある。現代語で言えば、

この場所にベンチがあればいい。

この場所にベンチが欲しい。

のような表現がこれに当たる。ここでは、「良い」「欲しい」という語彙的表示によって話者の願望が明晰に表示されている。話者の意志や感情の表示が述語内部において語彙的方法によるか、あるいは文法的方法によるかについ

ての一定の順序や洗練の程度に違いがあるかは知らない。筆者は、前章において上代語の意志・推量の文法形式の歴史的成立と展開に関する過程を推測した。そこで得た結論によれば、奈良時代語動詞には、「堅む、際む、求む、賢む」のような精神的心理的意味を表示する一定数の分析的な語構成のム語尾動詞群が存在しており、この実態が精神的心理的意味を表示する文法形式ムを分出した。このムを中核にしたク語法マクに「欲し」を接したマクホシが奈良時代語の話者願望の文脈で使われた。すなわち「見マクホシ、掛けマクホシ」のような表現である。マクホシは、奈良時代語願望表示における語彙的方法を代表する形式である。マクホシは、平安王朝文芸作品において多用されるマホシの先行形態であると言われる。

奈良時代語における話者願望の表示形式は、文法的方法と語彙的方法による複数の形態が用いられており、歴史的関係は単純ではない。本章は、右に挙げた願望表示の諸形式が使用される文脈の違い、動作主の人称など、幾つかの観点から分析して、通時論的な解明に乗せるべき課題を導きだそうとする。

## 二　願望表示の文法的方法

願望の語彙的表示法とは、願望を意味する単語（「欲しい、望む等」）を用いてそれを表示する方法である。これに対して文法的表示法とは、文法形式の組み合わせだけで願望を表示する方法である。冒頭に挙げた現代語の「この場所にベンチがあればなあ」等の表現がこれに当たる。「あればなあ」が願望を表示することを決めるのは、文脈と熟語的慣習である。「あればなあ」の表現形態と願望との間に合理的つながりは薄く、場合によっては願望ではなく嫌悪を表すこともあり得たであろう。例えば古代語文法形式「もこそ」と話者の「危惧」が合理的つながりを持たないのと同じである。

奈良時代語の願望表示における典型的な文法的表示法は、ナとネである。『万葉集』のナとネは、仮名書きでそれぞれ五二例と五四例出現する。両形式ともに文脈上の出現位置は、例外なく歌末（文末）、句末である。ナに上接する文法的単位は、活用助辞ツ、ヌおよび動詞である。ナに上接する動詞群を次に示す。接続は未然形である。

有り、行く、かざす、聞く、来、漕ぎ出づ、こき入る、偲ふ、死ぬ、為《す》、手折る、給ふ四段、賜ふ下二段、尋ぬ、なつく、濡る、濡らす、設く、見る、結ぶ、遣る　二一語

完了の助辞ツ、ヌに上接する動詞の例は、次の通りである。

刈る、為、尋ぬ、仕ふ、振る、結ぶ（以上ツ）、寄る（ヌ）　七語

ネに上接する文法的単位は、尊敬の活用助辞ス、尊敬の補助動詞タマフ、禁止の非活用助辞ソ、および動詞である。

次に挙げるのは、ネに上接する動詞群である。

遊ぶ、思ふ、示す、来、こす、暮らす、立つ、賜ふ、はやす、申す　一〇語

尊敬の助辞スとネに上接する動詞群（～サネ）を次に挙げる。接続は、未然形である。

行かす、刈らす、漕がす、立たす、摘ます、問はす、貫かす、寝す、告らす、葺かす、振らす、結ばす、遣らす　一三語

尊敬の補助動詞タマフとネに上接する動詞群（～タマハネ）を次に挙げる。

坐《いま》し給ふ、申し給ふ、召上げ給ふ　三語

禁止の助辞ソとネに上接する動詞群（～ソネ）を次に挙げる。

刈る・散る・踏む・降る　四語

ナは、話者（一人称）による自らの動作についての願望を表し、ネは、話し相手（二人称）の動作に対する話者の願望を表している。ネが話し相手に対する願望を表すことは、尊敬と禁止の表示が排他的にネに上接することから知られる。これはすでに指摘されている実態であり、代表的用例を次に挙げる。

［ナ］

巨勢山のつらつら椿つらつらに見つつ偲はな（奈）巨勢の春野を　（一・五四）

帰るさに妹に見せむに海神の沖つ白玉拾ひて行かな（奈）　（十五・三六一四）

君が代も我が代も知るや磐城の岡の草根をいざ結びてな（名）　（一・一〇）

［ネ］

にほ鳥の潜く池水情あらば君に我が恋ふる情示さね（示左祢）　（四・七二五）

踏み脱きて行くちふ人は石木より成り出し人か汝が名告らさね（祢）　（五・八〇〇）

ありつつも見し給はむそ大殿のこの廻の雪な踏みそね（祢）　（十九・四二二八）

ナ、ネは、終助詞に分類されるごとく、出現位置は、歌末、句末であって、連用修飾、連体修飾等の従属節には介入しない。この事実は、ナ、ネが話者の願望の直接的表出形式であって、それは両形式の当代における口頭語での使用を反映するだろう[1]。

また、奈良時代語の話者願望には、話者の外側の世界の主体（三人称）が行う動作や作用に対する願望を表示する形式が存在している。それがいわゆる誂えのナム（ナモ）である。万葉集においてナモ三例とナム一一例が見いだされる。その用例のいくつかを挙げる。

三輪山をしかも隠すか雲だにも情あらなも(南畝)隠さふべしや　（一・一八）

上つ毛野をどのたどりが川路にも子らは逢はなも(奈毛)一人のみして　（十四・三四〇五）

ほととぎすなほも鳴かなむ(奈牟)もとつ人かけつつもとな吾をねし泣くも　（二十・四四三七）

うち靡く春ともしるく鶯は植木の樹間を鳴き渡らなむ(奈牟)　（二十・四四九五）

ナム（ナモ）に上接する動詞と用例数は次の通りである。

有り六例・逢ふ三例・鳴く二例・渡る二例・来一例

これらの五語は、どれも無意志動詞である。「鳴く」「渡る」は、文脈によっては意志性を持つ可能性があるが実際の用例では作用主体は、「霍公鳥」「鶯」であり、自然現象と同様であるとみなされる。ナム（ナモ）が介入する動詞部の文脈上の出現位置は、すべて歌末か句末であり、ナム（ナモ）は口頭語的表示と考えられる。

動詞連用形に接続する願望形式としてテシカ（テシカモ）が注目される。これは、万葉集中でテシカ八例、テシカモ五例、合せて一三例見いだされる。

龍の馬も今は得てしか(愛弖之可)あをによし奈良の都に行きて来むため　（五・八〇六）

朝な朝な上がる雲雀に成りてしか(奈里弖之可)都に行きてはや帰り来む　（二十・四四三三）

現にと思ひてしかも(念氏之可毛)夢のみに手本枕き寝と見るはすべなし　（十九・四二三七）

天飛ぶや雁を使に得てしかも(衣弖之可母)奈良の都に言告げ遣らむ　（十五・三六七六）

万葉集におけるテシカ（テシカモ）は、すべて歌末か句末に出現する。王朝古典文芸で使用される願望形式テシガナは、奈良時代語のテシカを先行形態とするものであろう。

文末句末用法の願望表示モガ（モガモ）が注目される。万葉集においてモガは一二例現れ、モガモは、二七例見いだされる。モガに比べてモガモには、歌末用法（二二例）が多い。モガ（モガモ）に上接する語は、殆ど名詞であるが、形容詞連用形（無くモガ、高くモガモ）、ニ格名詞句（梶柄にモガ、ともにモガモ等）がある。ニ格名詞句は、平安時代に出現する形容動詞連用形の前形式でもある。以下、代表的な用例を挙げる。

三栗の那賀に向かへる曝井の絶えず通はむそこに妻もが(毛我)　（九・一七四五）

我が宿の撫子の花盛りなり手折りて一目見せむ児もがも(毛我母)　（八・一四九六）

あしひきの山は無くもが(奈久毛我)月見れば同じき里を心隔てつ　（十八・四〇七六）

天橋も長くもがも(長雲鴨)高山も高くもがも(高雲鴨)　（十三・三二四五）

天地とともにもがも(登毛尓母我毛)と思ひつつありけむものを　（十五・三六九一）

モガ（モガモ）が接する語の大多数が名詞であることから、物に即して「～が欲しい」とすれば比較的容易に解釈が得られる。形容詞、ニ格名詞句に接続する場合には、「無くなって欲しい、高くあって欲しい、共にあって欲しい」というような、状態に対する願望が表される。これもまた、文末、句末という出現位置から見て、奈良時代当時の口頭言語での用法の反映であると推測される。

以上、奈良時代における願望の文法的表示の諸相を観察してきた。それらに共通する特徴は、どれも文末、句末用法であって、連用修飾節や連体修飾節内に介入する例は存在しない。この事実は、種々の文法形式（ナ、ネ）およびその組み合わせ（ナム、モガモ、テシカ等）が口頭語の具体的な文脈において、熟合化して使用された実態を反映するだろう。

しかし一方で話者の願望は、願望を意味に持つ単語を使用して表示することが可能である。本章の冒頭で挙げた現代語の「この場所にベンチが欲しい。」等の例がこれに当たる。これらを願望表示の語彙的方法と呼ぶならこのような語彙的表示法は、奈良時代語にも存在した。それを次節で検討する。

## 三　願望表示の語彙的方法

奈良時代語における願望表示の語彙的方法の代表格は、形容詞「欲し」を用いたマクホシである。マクホシは、「見マクホシ、掛けマクホシ」のように、意志の助辞ムを中核にしたク語法マクによって動詞叙述を名詞化し、ホシを連結した分析的な表示である。万葉集におけるマクホシ類の用例は、マクシホシ、マクノホシ、マクゾホシの形を含めて一九例存在する。マクホシ類に上接する動詞は、次の通りである。

見る一三例・見す一例・掛く二例・染む一例・問ふ一例・守る一例　六語

上接する単語別の用例を次に挙げる。

天飛ぶや軽の道は吾妹子が里にしあればねもころに見マクホシけど（欲見騰）止まず行けば　（二・二〇七）

妹が目の見マクホシけく（見巻欲家口）夕闇の木の葉隠れる月待つごと　（十一・二六六六）

み吉野の滝もとどろに落つる白波留りにし妹に見せマクホシき（見西巻欲）白波　（十三・三二三三）

栲領巾の掛けマクホシき（懸巻欲寸）妹の名をこの背の山に懸けばいかにあらむ　（三・二八五、丹比真人笠麻呂）

紅に衣染めマクホシけども（染雖欲）着て匂はばか人の知るべき　（七・一二九七）

若草の夫かあるらむ樫の実の独りか寝らむ問はまくのほしき（問巻乃欲）我妹が家の知らなく　（九・一七四二）

うつたへに鳥は喫まねど縄延へて守らマクホシき（守巻欲寸）梅の花かも　（十・一八五八）

留意すべき特徴として感情形容詞が接した形であるマクホシは、全用例が話者（一人称）自らの動作に関する願望を表示している点である。万葉集におけるマクホシの願望主体が常に話者であることは、奈良時代語における感情形容詞の人称制限の存在を推認させる。また、マクホシが出現する文脈上の特徴は、連体修飾節、ク語法による連用修飾節、逆態接続等の従属節内での用例が大多数であり、歌末、句末用法は、一九例中次の一例に過ぎない。

昨日見て今日こそ隔て吾妹子がここだく継ぎて見まくしほしも（見巻欲毛）（一一・二五五九）

マクホシ類のこのような分布傾向は、願望表示の文法的方法であるナ、ネ、ナム、テシカ、モガモ等の歌末、句末への排他的分布傾向と対照をなしている。話者の願望という感情的表現が、感情表出にふさわしい位置と思われる歌末、句末ではなく従属節内に集中することは、いかなる意味を持つのか。

マクホシには、右に挙げたマクホシ類のほかに関連する異種形式が存在する。それは、マクホリという動詞型のものとガホシという形容詞型のものである。

先ずマクホリについて見よう。マクホリは、万葉集では訓読例を含めて全体で一〇例出現する。そしてその用例のすべてが連用形ホリである。国文法では、マクホリが安定的な意味を担っていると考えて一形式として扱っている。マクホリは、万葉集では全例のうち八例が一人称であり、後掲するマクホリ・スだけが三人称を取る。

連用形のみの用例であることは、マクホリが事実上名詞化された形であり、それが願望を表示する文法形式として用いられていると見られる。マクホリが動詞として機能していなかったことは、次のようなマクホリ・スのようなサ変動詞が補助的に動詞語尾として働いていたことによって知ることが出来る。

視る人の語りにすれば聞く人の視マクホリする（視巻欲為）御食向かふ味経の宮は見れど飽かぬかも（六・一〇六二）

右の例は、願望主体が話者（詠み手）ではなく、三人称の「聞く人」である。マクホシが保っていた人称制限は、動詞型願望表示のマクホリ・スの場合においては解除される。マクホリの用例のうち次の四例が文末用法である。

栲縄の永き命を欲りしくは絶えずて人を見マクホリこそ（欲見社）　（四・七〇四、巫部麻蘇娘子）

恋死なむ後は何せむわが命生ける日にこそ見マクホリすれ（見幕欲為礼）　（十一・二五九二）

秋といへば心を痛きうたて異に花になそへて見マクホリかも（見麻久保里香聞）　（二十・四三〇七、大伴家持）

霍公鳥未だ来鳴かず鳴く声を聞かマクホリ（伎可麻久保理）と朝には門に出で立ち　（十九・四二〇九、大伴家持）

右の最後の一例は、引用のトによって括られた句末表現である。マクホリの残り五例は右に挙げた「視マクホリする～味経の宮」の連体修飾が一例、連用修飾が三例、「見まく堀江のさざれ波（十二・三〇二四）」の掛詞が一例ある。動詞型マクホリは、用例数は少ないが句末表現に多く現れると言える。

今ひとつ注目される語彙的願望形式は、ガホシである。ガホシは、万葉集では一二例観察される。ガホシの特徴は、歌末句末表現が多いという点であり、これが一〇例存在する。上接する語は「見る」と「在り」である。代表的用例を次に挙げる。

橘は花にも実にも見つれどもいや時じくになほし見ガホシ（見我保之）　（十八・四一一二、大伴家持）

山見れば山も見ガホシ（見皃石）里見れば里も住みよし　（六・一〇四七）

百鳥の声なつかしきありガホシ（在杲之）住みよき里の荒るらく惜しも　（六・一〇五九）

また、ガホシにカリ活用を付した形容動詞型の用例が二例存する。

山からや見ガホシからむ（見我保之加良牟）皇神のすそみの山の　（十七・三九八五、大伴家持）

神からか見ガホシからむ（見欲賀藍）み吉野の滝の河内は　（六・九一〇、笠金村）

右の「見ガホシからむ」の動作主体と願望主体は、話者（詠み手）ではなく、「一般的な人々」と言うべき二人称である。それは、句末に推量助辞ムを用いていることからも了解される。「見ガホシ」という形容詞型活用では、人称制限上取りにくかった三人称がカリ型再活用によって動詞型に派生することで三人称を確保している。また、先に見た「ありガホシ」の「あり」の存在主体は、話者の外側の「里」であり、その存在を願望するのが話者である。このような三人称動作主、作用主をマクホシは取らない。万葉集における「動詞＋マクホシ」の動作作用主体は、すべて願望主体である話者と一致しており、誂えのナムのような他者の動作作用を話者が願望する用法ではない。願望ガホシは、歌末句末に多く出現することや、他者動作に関する願望を許容するという点において、マクホシとは異なった文法的関係を保っている。平安時代の文芸作品で用いられるマホシは、マクホシとの関係で注目されるが、マホシの由来が奈良時代語のマクホシとガホシとの混淆であるとする浜田敦の仮説(2)は、両形式の文法的機能の断絶から見て飛躍がある。

マクホシが他の願望表示と対照的に従属節のような複雑な構文中に埋め込まれるような形で分布するということは、これが口頭語における直接的表出というより、知的処理を経た願望表示であった可能性がある。このマクホシの分布の特徴は、後述するように『源氏物語』のマホシの分布と共通するのである。

ところで、筆者は、マクホシの歴史的成立の経緯に関する推定を行った。すなわち、マクホシは、「意志動詞＋助辞ムのク語法マク＋感情形容詞」の統語構造を備えている。このようなマクホシは、奈良時代資料にまとまって観察される「掛けまくもかしこし・荒れまく惜し」等の類型的感情表現の体系の一環に位置しながら、そこから離脱して成立してきたと見られる。上代文献において見いだされるかかるマクホシの母胎となった統語例を以下に挙げる。出典と用例は前章を参照されたい。

明けまく惜し、開けまく惜し、荒れまく惜し、枯れまく惜し、過ぎ隠らまく惜し、刈らまく惜し、散らまく惜

し、入らまく惜し、置かまく惜し、掛けまくもあやに畏し、掛けまくのゆゆし畏し、言はまくもゆゆし、見まくしもよし

右に挙げた［動詞＋マク＋感情形容詞］の統語構造には、二種類のタイプが存在する。一つは「枯れまく惜し」「散らまく惜し」のように状態動詞にマクが接して、話者の外側で生じる事態（三人称）に対する話者（一人称）の感情を叙述する表現と「掛まくも賢し」「言はまくもゆゆし」「見まくしよし」のように意志動詞にマクが接して「掛く」「言ふ」「見る」の動作主と「賢し」「ゆゆし」「よし」等の感情主体がともに話者（一人称）で一貫している表現の二種類である。マクホシは、先行する意志動詞の動作主とホシの感情主が話者（一人称）で一貫しているので、マクホシ構文は、右の後者のタイプの表現構造と共通する。

前者のタイプは、先行する無意志状態動詞の主語と後続形容詞の主語が別であり、「（花が）散らまく（我は）惜し」「（皇子の御門が）荒れまく（我は）惜し」の統語構造であって、マクと形容詞の間には形態上の切れ目が存在した。その他の無意志状態動詞と後続形容詞の関係は、次の通りであるが「惜し」の感情主体はすべて一人称「我は」である。

（朝月夜が）明けまく惜し、（玉匣が）開けまく惜し、（磯の草根の）枯れまく惜し、（この月の）隠らまく惜し、（馬酔木の）散らまく惜し、（夜渡る月の）入らまく惜し、（白露の）置かまく惜し

次が意志動詞が先行して、後続の形容詞の主語が一人称である一例である。

越の菅原～（人の）刈らまく惜し　（三・一三四一先掲）

実は、先行意志動詞と後続形容詞の主語が一貫する「（我は）掛まくも（我は）賢し」「（我は）言はまくも（我は）ゆゆし」等においても、先行するマクと「ゆゆし」「賢し」等の間にも同様の形態上の切れ目が存在したはずで、

さればこそ、その境目にモのような助辞が介入し得たと考えられる。このように考えると、我々が上代語の願望を表示する文法形式としてマクホシを一括りのものとして取り出すのはやや早計で、マクホシにはマクとホシの間に形態上の切れ目を想定しなければならない。マクホシ類には、マクシホシ、マクノホシ、マクゾホシのような助辞が介入する表現もあり、これらの例はマクとホシとの間の形態上の切れ目の存在を裏付けている。マクホシが一まとまりの文法形式と化したのはやや後代に属すると思われ、後述するように、平安時代語のマホシがマクホシの後継形式であると仮定すれば、マクホシからマホシに縮約的変化を遂げた時点で一括りの文法形式としての標識がなされたのだと考えることができる。ただし、その形態論的縮約過程については論証されていない。

マクホシがク語法マクと感情形容詞を連結した体系的表現の一環に位置していたが故に、これが上代語の願望表現として安定的な地位を得たと見られる(3)。さらに、マクホシが話者願望という普遍的な情報を担ったが故に、これが個性的な形で体系的表現から離脱的に残存して文法化した結果、優れた歴史的耐久力を実現した。マクホシ構文の母胎となった［動詞＋マク＋感情形容詞］の統語構造における動詞部に入る語は、万葉集では、「明く、開く、荒る、入る、置く、枯る、掛く、言ふ、隠《かく》る、刈る、見る、別る」の一二語、形容詞部に入る語は、「惜し、畏し、ゆゆし、苦し」の四語である。これら感情形容詞の感情主体は、すべて話者（詠み手）である。この実態は、感情形容詞の人称制限が奈良時代語にも存在したことを推認させる。右の動詞部に入る語が「明く、荒る、枯る、散る」のような状態動詞の動作作用主体は、話者以外の三人称である。この表現型における動作作用主体を明示した用例は、先に示した通りであるが、「（朝月夜が）明けまく、（我は）惜し」「（皇子の御門が）荒れまく、（我は）惜し」のような話者の外側に生起する事態に対する話者の感情表示に対して、話者自らの動作に関する話者の感情を表示する表現も存在した。すでに挙げた例以外に、次のような用例を見られたい。

しな離る越に五箇年住み住みて立ち別れまく惜しき（立別麻久惜）宵かも　（一九・四二五〇、大伴家持）

難波潟潮干なありそね沈みにし妹が姿を見まく苦しも（見巻苦流思母）　（二・二二九、河辺宮人）

右の例では、動詞部の動作主と形容詞部の感情主は、話者（一人称）によって一貫している。マクホシ構文がこのような、動詞部と形容詞部が一人称によって貫かれた統語構造の中から成立したというのは、このような実態を指すのである。

## 四　マクホシからマホシへの変遷の見通し

万葉集のマクホシは、連体修飾を始めとする従属的接続節の内部に出現し、他の願望表示の特徴である文末、句末への分布と対照的な傾向を示している。願望表示の中で、特に話者が自らの行為の願望を表示するナ、テシカ、ガホシとマクホシとがこのような対照的分布を見せるのは、同じ願望表示でもマクホシは、知的分析を経て複雑な構文構造内に埋め込まれた表現であったからである。この「知的分析を経た」という記述には説明が必要である。知的分析を経た表現が成立するためには、多くの場合、その前提に安定的で均質な文章語の存在が想定されるからである。奈良時代には、均質な和文体散文は確認されない。知的思索を盛り込む文章の前提無くして知的に高度な表現が成り立つのであろうか。

現代日本語のあいさつ言葉には、「ありがとう」「おめでとう」「すみません」のような文脈依存的な熟語的表現がある。これらの表現は、談話において文頭と文末に多く分布するだろう。これらは、表面上の語義だけから見れば、感謝、祝賀、謝罪等の意味は想起されない。一方、「御礼申します」「お祝いいたします」「お詫びいたします」

のような語彙的方法による明晰で分析的な表現も改まった場面を想定すれば、使用可能である。これらのあいさつ表現が文章語を前提に成立したのかどうか不明であるが、口頭語の枠内であっても知的分析的表現が発達することもありうるのかも知れない。

ナ、ネ、テシカ等に比してマクホシは、語彙的方法による改まった願望表現であったのではないか。奈良時代語には、平安王朝和文のような散文体は確認されないし、おそらく存在しない。宣命は、和文の一種であるが、儀式のために加工された文体であり、自由な思索を盛り込んだという意味における散文とは異なる。しかし安定的な散文文体が存在しないことは、口語や和歌の枠内で、知的で分析的な込み入った表現が存在しなかったということにならないだろう。上代の韻文は、記紀「歌謡」から万葉集における八世紀の個人が創作した「和歌」に至るまで、数百年にわたる言語と文芸の歴史を蔵する。自由な思索を表現する文章語としての和文体が未成立な段階で、創作和歌の枠組みにおいて口頭語的表出とは異なる知的分析を経た詠者の感情表現が育ちつつあったと想定することは可能であろう。当然のことながらマクホシが介入する分析的で知的な表現が次世代の文章の資源的蓄積となったことは考えられる。

そこで注目されるのがマクホシの平安時代語の後継形式と言われるマホシの分布である。マクホシからマホシへの通時的展開に関して、意味と形態の類似以外に論証されていない(4)。資料の欠落がはなはだしく、状況的な根拠によって推測するほかないが、本章では、当面、『源氏物語』におけるマホシの分布を見ておきたい。

『源氏物語語彙用例総索引』（上田英代・村上征勝・今西祐一郎・樺島忠夫・藤田真理・上田裕一共編、勉誠社、一九九六）によれば、源氏物語においてマホシは、全体で二七八例存する。このうち、文末句末用法と見られるのは、二三例である（引用符トで括られた形式や推量ム、係助詞コソ、ナムを下接する例も含む）。マホシの分布は多く連体修飾、連用修飾、条件節に偏っており、母集団こそ違うが奈良時代語のマクホシの分布の特徴と似ている。『源氏物語』のマホシは、直接的感情表出ではなく、比較的洗練された文章語の内部構造に深く蔵されるという特徴を持つ。特にこの時代には和文体が成立しており、地の文においてマホシは、三人称を取ることに制限がない。

（源氏は世を捨てるにふさわしい）かうやうなる住まひもせマホシうおぼえたるものから（紫の上の）昼の面影心にかかりて恋しければ（若紫）

皇子は、かくても（帝は）いと御覧ぜマホシけれど、かかるほどにさぶらひたまふ、例なきことなれば、まかで給ひなむとす（桐壺）

乱れたる草の歌を、筆にまかせて乱れ書きたまへる、見どころ限りなし。しどろもどろに愛敬づき、（兵部卿宮は）見マホシければ、さらに残りどもに目も見やり給はず（梅枝）

右の用例に見るように、源氏物語のマホシは、地の文の様々な文法的環境に出現して、作者（一人称）を始め、登場人物（三人称）の願望を表示する例が多数現れる。このことは、万葉集のマクホシが語源要素である感情形容詞ホシの性質を保存して話主（一人称）の願望表示に制限されていた実態とは違っている。万葉集においてマクホシが備えていた知的分析的用法が人称表示において源氏物語では拡大している。源氏物語におけるマホシは、原則として会話文では用いられず、地の文で使用される。マホシは、文章語表現である。マホシが会話文を反映するとみられる句末に現れる例は、ほとんどが引用標識トによって括られる地の文での出現である。マホシが生の会話文で現れるのは、唯一、係助詞コソが介入する結びによる文末終止の例である。

「女こそかうはあらマホシけれ。それをだにえあらぬを」と（女房達は落葉の宮を）見たてまつる。（夕霧）

右は、会話文中の話者（女房達）の一人称願望の例である。同様の例は、他に五例見出される。このように源氏物語におけるマホシの用例の実態は、奈良時代語のマクホシの後継形式として自然な発展的様相を示している。源氏物語では、マホシの用例は地の文に進出して、作者（第一人称）の願望はもちろん、登場人物（第三人称）の願望をも表示しうるようになった。この事実は、感情形容詞の人称制限が「語り」の文脈では解除されるという現代語の現象が中古散文においても見いだされることを示すのである。(5)

## [注]

（1）新沢典子（二〇一七）『万葉歌に映る古代和歌史―大伴家持・表現と編纂の交点―』第一部（笠間書院）
（2）浜田敦（一九四八）「上代に於ける願望表現について」『国語と国文学』第二十五巻二号
（3）本書第一部第二章
（4）山口佳紀（一九九三）「平安時代語の源流について」『古代日本文体史論考』第二章第一節（有精堂出版）
（5）金水敏（一九八九）「『報告』についての覚書」『日本語のモダリティ』（くろしお出版）

# 〔第Ⅱ部〕

# 第四章　古代語形容詞の造語機能の特徴

## 一　形容詞造語の限界

古代日本語の変革と形成に最大の貢献をなしたのは、大規模に行われた動詞増殖であるというのが本書の立場である。古代語の動詞増殖の特徴は、形容詞との関連から考えるとよく理解できる。その理由は、奈良時代から平安時代にかけて出現した大量の接尾辞を伴った動詞群が状態性という形容詞と親和的な意味特徴を持っているからである。その一方で形容詞語彙が増えていない事実がある。形容詞語彙は、何故発展しなかったのか。古代後期の動詞語彙の増殖が何故状態的自動詞に偏ったのであろうか。

そもそも形容詞の概念は、西洋文法の adjective に由来するもので、日本語の観察から出発したものではない。その文法的性質は、名詞に付属してこれを修飾する点にある。その際、名詞の属性や状態を意味表示するのである。形容詞を統合する概念は、意味を措いて他にない。韓国語やタイ語のように動詞と形容詞を形態的に区別できない言語もある。欧語、例えば英語では、形容詞の形態に特徴が無く多様である。beautiful（-ful）, windy（-y）のようなそれらしい語尾を持つこともあるが、英語形容詞がすべてこのような特徴を備えているのではない。また欧語では、形容詞は名詞を修飾するだけでなく be 動詞のような形式的動詞を介して述語の位置に立つことが出来る。これに対して日本古代語は、ク活用とシク活用のような専用の活用形態を持っており、それ故に述語構成要素としての機能が高く、単独で述語になる。現代日本語ではク活用とシク活用の対立が失われ、イ語尾（高い、せこい等）のみを保持している。日本語形容詞は、活用という積極的形態標識を伴っている。しかし、古代語においてはこの点が形容詞語彙増殖の足枷になった。形容詞は、造語の際においても常に活用形態を伴うことを要求されたからである。このことは後述する。要するに、形容詞が述語の要素になり得るのが日本語の特徴であるが、それは形容詞が動詞と同じように活用を備えているからである。特に自動詞と形容詞は、意味的にも統語的にも親和性を持ち、自動詞述語文「雨が降る」、形容詞述語文「目が赤い」のように、状態性自動詞と形容詞は、主格一項だけを要求する共通の統語構造を持つ。

他方、第一部で見たように、動詞の派生的増殖は、古代日本語の古層の段階においては、動詞が動詞を生む、すなわち新動詞が既存の動詞を語幹部に取り込んで元の語と併存する造語法が典型であった。例えば、自動性と他動性（切る四段―下二段、散る→散らす、懸く→懸かる等）、作用継続（住む→住まふ、取る→とらふ等）のような派生関係は、古代語の比較的早い段階で形成されたとみられる。次いで語幹と語尾の関係が分析的で離散的な動詞（堅・む、うれし・ぶ等）の造語法に展開し、古代語の後期の段階においては、特定の意味を担う接尾辞動詞（とも・なふ、とき・めく、老い・づく等）を産み出して、平安時代散文文芸を彩る多量の状態性自動詞群を創出した。

古代後期に大量出現した接尾辞動詞の大多数が状態性自動詞であり、何らかの伝達要求が状態性接尾辞動詞の出現によって実現したのであれば、その要求は、状態性表示にあったと見られる。このような造語過程は語彙的方法に基づく要求の処理であり、伝達要求が新しい単語群によって実現したのである。

状態性表示の要求はまた、動詞がアリを接して形容詞的環境を標識する名詞修飾への密集分布（咲きたる花、咲ける花）による文法的方法によって処理された。その結果、新しい文法形式タリ、リ、ナリを生成し、遂にはナリ型形容動詞、カリ型形容動詞という特徴的な単語群を生み出した。形容動詞とは、動詞的形態を持つ意味上の形容詞の謂いである。

古代後期における状態性接尾辞動詞の出現と形容詞を標識する文法形式の生成、それに続くナリ型形容動詞とカリ型形容動詞の登場は、古代日本語の述語構造に対する伝達要求が形容詞の機能増強に向かっていたことを示唆する。ク活用、シク活用を伴う本来的形容詞自体は、さほど増えなかったけれども、形容詞と意味的に親和し、統語構造を共有する接尾辞動詞は絶えず増産された。このように形容詞に関する要求充足に際して、動詞が密接に関与した。形容詞に意味的に近接する動詞語彙が長期間にわたって増産され、形容詞的文法機能が動詞によって補強されたことは、古代語における本来的形容詞が語彙的にも文法的にも機能増強の要求に対応できない状態にあったことを示唆する。古代語において形容詞に対する伝達要求が増大していたのであれば、第一に形容詞語彙が増えなければならなかったはずである。しかし、実際はそうならなかった。古代語の形容詞は自己実現の要求を満たさない語彙不足に陥っていた。これには何か理由があるのであろうか。

語彙体系を構成する語群は、それぞれ掛け替えのない個別的意味を持っているが、文法と無関係に存在するのではない。語彙的意味の中には多くの語彙を束ねる範疇的な意味がある。古代語の例で言えば、自動性、他動性、作用継続性、意志性、状態性等が統語構造と深く関わりながら文法的性格を伴った語彙的意味として存在している。これらは、歴史的な派生によって成立した関係であるがゆえに、原形と派生形との形態的二項対立を構成することが多い。これに対して形容詞には、ク活用とシク活用に代表される「客観的属性」と「主観的情意性」以外に文法性を伴った範疇的意味は見出されない。この事実が形容詞語彙の全体的な散漫性とその結果をもたらした形容詞間の組織的派生関係の欠落を語っている。

日本語における形容詞語彙の少なさに関して、ある程度研究者の共通合意が存在するようであるが、それを論証した研究は多くない。その中で、上代から中世にかけての文芸作品に現れた語彙の品詞別の使用実態を報告したものに大野晋の仕事がある。(1) 大野は、古典文芸四作品（万葉集、枕草子、源氏物語、徒然草）に出現する名詞、動詞、形容動詞、形容詞（カリ活用を除く）の用例数を挙げて、万葉集を一方の極に、源氏物語を他方の極に配してこれら品詞の出現数と割合にジャンルに応じた変化があるとした。

大野によれば①万葉集では名詞の語彙と出現比率が最も大きく（四六六〇語、六三・三％）、源氏物語では最も小さい（六五〇一語、四四・三％）。②形容詞語彙の出現数と出現比率は、万葉集において最も少なく（二七六語、三・八％）、源氏物語では最も多い（一一三〇語、七・七％）。③動詞の数では万葉集が最も少なく（一五四五語、二一・〇％）、源氏物語が最も多い（五五五四語、三七・八％）。④上代語の形容動詞の存否が問題となるが万葉集における形容動詞を七五語（出現率一・〇％）計出している。（右の箇条書き①〜④は釘貫がまとめた。）ちなみに万葉集の総語彙は大野によれば七三五六語である。大野は、判断叙述の仕方が単純な万葉集では、名詞への依存度が高く、描写、叙述に精細を極める源氏物語は、名詞の比率が低く、動詞と形容詞が他の作品に比して高い頻度で出現するのだという。大野の調査は、奈良時代から鎌倉時代にわたっているが、言語の歴史的変遷への関心というよりはむしろジャンルや作品ごとの品詞の出現の在り方を明らかにしようとしたものである。

大野の調査は、古典作品の語彙調査として草分け的な意義を持つ。しかしこの調査は、語彙の内訳が明らかでない点に不便がある。今日では宮島達夫の『古典対照語い表』（笠間書院、一九七一）が作品数を拡大し、語彙も公開しているので広く用いられている。ただ、万葉学者、上代語研究者はあまりこれを参照しない。大野は、上代語の専門家であり、『日本古典文学大系　万葉集』（岩波書店、一九五七）の校注者の一人であり、万葉歌の訓詁に定評がある。そこで、本書では音訓の表記が交雑する万葉集和歌の訓みに関して、研究者によって差の出る語彙採集に際しては、大野の調査を採用した。

　古代語の伝達要求を収容できない形容詞語彙の不足を動詞が補ったというのが本書の仮説であるが、動詞と形容詞の通時的動向を考える上で形容動詞を理解するのが有意義である。なぜなら、形容詞と動詞が述語を構成する統語構造で密接に関連しているだけでなく、形容動詞が形態的には動詞に包摂されるからである。

表A

| | 動詞 | 形容動詞 | 形容詞 |
|---|---|---|---|
| 古事記歌謡 | 237 | 0 | 44 |
| 日本書紀歌謡 | 254 | 0 | 48 |
| 続日本紀宣命 | 385 | 0 | 86 |
| 万葉集 | 1545 | 75 | 276 |
| 古今和歌集 | 876 | 62 | 120 |
| 後撰和歌集 | 1012 | 89 | 160 |
| 拾遺和歌集 | 923 | 101 | 139 |

　本研究では、用言を構成する動詞、形容動詞、形容詞に注目して、上代と平安時代和文文献の代表的テクストにおける三つの品詞の出現の仕方を比べてみたい。先ず、上代文献の古相に位置づけられる古事記と日本書紀の歌謡、奈良時代の天皇の口頭伝達である続日本紀宣命、万葉集と量的に比較可能な韻文資料としての三代集（古今和歌集、後撰和歌集、拾遺和歌集）における動詞、形容動詞、形容詞の出現度数を比較したものと大野の調査による万葉集の数値を併せて示したものが、表Aである。

　参照、利用した本文と索引は、次に挙げる通りである。

古事記歌謡：土橋寛編『古代歌謡集古事記篇』（角川書店）

日本書紀歌謡：大野晋『上代仮名遣の研究・語彙篇』（岩波書店）

続日本紀宣命：北川和秀編『続日本紀宣命　校本・総索引』（吉川

弘文館）
万葉集：正宗敦夫『萬葉集総索引』（平凡社）
古今和歌集：築島裕・石川洋子・小倉正一・土井光祐・徳永良次編『東京国立博物館蔵本古今和歌集総索引』（古典研究会、及古書院）
後撰和歌集：西端幸雄編『後撰和歌集総索引』（和泉書院）
拾遺和歌集：片桐洋一編『拾遺和歌集の研究・索引編』（大学堂書店）

表の結果を見ると上代から中古期に至るまでの、ジャンルを超えたテクストに共通して動詞の出現が形容詞を大きく上回っていることが確認される。また、ナリ型形容動詞が平安時代以後発達してくるという歴史的事実に沿って、これが古今集以後の文献に出現してくる。古今和歌集は総歌数一一一一首、後撰和歌集は一四二五首、拾遺和歌集は一三五一首の言語量を有する点を踏まえながら、これらの勅撰集和歌に出現する形容動詞は、古今集（延喜十四年九一五）、後撰集（天暦七年九五四頃）、拾遺集（寛弘初年一〇〇五頃）と年を経るにつれて増加するとみてよい。口頭言語をよく反映する散文に比べて保守的とされる和歌の言葉においてもナリ型形容動詞が浸透しつつあったことが窺われる。十世紀半ばから十一世紀初頭のほぼ百年間に編纂されたこれらの歌集は、「三代集」と呼ばれて中世以後の歌作の規範となった。三代集は、万葉集が編まれた奈良時代に隣接するとともに総歌数にして三八八七首と、万葉集に並ぶ古代和歌テクストとしてこれと比較対照するに十分な質量を備えている。そこで、表Aが示す数値を三代集としてまとめると表Bのようになる。

表B

| | 動詞 | 形容動詞 | 形容詞 |
|---|---|---|---|
| 万葉集 | 1545 | 75 | 276 |
| 三代集 | 1641 | 175 | 234 |

表Bの数値を評価してみたい。先ず挙げられるのが両テクストに共通して動

詞の出現が非常に多数であるという点である。そのことを前提にして形容動詞の飛躍的増加および動詞の堅調な増加と形容詞の微減が観察される。万葉集からの動詞語彙は九六語および形容動詞は一〇〇語増加して、形容詞は四二語減っている。動詞、形容動詞語彙が増えている一方で形容詞語彙が伸びていない。

表Bの動詞に関する数値について留意しておきたいのは、動詞の出現の中に本書が注目する状態性接尾辞動詞が極めて少ないという事実である。本書序章および前著『古代日本語の形態変化』（和泉書院、一九九六）でリストアップした接尾辞動詞は、右表の動詞の出現数には僅かしか含まれていない。筆者の見るかぎり古事記歌謡では「触らばふ」（一〇〇）、日本書紀歌謡では「やしなふ」（四四）がある。紀では神代巻訓注に「おとなふ」の例がある。宣命では「つみなふ」（三五詔）「ともなふ」（三三詔）「やはらぐ」（九詔）、後撰和歌集では「いろづく」（三〇二）「うしなふ」（詞書一一四八）「おこなふ」（詞書一〇九三ほか二例いずれも詞書）「かみさぶ」（一一一六）、拾遺和歌集では「あだめく」（三五五）「いろづく」（一八六ほか六例）「おぼめく」（六九三）「かみさぶ」（五九四ほか一例）が挙げられるに過ぎず、その中でも訓注や詞書の例が目立っている。宣命は、もちろんこれらの散文に連なる口頭語である。要するに接尾辞動詞は王朝和歌の言葉に影響を与えていない。この事実は、古代後期以後、澎湃として現れた接尾辞動詞が王朝散文に多量に使用されていることを反映している。保守的傾向が予想される和歌の言葉ではなく、口頭言語を基礎にする散文に接尾辞動詞の用例が集中する点に筆者は注目する。接尾辞動詞の語幹は、「いま・めく」のような和語名詞のほか「くやし・がる」「けさう・だつ」のような形容詞や漢語名詞に及んでおり、資源の広さはナリ型形容動詞語幹に比肩するものがある。この新しさと生産力の高さが保守的な和歌の言葉にそぐわないものと感じられたのかも知れない。

一方、源氏物語に匹敵する言語総量を持つ今昔物語集における三品詞の出現状況はどうであろうか。宮島『古典対照語い表』によれば、源氏物語の総語彙は一一四二三語、動詞は五〇九七語、形容動詞五八四語、形容詞六〇六語である。『源氏』の実態を万葉集と比較してみると、動詞語彙の増加が三五五二語、形容動詞の増加が五〇九語、形容詞の増加が三三〇語となる。有賀嘉寿子は、今昔物語集では動詞五五五三語、形容動詞三〇五語、形容詞四一三語計上している[2]。『今昔物語集』の総語彙は、有賀によれば一八八八二語である。『今昔』の、万葉集からの動詞語彙の増加が四〇〇八語、形容動詞の増加が二三〇語、形容詞の増加が一三七語である。

また、平安時代前半期を代表する散文文芸作品『竹取物語』『伊勢物語』『土佐日記』『蜻蛉日記』『枕草子』に注目すると、これら五作品の総語彙は宮島『古典対照語い表』によれば一二八三一語である。この言語量は、源氏物語に匹敵する。五作品をひとまとまりのテクストとして統合し、諸作品の重複語彙を除いて品詞別使用度数（異なり語数）を算出すると、動詞三〇六八語、形容動詞三二〇語、形容詞三三六語となる。語の算出には、宮島『古典対照語い表』の増補版である『日本古典対照分類語彙表』（宮島ほか鈴木泰・石井久雄・安部清哉編、笠間書院、二〇一四）を併せて参照した。この『五作品』の調査結果を『源氏物語』『今昔物語集』と同様に万葉集からの主として動詞と形容動詞、形容詞の増加の様相を見ると、動詞語彙の増加が一五二三語、形容動詞の増加が二四五語、形容詞の増加が六〇語である。形容動詞の四倍を超える増加は注目すべきである一方、動詞が大幅な増加、形容詞が微増という結果を得るのである。

以上の結果をまとめたものが表Cである。

表C

| | 動詞 | 形容動詞 | 形容詞 |
|---|---|---|---|
| 万葉集 | 1545 | 75 | 276 |
| 源氏物語 | 5097 | 584 | 606 |
| 今昔物語 | 5553 | 305 | 413 |
| 五作品 | 3068 | 320 | 336 |

既述のように、平安時代になって新たに登場するダツ、メク、ヅク等の接

尾辞を付した多量の状態動詞は、三代集のような韻文にではなく、散文文献に出現していると見られる。

奈良時代語文献を代表する万葉集と平安時代語文献である三代集、源氏物語、今昔物語集、および散文文芸五作品における用言の出現分布を見ると、とりわけ口頭語の影響が強い平安時代散文文芸への語彙の変遷相として、形容動詞と動詞の順調な増加が認められる。これらと比べて形容詞語彙の伸びの緩慢さが露わになるのである。形容動詞の飛躍的増加は、古代語における動詞増加の延長上に位置づけられる。古代語を通じて形容詞は、他の用言の増産に比べて語彙が増えていなかったのではないか。

資料的制約の大きい古代語のことであるから、万葉集も奈良時代語の実相を直に反映するものと見なすことはできない。万葉集も文献としては韻文資料たる和歌集である。従って、隣接する時代に向かう変遷相を、飛躍を回避して観察するためには三代集のような韻文資料を付き合わせることが望ましい。そして韻文資料には、口頭言語から離れた一定の保守性が伴うことが予想される。そのような保守性を補って口頭語に近い性質を得ようとすれば、源氏物語のような散文文芸資料との比較が有意味である。

それでは、上代語に散文資料は存在しないのか。その問いに対する解答には幅があるかも知れない。古事記や日本書紀のような漢文はともかく、宣命を以て奈良時代語の散文資料に位置づける人は存在するだろう。しかし、筆者は宣命の言述を散文とすることができないと考える。宣命は、確かに記紀歌謡や万葉和歌のような一定の音楽的特徴を持っていない。しかしながら、宣命は草創期律令国家の緊張を背景にしながら、多数の王族や官人を目前にして発せられる天皇のことばとして、最高の荘厳さを表現すべく加工された人工的な口頭伝達であるから、「散文精神」などという場合の日常的思考や感情をよく反映した、積極的な意味における自然で自由な思考が盛り込まれた源氏物語のような文章と同列に扱うことができない。宣命は、奈良時代日本語資料として第一級の価値を持っているが、個性的な表現と併せて、形態論的な領域に資料的価値が偏ると見られる。そのような意味において奈良時代には、日本語で表記された散文資料は存在しない。したがって、奈良時代語の体系を再現する大方の手段としては、韻文資料としての記紀歌謡や万葉集に依存するほかない。よって、奈良時代に隣接する平安時代語の韻文資料である三代集は、和歌言葉の緩やかな歴史的変遷をたどる方法として最も穏当なものである。これに対して、平安時代文芸を別の面で代表する散文資料は、日常の思考や口頭語を韻文よりもよく反映すると考えられる。平安時代の口頭語を生き生きと再現する資料として、散文文芸は前代に存在しないもので、口語史資料として極めて優れた価値を持つ。源氏物語、今昔物語集および散文「五作品」に現れた特徴は、平安時代口語をよく反映すると評価される。これらの資料は、万葉集に比較し、一致して形容動詞を含む動詞語彙の順調な使用と形容詞語彙の部分的減少あるいは横ばいの状況を呈するのである。特に形容動詞は、平安時代の半ばに至って、用言の中で形容詞と拮抗する地位を得たのである。

ところで、日本語以外の、しかも同じような時期の言語においても動詞に対して形容詞の出現が抑制される現象が見出されるのであろうか。松村剛編（ミシェル・ザンク Michel Zink 監修）『中世フランス語辞典』（TAKESHI MATSUMURA, Dictionnaire du francais médiéval, Les Belles Lettres, 2015 Paris）は、最古のフランス語とされる『ストラスブール誓約書』（八四二年）から十五世紀末までの中世フランス語資料から語彙を採集したものである（Introduction）。これによると、見出し語五六二一二語、形容詞 adjectif は六五三九語、動詞 verbe は二三八七二語が立項されている。動詞語彙が形容詞語彙を圧倒している点は、古典日本語と同様である。形容詞として立項されているもののうち、現在分詞（例 concordant 不定形は concorder）と過去分詞（例 brullé 不定形は bruller）からの転成から形容詞化したものが一二〇五語（現在分詞からの転成が一八一語、過去分詞からの転成が一〇二四語）が登録されている。この事実は、中世フランス語においても古典日本語と同様に動詞から系統的に形容詞が供給されていたことを物語る。動詞からの形容詞転成は、中世フランス語の形容詞語彙を補ったはずである。古典日本語と中世フランス語に観察される動詞の形容詞転成は、欧語の分詞用法の実態からみて通言語的現象である可能性がある。

一般言語学的に文法体系を構成する二大品詞は名詞と動詞とされており、形容詞は「第三の品詞」と言われることもある。(3) それは、形容詞であることを標識する日本語のク活用シク活用のような形態を持たない言語が幾つも存在することから、名詞や動詞に対して、無くてもよい品詞であるとの評価があるからであろう。韓国語やタイ語は、形容詞が動詞と同じ形態で意味だけが「形容詞」を抽出する手掛かりとなる。対するに日本語の形容詞は、状態的属性的意味と併せてク活用シク活用の独自の形態と主格一項を取る統語構造を有する。すなわち日本語の形容詞は、独自の形態と統語構造を持つ点において、欧語の adjective や韓国語、タイ語、中国語などの「形容詞」よりも積極性を有する。

類型論的には、形容詞が名詞に親和性を持つ言語と動詞に親和性を持つ言語に分けられている。前者は、名詞と性・数・格が一致するロマンス諸語をはじめとする欧語であり、後者が韓国語、中国語等である。名詞と親和する欧語形容詞は、be 動詞のごときコピュラ動詞の介助によって叙述の位置に立つよりむしろ名詞修飾用法に主機能があり、その意味で形容詞は文の主要成分にならない。日本語の形容詞について言えば形態論的には自前の活用を伴って述語に立つ点において動詞に親和性を持っている。しかし、平安時代以後成立したと言われるナリ型形容動詞は、状態的抽象的意味を持つ名詞を語幹にして断定助辞ナリが接したものであるが、これは、奈良時代の発足当初は「家なる妹」「駿河なる富士」のような連体修飾に密集したが、中古以後は文末すなわち叙述の位置にも立てるようになった。形容動詞述語文（「雲、遥かなり」等）は、名詞述語文でもある。ナリ型形容動詞の語幹は名詞であって、その点でこれは名詞に親和性を持つ形容詞と位置付けることも出来るのである。

八亀裕美によれば、名詞、動詞、形容詞の三つの品詞は、「名詞―形容詞―動詞」の連続相として表され得るという。形容詞は、この系列の中間に位置づけられる。(4) 形容詞が名詞寄りの言語もあれば、動詞寄りの言語もある。古代日本語は、形容詞がク活用シク活用によって述語に立つことが出来、ナリ型形容動詞は、存在動詞アリの活用を借りているので形態論的には動詞寄りと言える。一方、ナリ型形容動詞は、名詞語幹を持つので名詞寄りとも考えられる。中世以後は名詞述語が優勢に進出する趨勢に乗ってナリ型形容動詞が存在意義を増してくる。言語学的に形容詞は、統語構造における名詞と動詞の二大品詞のはざまに位置する二次的品詞であると了解されている。活用を備えた日本語形容詞は、明らかに動詞寄りであったが、動詞アリの補助的関与（未然形：高くあらず→高からず）がなければ活用体系の維持が困難であった。このような活用機能の脆弱さが意味上の形容詞の一つであるカリ型形容動詞を生む原因となった。ク活用シク活用の本来型形容詞が時期、ジャンル、テクストの違いを超えて出現頻度が動詞より大きく劣るのは、このような非自立的性質がかかわっている。

歴史的実態として、状態性接尾辞動詞の大量出現は、奈良時代語から平安時代語に至る動詞増殖過程における一つの転換点であった。平安時代に発達した接尾辞動詞が動詞の中で有力な地位を占める他動詞をおおむね排除していることは、理由があると見なければならない。平安時代は、状態的意味を持つ動詞を多く必要としていた。

他方、語彙増加によるもののほかに、文法上、形容詞的性格を持つ環境に、それと分かる標識を付与する文法的方法による表示が発達していた。奈良時代語においてそのような役割を担って最大限に動員されたのが存在動詞アリであって、アリの究極の文法化の結果、ナリ型形容動詞とカリ型形容動詞が成立したのである。形容動詞は、意味は形容詞、形態は動詞という特殊な品詞であるが、このような単語群が出現すること自体、形容詞増加の要求が倒錯しながら胎動していたことが知られる。

また、動詞本来の形を変えずに生じたのが「咲く花」「降る雪」のような無標識の形容詞転成法であり、これを基盤にして「咲きたる花」「降れる雪」「家なる妹」のようなタリ、リ、ナリが標識する分詞用法が出現した。形容詞増加の要求は、本来的形容詞の働きによってではなく、動詞によって満たされた。動詞が発達を極めて形容詞的意味を伴った語群と文法形式を生じたのである。語幹資源を和語に求めざるを得なかった本来的形容詞は、大幅な増加に見通しが立たないまま、その特徴が現代語まで持ち込まれた。これに対してナリ型形容動詞は、語幹に和語だけでなく漢語（警策なり、顕証なり等）をも取り込んで発達した。古代日本語に出現した一連の出来事は、形容詞語彙の増産要求に対して、形容詞ではなく動詞が応えたことを示すのである。

安部清哉は、古典資料を用いて、基礎語彙の観点から見た日本語語彙史の試みを提案している。[5]また宮島達夫は、『現代雑誌九十種の用語用字』（国立国語研究所、一九六二）に基づいて万葉集（上代語彙）、源氏物語（中古語彙）、日葡辞書（室町語彙）、和英語林集成（近世語彙）新訳和英辞典（井上十吉編）（明治語彙）それぞれの品詞別の出現数を比較した結果を引用しつつ、名詞と形容動詞（ナリ型）の増加が著しいのに対して、動詞・形容詞がさほど増加していないと指摘している。[6]これは、名詞と形容動詞語幹に漢語が増加していることの反映であるという。安部は、宮島の指摘に注目し、この実態は「基礎語彙内では、歴史的に名詞・形容動詞の比重が動詞・形容詞に比べて高まってきたことを意味」しており、動詞における名詞語幹サ変動詞と名詞語幹ナリ型形容動詞（特に漢語）の役割が増大してきたとしている。安部は、これを中世以後に生じた「形容詞語彙の名詞型語彙（形容動詞）への交替現象（名詞優位化）」と捉えている。[7]これが「雲、遥けし」「火、あやふし」等（古代語）から「雲、遥かなり」「火、危険なり」等（中世以後）への述語構成の重点の推移によって象徴される統語構造の変遷である。ナリ型形容動詞

（遥か・なり、更・なり等）の語構成は、原理的に名詞述語である。これが中古期以後大幅に伸長するのは、日本語史の趨勢である。平安時代のナリ型形容動詞の成立は、ク活シク活の本来的形容詞による述語構成からナリ型形容動詞による名詞述語構成への長期的変遷を予見する胎動であった。

宮島と安部の報告は、和語動詞、和語形容詞の増産が中古期までに一段階を終えて以降、同じ情報は、多数の漢語を含む名詞述語が担った趨勢をとらえている。いわゆる形容詞述語文は、本来的形容詞から形容動詞による述語構成に向かって推移した。ここでの形容動詞とは、ナリ型のそれであって本来的形容詞連用形を再活用したカリ型ではない。古代語を通じて本来的形容詞増産が伸び悩み、中世以後はナリ型形容動詞に地位を奪われるのは、日本語構文構造史の流れであった。

筆者は、本来的形容詞語彙がその伝達要求の増大にもかかわらず伸び悩んだ要因は、本来的形容詞自身の形態的制約が語彙増産を困難にしたからであると考える。古代語形容詞の持つこの形態的特徴による制約を次節で解明したい。

## 二　本来的形容詞（ク型シク型）の形態的特徴について

古代語の形容詞増加の伝達要求に対して、動詞増加による語彙的方法と名詞修飾によって形容詞的環境を標識する文法的方法がこれに応じた。前者は、接尾辞動詞が実現し、後者は存在動詞アリが介入して活用助辞タリ、リ、ナリを結晶させた。その動向は、結果的にナリ型形容動詞、カリ型形容動詞という意味上の形容詞を成立させた。アリの巨大な文法化の力は、古代日本語の述語構造を変革した。接尾辞動詞の増加、形容詞を標識する活用助辞と形容動詞の成立は、本来的形容詞の領分を侵して拡大したのではなく、既存の形容詞の役割や語彙を残しながら、形容詞が担うべき領域を動詞に担わせたのである。

本来的形容詞語彙が増えなかった背景には、既存の形容詞から新しい形容詞を生み出してゆくシステムの不在があった。形容詞には、動詞のように同じ品詞間の組織的な派生関係を見出すことが出来ない。「形容詞は形容詞を生まない」という事態は、形容詞語彙増産のためには重苦しい限界であった。形容詞に動詞のような派生関係が存在しないことは、形容詞が相互に緊密な形態的関係を結ばないということであって、これが形容詞間の相互関係を離散的で散漫なものにした。

動詞と同様に、形容詞には他品詞を語幹に取り込んで新しい形容詞を生み出すシステムが存在した。例えば、「高」「弱」「暗」「青」等の状態性名詞を資源にし、形容詞語尾シを付して語彙を増やす方法であるが、これは本来的形容詞生成の基本を構成する造語法である。「高し、弱し、暗し、青し」等のク活用形容詞は、それぞれ語幹資源となった体言とは緊密な関係を持つが、形容詞相互の関係は、離散的で散漫である。それでも、奈良時代以前に成立した形容詞群は、基本語彙を形成して現代語に至るまでおおむね良好に保持されて来た。

また、動詞から派生した形容詞は、排除的にシク活用を取った。次に挙げるのは、奈良時代語に見出されるこのような派生例である。

あさまし(浅む)　いたぶらし(いたぶる)　いつくし(厳く)　いとほし(厭ふ)　いきどほろし(憤る)　うるはし(潤ふ)　うらめし(恨む)　およし(老ゆ)　かからはし(関らふ)　かたまし(固む)　くすばし(奇しぶ)　くるほし(狂ふ)　おもほし(思ふ)　こひし(恋ふ)　こほし(恋ふ)　くやし(悔ゆ)　たたはし(称ふ)　たのもし(頼む)　つからし(疲る)　なみだぐまし(涙ぐむ)　なつかし(懐く)　なやまし(悩む)　はづかし(恥づ)　まきらはし(紛らふ)　めだし(愛づ)　めづらし(愛づ)　やさし(痩す)　ゆるほし(緩ふ)　わびし

（侘ぶ）　ゑまはし（笑まふ）　よろし（寄る）　よろこぼし（喜ぶ）

奈良時代語では、ク活用形容詞が状態的意味を、シク活用が情意（感情）的意味を表すことが多いとされるが、それは感情的意味を持つ動詞が派生源となってシク活用形容詞語幹に動員収容されたことによる。この造語法は、古代語における感情形容詞の不足を補った。感情的意味を持つ動詞を語幹とするシク活用形容詞は、それぞれ資源となった感情動詞と緊密な関係を持ちながら、形容詞の相互関係は感情表示という共通性によって結ばれた結果、基本語彙を形成して平安時代以後も生産を継続した。『源氏物語』に見出されるそのような例を次に挙げる。(8)

あなづらはし（あなづらふ）　いさまし（いさむ）　いそがし（いそぐ）　いつかし（いつく）　いとはし（厭ふ）　いどまし（いどむ）　うたがはし（疑ふ）　うとまし（うとむ）　うらさびし（うらさぶ）　うらやまし（羨む）　おもうれはし（うれふ）　おごらはし（驕らふ）　おそろし（おそる）　おだし（おづ）　おどろかし（おどろく）　おもはし（思ふ）　かかやかし（輝く）　このまし（好む）　すさまじ（すさむ）　つつまし（包む）　なげかし（嘆く）　なまめかし（なまめく）　なれなれし（馴る）　にほはし（匂ふ）　はえばえし（栄ゆ）　ねがはし（願ふ）　まぎらはし（まぎらふ）　むつまじ（むつむ）　めざまし（目覚む）　はらだたし（腹立つ）　ふさはし（ふさふ）　やまし（病む）　ゆかし（行く）　よろこばし（喜ぶ）　わづらはし（煩ふ）　ゑまし（ゑむ）

感情動詞から派生した平安時代のシク活用感情形容詞は、相当数現代語にも用いられている。その歴史的耐久力の源は、派生源動詞との絆とともに共通のシク活用によって感情を表示する形容詞相互の絆の強さが与っていることは疑いない。(9) 動詞から派生したシク活用形容詞という同じ派生関係を持つ語であっても、次のように感情的意味が関与しないものは、多くは歴史的に消滅する道をたどった。拙著資料によって次の語群を挙げる。傍線を施した語は、接尾辞動詞であり後述する。

あからし（明かる）　あつかはし（扱ふ）　いまめかし（今めく）　いろめかし（色めく）　おぼめかし（おぼめく）　こまめかし（こまめく）
おもだたし（面だつ）　くもらはし（くもる）　けしきばまし（気色ばむ）　こぼめかし（こぼめく）　こめかし（児めく）　さうにんめかし（相人めく）　さはがし（騒ぐ）　じやうずめかし（上衆めく）　すずろはし（すずろふ）　せうとめかし（せうとめく）　そしらはし（そしる）　そぞろはし（そぞろふ）　ただよはし（ただよふ）　なだたし（名だつ）　なまめかはし（なまめかふ）　にぎははし（にぎはふ）　ひとめかし（人めく）　ふせかし（ふせく）　ふるめかし（古めく）　まがまがし（曲ぐ）　まらうどだたし（客人だつ）　むねつぶらはし（むねつぶらふ）　ものめかし（ものめく）　わななかし（わななく）　やまざとめかし（山里めく）
やまひだたし（病だつ）　ややまし（ややむ）　よそほし（よそふ）　よづかはし（よづかふ）　よのつねめかし（よのつねめく）　よのひとめかし（よのひとめく）　よろこぼはし（よろこぼふ）　わざとめかし（わざとめく）
わななかし（わななく）

動詞資源のシク活用形容詞は、感情を表示する語はよく保存され、単なる属性を表す語は捨てられる傾向にあった。右に挙げた現代語に残存していない語例を見て気づくことは、派生源に接尾辞動詞（傍線）が多いという点である。この事実は、相互離散的な接尾辞動詞から派生した相互離散的な形容詞の歴史的耐久力の行く末を物語るのである。これは同時に、同一品詞の単語間の形態とともに意味的な紐帯が語彙体系の主要な安定要因であることを示している。

古代語形容詞には、語幹部分の形態を重ねて接頭辞的に上乗せした重複形容詞と呼ばれる一群がある。次にその一部を挙げる。

ながながし、わかわかし、なまなまし、あはあはし、とほとほし、すがすがし

せはせはし、さがさがし、おとなおとなし、まことまことし、まめまめし

このような語幹重複型の形容詞の造語生産性が比較的旺盛であった。しかし、その意味関係は、語幹部の語彙的意味を強調したニュアンスが加わったもののようで動詞の派生関係や動詞資源のシク活用感情形容詞に見られるような文法上有意味な語形成関係は、見いだされない(10)。

以上、概観した古代語形容詞の派生には、形容詞から新しい形容詞を生み出すような関係が存在しない。強い絆によって結ばれた単語間の相互関係は、直接的な派生関係を持つことによって成立する。形容詞には同じ形容詞との派生関係がなかったために、結果的に古代語の形容詞語彙は全体として離散的で非体系的な集合体となった。これに対して動詞は他種類の語尾を持つ多くの動詞を語幹に組み込んで、新しい派生動詞を造語する芋づる式のシステムを持っていた。

古代語動詞の派生関係は、派生源とともに派生元の祖形をよく保存した。これらの動詞は、派生祖形、派生形ともにル、ス、フ、クと多様な語尾を持っていたから造語力は旺盛であったが、派生の結果、形態が広範に分散したので、既存の語と同音異義を生じて衝突する危険を回避出来た。多様な語尾が担保する情報の保守機能は、動詞の造語力を保証した。これらの語尾を派生に際して語幹部に取り込んでゆく「相互持ち合い」の関係を形成し、動詞形態を安定させた。強い絆で結ばれた動詞群が基本語彙を構成して強力な歴史的耐久力を実現したので、古代語の古い段階で形成された派生動詞群には後代まで永く使用される語彙を多く残すことになった。これは、古代後期に造語された接尾辞動詞の相当数が中世以後廃棄されたことと対照的である。

形容詞には、強固な形態的相互紐帯が存在しなかった。平安時代に出現した多量の接尾辞動詞が現代に至るまでに相当数消滅するなどの「歩留まり」の悪さを序章第二節で指摘したが、これも接尾辞動詞相互の関係の分散性を

考慮に入れれば説明がつく。形容詞語彙増産を肩代わりした接尾辞動詞では、語幹と意味範疇を標識する接尾辞（今・めく、上衆・めく、野分・だつ等）はそれぞれ緊密な関係を持つが、動詞相互の関係は、相互派生の関係ではないゆえに散漫である。よって、いちいちの単語が使用目的を失った時点で簡単に廃棄される。これは、比較的簡便に接尾辞動詞を造語することが出来たことと表裏の関係である。平安王朝文芸における、これらの動詞の大量造語とその後の急速な衰微が接尾辞動詞に臨時的な単語が相当数含まれていたことを示唆する。接尾辞動詞語彙は、形容詞語彙と似ている。

形容詞は、世界を動的連関のもとに把握するのではなく、経験をアド・ホックかつ表層的に表示する。形容詞に親和的な接尾辞動詞の出現は、奈良時代以来継続してきた動詞造語システムの行き着いた姿を現しているだろう。

動詞が動詞を生む古代前期の派生的造語法と古代後期に産出された接尾辞動詞の造語法との相違は、前者が祖形を基にした差異化（自他、作用継続等）を目指した造語法であり、その意味関係が一般性を帯びた場合に多くの形態的対応関係を生んだ。これに対して後者は共通の範疇的意味を接尾辞として既存表示し、似た意味を持つ動詞の集合化を特徴とする造語法であった。動詞が動詞を生む派生において動詞相互の関係は緊密であるのに対して、接尾辞が前提となって作られる動詞では、動詞間の相互関係は疎遠で分散的である。それは、語幹相互の関係が疎遠で分散的であることとの反映である。前者が歴史的耐久性の強い基本語彙を多く含み、後者が臨時一語を多く含むのはここに要因がある。形容詞増産の要求があったにもかかわらず、形容詞語彙が増えなかった中で、形容詞本来の形態を保持して一定の語彙を確保したものとしてケシ型形容詞がある。次に挙げるのは、上代語に現れたケシ型形容詞の主な例である。

あきらけし、あたたけし、かそけし、さやけし、しづけし、のどけし、はるけし、ゆたけし、さだけし、こま

けし、たしけし、いささけし、

しかし、ケシ型形容詞の形態には語彙増産の観点から制約があった。ケシ型形容詞を造語するには、「あきらか、あたたか、かそか、さやか、しづか、のどか、はるか、ゆたか、さだか、こまか、たしか、いささか」等の—カを末尾とする状態性名詞の存在が前提条件であった。ケシ型形容詞は、形容詞本来の活用を保持したまま、形容詞語彙を増加させる生え抜きの本来的形容詞を造語する可能性を示したものとして注目される。しかしながらこれは、—カ型の情態性名詞の存在を前提とする造語法であり、資源形式に強力な制約が掛かっていた。しかも、—カ型名詞は、ケシ型形容詞と同じ時期に発達したと考えられるナリ型形容動詞の語幹（あきらか・なり、のどか・なり等）をも形成していた。ケシ型形容詞とナリ型形容動詞の成立に先後がつけられないとすれば、ケシ型形容詞とナリ型形容動詞は、—カ型名詞を語幹に取り込み合う競合関係にあったはずである。その結果、勝者がいずれであったかは明らかである。

ケシ型形容詞は、平安時代中期に、対応するカ型名詞語幹を持たない語形が若干例出現するが、見るべき発達を遂げなかった。膠着的活用型のケシ型形容詞は、語幹供給源が限定されていたのに比べて、競合関係にあったナリ型形容動詞が助辞ナリを起点にしていたがゆえに、語幹資源が漢語を含む名詞一般に開かれていた（静かなり、異なり、更なり、艶なり等）。この供給源の差がおそらくケシ型敗退の原因となった。上代特殊仮名遣い解消による連用形ケク（ケ甲類）とク語法ケク（ケ乙類）との接触ということも言われるが、部分的関与にとどまったであろう。(11)

本来的形容詞の形態を持つケシ型形容詞がナリ型形容動詞に敗退したことは、象徴的な意味を持つ。形容詞に近い意味を持ちさえすれば、語彙を増やすに際して形態が本来的形容詞であるか否かは重要ではなかった。形態的制約のゆえに語彙増産に改善が期待できない本来的形容詞に代わって、形容詞に親和する意味を担った接尾辞動詞や形容動詞が増加した原因がこの点に存するのである。

日本語の形容詞は、述語を構成することにおいて動詞と共通する。形容詞と動詞は、形態的にも密接に関連した。平安時代には、次のような動詞と形容詞の間の派生、再派生の連関が開通した。

なつく↓なつかし↓なつかしむ、いつく↓いつくし↓いつくしむ、なやむ↓なやまし↓なやましがる、わづらふ↓わづらはし↓わづらはしがる、かしこし↓かしこむ↓かしこまる、くゆ↓くやし↓くやしがる、ねたし↓ねたむ↓ねたまし、あやし↓あやしむ―あやしがる、かなし↓かなしぶ↓かなしがる、すさむ↓すさまじ、むつむ↓むつまし

動詞と形容詞のこのような派生、再派生関係の特徴は、感情的心理的な意味を持つ語彙に集中するようである。これには理由があるのであろうが、今のところ詳らかにしない。

古代日本語において形容詞語彙が一貫して伸び悩んだ今ひとつの要因は、日本語の本来的形容詞が持っている積極的特徴である活用を有すること自体にある。形容詞がク活用シク活用という積極的形態を有することが語彙増殖の妨げになったとはどういうことであろうか。

日本語形容詞の最大の特徴は、自前の活用を備えているという点である。これは、日本語の形容詞が述語を構成することを前提に作られていることを示すものである。この点で名詞修飾に主機能を置く欧語 ajective と性質が異なっている。欧語の形容詞が専用形態を持たず、比較的多様な形態を許容するのは、述語構成だけではなく名詞修飾を主機能とするためである。もちろん例えば英語では、形容詞らしい語尾形態を持つ–ful（beautiful, wonderful, meaningful）、–y（windy, guilty, mighty）、–nal（national, eternal, emotional）のような語もあるが、このような類型的形態が形容詞造語の制約になっておらず、big, little, smart, tight, cheap 等非常に多様である。日本語形容詞の形態

にこのような自由があれば、今より語彙が豊富であった可能性がある。

日本語形容詞が活用を持ち、活用を持つことが形容詞の資格要件であるのは、動詞の介入なしに単独で述語を構成出来るという積極的特徴の反映である。この特徴が形容詞増産の際に、却って足枷となり、新出の形容詞は、必ず活用形態を伴っていなければならないという制約となった。これは、現代語においてもなお維持されているのであって、「ウザい、エロい、キモい、きしょい、ケバい、せこい、丈夫い、チャラい、ちょろい、ナウい、ムズい」等の口語にも厳然と及んでいる。この制約を最小化しながら、意味上の形容詞増産の実を上げたのが形容動詞であった。形容動詞もまた活用するが、状態性名詞語幹にナリ（現代語ではダ）を接するだけの離散的な語構成であるから、語幹と語尾の着脱の機会は、形容詞のそれよりはるかに多いことが考えられ、形態的制約は存在しないのも同然である。実際、形容動詞語幹は、伝統的な和語、漢語のほか、現代語では、外来語（クール、ショッキング、シック、エレガント等）に及んでいる。ダ型形容動詞生成に対する形態的制約は存在しない。形容動詞の造語生産性は、今なお衰えていない。

形容動詞も動詞である。動詞は、活用形態を持っている。動詞が活用するなら形容詞と同様、語彙増殖に際して活用を持つことが制約とならなかったのであろうか。その可能性は否定できないが、古代語の動詞の増殖システムは、自他をはじめとする多様な派生、複合、存在動詞アリの文法化とそれに伴う形容動詞の生成と発達、和語・漢語サ変動詞の生成と発達等、活用の制約を補って余りある造語システムを次々に繰り出すことによって、大幅な語彙増殖を実現した。

動詞に比較しての形容詞語彙の貧弱さは、古代語にとどまらず、現代語にまで及んでいると見られる。玉村文郎は、谷崎潤一郎、柳田国男ら文筆家が日本語の形容詞語彙の貧弱さを嘆いている点に注目して『分類語彙表』を始め、現代の総合雑誌、国語科教材によって形容詞語彙の少なさを実証している。その際、形容詞語彙の少なさを形容動詞が補っているとしている。この点については、本書が歴史的考証によって明らかにしたところである。[12]

森田良行は、古語を収録していない『例解国語辞典』（時枝誠記編、中教出版、一九五六）を調査したところ収録語数四〇三九三語のうち、形容詞が五三七語見いだされ、形容詞の収録比率は一・三％であるという。当該辞書における動詞の収録比率が一一・四四％と比較して、「いかに形容詞が少ないか」とし、現代日本語における「形容詞が貧弱で手薄である」と結論している。[13] 現代の第一級の文筆家の直観と研究者の実証が一致して現代日本語の形容詞語彙の少なさを主張している。このような実態の淵源が古代語にあることは明らかである。

## 三　形容詞生成の文法的方法

古代日本語において形容詞増産への要求があった。これに応ずる語彙的方法に加えて、形容詞的環境に形態的標識を付与する文法的方法があった。文法的に形容詞を標識する形式とは、活用助辞タリ、リ、ナリである。それは、これらの形式が名詞修飾の位置において述語句に関与しながら有意味に分布するからである。タリとナリが現れる統語的環境は、「高き山」「青き空」等の形容詞の名詞修飾と同じである。万葉集では、「咲きたる花」「荒れたる家」等、先行の文脈から離脱的な表現がまとまって観察される。また、「家なる妹」「駿河なる富士」のようなニにアリが介入して成立した存在ナリをめぐる表現も数多く見いだされる。これらも先行文脈から離脱、自立した表現である。形容詞の名詞修飾が「山、高し」「雲、白し」等の主格一項だけを取る形容詞文を倒置した構造であるのは、「咲きたる花」「家なる妹」の名詞修飾が「花、咲きたり」「妹、家なり」の一項自動詞文や名詞述語文を倒置した構造であるのと同じである。この位置こそ典型的に形容詞が立つ環境である。ここにタリとナリが元来の形式であるテアリ、ニアリを縮約して集中的に出現した。タリ、ナリ生成に伴って生じた音縮約は、形容詞的環境を標識したのである。これら形容詞的名詞修飾の位置にタリ、ナリが出現するのには、資源的原型があった。それが「咲く花」「飛ぶ鳥」「行く春」「降る雪」のような無標識の絶対分詞用法である。

動詞の形容詞転成つまり分詞は、欧語を中心に報告されているが、日本語動詞の形容詞転成の特徴は、形態的標識を伴わず、動詞がそのままの形で形容詞に転成する方法が存在することにある。タリ、ナリの分詞的環境標識の前提にこのような無標識の絶対分詞がある。

存続辞リは、現前事態進行を表示する特徴を反映して現実世界を生き生きと多角的に描写する必要から、奈良時代語では先行文脈から文法項を取り込もうとする傾向が強かった（「雪に混じれる梅の花」「丘に咲ける花」等）。しかし、平安時代までに「咲ける花」のような現前事態進行を表しながら先行文脈から離脱した分詞用法が成立し、タリが介入する過去分詞に対する現在分詞として機能し始めた。

分詞用法を標識する助辞タリ、リ、ナリがいずれも存在動詞アリが介入して成立したことに留意すべきである。

ナリ型形容動詞は、助辞ナリを付する形から発達したものであるが、一方でアリが形容詞連用形に接して再活用したカリ型形容動詞の存在がある。カリ型形容動詞は、形容詞本来の活用機能の弱さを補助して成立して来た。形容詞の活用体系は極めて貧弱で、先ず未然形をそれだけで構成出来ない。「高し」で言えば、「高クアラ∨高カラ」のようにアリを介入させて打消しズや推量ムを付する。さらに、連用形「高く」にアリを介入させて終止形「高かり」を繰り出した。形容詞の「連用形」は、動詞のそれと似て非なるもので、名詞転成形（「強くはない」「遠くを眺める」「古くから伝わる」等）は奈良時代語に存在せず、複合形容詞を造語することも出来ない。要するにこれは単純な副詞転成形に過ぎず、副詞であるから構文上必須な存在ではない。カリ活用は、形容詞の活用を補強するために成立したが、そのために利用された形式がアリであった。要するに助辞タリ、リ、ナリの成立と引き続くナリ型形容動詞、カリ型形容動詞の成立という一連の動向のすべてに存在動詞アリが関与したのであり、古代語におけるアリの巨大な文法化の力は、意味上の形容詞増産の一点に収斂する方向で完遂したのである。この問題の詳細については次章で論ずる。

## 四　まとめ

古代語の本来的形容詞（ク活シク活とケシ型）は、語彙としての増産に限界があったことが以上の考察によって了解されるだろう。

他品詞を派生源に取り込んで語彙を増やすという本来的形容詞が持つ造語法は、日本語語彙全般に観察される現象である。そのような関係が全体として語彙を豊かにするということは、当然のことである。しかしながら、品詞内部における単語間の関係を強固にするのは、同じ品詞から派生源を得て新しい単語を作り出してゆく関係である。これによって、当該品詞の語彙体系が緊密化し緻密化するのである。同一品詞間の派生関係が単語相互の関係を組み紐のように強固にして基本語彙を形成し、単語間の形態を安定させる。このような、形態によって結ばれた語彙体系が強い歴史的耐久力を持つことは自然なことである。これに対して古代語の形容詞には、自立的かつ連想的に語彙を増やしてゆく造語システムを欠いていた。その結果、活用の維持に縛られた日本語形容詞は、動詞に親和性を持つがゆえに動詞に絡みついてこれに従属する方向で自らの地位を得てゆくのである。

# 【注】

（1）大野晋（一九五六）「基本語彙に関する二、三の研究―日本の古典文学作品に於ける―」『国語学』第二四輯（国語学会）
（2）大野晋（一九六一）「源氏物語の言葉」『日本文化研究』第九巻（新潮社）
（3）有賀嘉寿子（一九八二）「今昔物語集の語彙」佐藤喜代治編『講座日本語の語彙第三巻古代の語彙』（明治書院）
（4）Dixon, R.M. W（2004）Adjective Classes in Typological Perspective, pp.1-49 of Dixon and Aikhenvald
（5）八亀裕美（二〇〇七）「形容詞研究の現在」工藤真由美編『日本語形容詞の文法―標準語研究を超えて―』第三章（ひつじ書房）
（6）安部清哉（二〇〇九）「意味から見た語彙史―〝パーツ化〟〝名詞優位化〟―」金水敏ほか編『語彙史』第三章（シリーズ日本語史2、岩波書店）
（7）宮島達夫（一九六七）「現代語いの形成」『ことばの研究』（国立国語研究所論集3、秀英出版）
（8）宮島達夫（二〇〇九）「語彙史の比較（一）―雑誌九十種と雑誌七十誌―」『京都橘大学研究紀要』三五
（9）安部注5前掲論文
（10）拙著（一九九六）『古代日本語の形態変化』第三部第五章（和泉書院）採集資料は池田亀鑑編『源氏物語大成』（中央公論社）による。
（11）拙著（二〇一五）「古代日本語動詞の歴史的動向から推測される先史日本語」京都大学文学研究科編『日本語の起源と古代日本語』（臨川書店）
（12）蜂矢真郷（二〇一四）『古代語形容詞の研究』総論篇第二章第五節（清文堂）
（13）蜂矢注10前掲書
玉村文郎（一九七五）「語彙論から見た形容詞」『同志社国文学』（同志社大学国語国文学会）
森田良行（一九八〇）「日本語の形容詞について」『講座日本語教育』第一六分冊（早稲田大学語学教育研究所）

# 第五章　活用助辞タリ、リ、ナリの成立と連体修飾

## 一　はじめに

動作作用の完了の意味を実現する活用助辞タリは、テアリという語脈に発する。それは、この両形式の近似した意味と形態および出現環境からそのように考えられてきた。しかし、テアリの語脈においていかなる文法的条件が整えばタリが成立するのか、具体的な検討がなされていない。これは、同じようにニアリから生起したとされる断定辞ナリについても、また動詞連用形にアリがじかに接して生起したとされる存続辞リについても事情は同様である。このうち前二者については、タリ、ナリの祖形であるテアリ、ニアリが奈良時代語資料において共存している。テアリとタリ、ニアリとナリが全く同じ意味機能を有したというのであれば、テアリからタリが、ニアリからナリが分離したことによって、テアリやニアリは、淘汰されなければならなかったはずである。しかし、実際はそうならず、タリとテアリは、長らく共存し、タリは、過去回想辞タ、テアリはテアルに変化することによって現代に至っている。これは、ナリとニアリの関係とも共通する。このことは、タリとテアリ、ナリとニアリがそれぞれ何らかの使い分けを保持したことを示すものであろう。

タリ、リとナリは、奈良時代を遡るある時期に、ともに存在動詞アリを介入させることによって成立したという

共通の条件を備えている。本章では、主として万葉集を資料として、これらの形式の出現分布の観察を通じて、タリ、リ、ナリの歴史的成立の実情を解明しようとする。

## 二　テアリからのタリの分離

本章の課題は、どのような文法的条件によってテアリからタリが、ニアリからナリが、また動詞連用形＋アリからリが分離してきたのかを問うことにある。そのためには、これらの形式がいかなる環境に分布するのかを知る必要がある。そこで、各活用形に分類して、その分布の実態を万葉集を資料にして観察したい。本節ではタリとテアリを取り上げる。用例の下の括弧内の数字は国歌大観番号である。

**【未然形】タラ**

飢ゑたらば（宇恵多良婆・三九一〇）　花咲きたらば（花開在・一二四八）　かく咲きたらば（如是開有者・一四二五）　三例

以上、いずれも仮定条件表現での用例である。

**【連用形・終止形】タリ**

安見児得たり（衣多利・九五）（安見児得有・九五）　裏も告げたり（都芸多里・四一一九）　月は照りたり（弖利多里・三六七二）　ふふみたりとも（敷布美多里・四〇六六）　朝凪したり（思多里・四〇二五）　えも名づけたり（名豆気多理・四〇七八）　紅葉たりけり（毛美知多里家利・四二六八）　かざしたりけり（可射之多里家利・四三〇二）　隔てたりけれ（敝太弖多里家礼・四〇七三）　衣乾したり（衣乾有・二八）　乱れたりとも（乱有・一一二四）

　天たらしたり（天足有・一四七）　白真弓張りて懸けたり（懸有・二八九）　雲隠りたり（雲隠有・九六六）　梅咲きたりと（梅咲有跡・一〇一一）　来といふに似たり（似有・一〇一一）　家も荒れたり（荒有・一〇五九）　染め懸けたりと（懸有跡・一八四七）　紅葉初めたり（黄始有・二一九四）　深雪降りたり（三雪落有・二三一八）

　母はい寝たり（睡有・三三一二）　父はい寝たり（寝有・三三一二）　憑みたりけり（憑有来・四七〇）　思ひたりけれ（念有来・二七六六）　寝たりしからに（宿有之・一七五一）　見たり（見在・八九四）　知りたり（知在・八九四）　迫かへたりけり（塞耐在・二四三二）　二九例

**〔連体形〕タル**

咲きたる梅の花（佐枳多流梅の花・八三一）　散りまがひたる岡辺（知利麻我比多流岡辺・八三八）　残りたる雪（能許利多流由棄・八四九）　雅びたる花（美也備多流波奈・八五二）　峰に延ひたる玉鬘（波比多流多麻可豆良・三五〇七）　海に出でたる飾磨川（宇美尓伊弖多流思可麻河・三六〇五）　絶えたる恋（絶多流孤悲・三九三一）　後れたる我や悲しき（於久礼多流阿礼・四〇〇八）　狂れたる醜つ翁（多夫礼多流之許都於吉奈・四〇一一）　作りたるその生業（都久里多流曽能奈里波比・四一二二）　遣せたる衣の裾（於己勢多流服・四一五六）　勇みたる猛き軍卒（伊佐美多流多家吉軍卒・四三三一）　女郎花咲きたる野辺（乎美奈敝之左伎多流野辺・三九四四）　後れたる君（於久礼多流吉民・四〇〇六）　逢はしたる今日を始めて（阿波之多流今日・四一一六）　梅の花咲きたる苑（佐吉多留僧能・八一七）　梅の花咲きたる苑（佐岐多流曽能・八二五）　贈りたる衣の紐（於久理多流許呂母・三五八五）

　桃の花紅色に匂ひたる面輪（尓保比多流面輪・四一九二）　松の木の並みたる見れば（奈美多流美礼婆・四三七五）　人なぶりのみ好みたるらむ（許能美多流良武・三七五八）　今宵の月夜霞みたるらむ（可須美多流良牟・四四八九）　清く照りたるこの月夜（清照有此月夜・一五六九）　栄えたる千代松の木の（栄有千代松樹乃・九九〇）

咲きすさびたる鴨頭草の（咲酢左乾垂|鴨頭草・二二八一）　たみたる道（多未足|道・二三六三）　しじに生ひたるなのりそ（四時二生有|莫告我・五〇九）　生ひたる栂の木（四時尓生有|刀我乃樹・九〇七）　山に生ひたる菅の根（山尓生有|菅根・五八〇）　丈夫に憑きたる神（大夫尓認有|神・四〇六）　荒れたる都（荒有|京・三三）　荒れたる家（荒有|家・四四〇）　麻笥《をけ》に垂れたる続麻《うみを》（麻笥垂有|続麻・三二四三）　沖に生ひたる縄海苔（奥尓生有|縄乗・三〇八〇）　古りたる君（振有|公・二六〇一）　籠りたる我が下心（隠在|吾下心・一三〇四）　立ちしなひたる菅の根（立志奈比垂|（菅根）・二八六三、或本歌）　落ちたぎちたる白波（落当知足|白浪・二一六四）　玉に成したる九月（玉作有|九月・二二二九）　咲き出たる宿の秋萩（開出有|屋前之秋芽子・二二七六）　間々に生ひたるかほ花（間々生有|皃花・二二八八）　生まれ出でたる白玉（産礼出有|白玉・九〇四）　後れたる兎壮士（後有|兎原壮士・一八〇九）　後れたる我（後有|我・三二九一）　咲きたる花（開在|花・一八九三）　我が宿に咲きたる梅（屋戸尓開有|梅・二三四九）　野辺に咲きたる萩（野辺尓開有|芽子・一五三三）　秋萩の咲きたる野辺（秋芽子之咲有|野辺・二一五三）　萩の花咲きたる野辺（芽子花咲有|野辺・二二三一）　卯の花の咲きたる野辺（宇能花乃開有|野辺・一七五五）　山吹の咲きたる野辺（山振之咲有|野辺・一四四四）　咲きたるはねず（開有|波祢受・一四八五）　玉の緒の絶えたる恋（玉緒之絶有|恋・二三六六）　敵見たる虎（敵見有|虎・一九九）　捧げたる旗（指挙有|幡・一九九）　賜《たば》りたる茅花（給有|茅花・一四六二）　作りたる蔓（造有|蘰・一六二四）　秋萩に置きたる露（秋芽子尓置有|露・一六一七）　秋萩の上に置きたる白露（秋芽子之上尓置有|白露・一六〇八）　安房に継ぎたる梓弓（安房尓継有|梓弓・一七三八）　恋ひ恋ひて逢ひたるもの（相有|物・六六七）　君が家に植ゑたる萩（家尓殖有|芽子・四二五二）　巌に植ゑたる撫子（巖尓殖有|奈泥之故・四二三二）　我が宿に植ゑ生ほしたる秋萩（屋外尓殖生有|秋芽子・二一一四）　妹が名に懸けたる桜（妹之名尓繋有|桜・三七八七）　恋ひたる姿（恋有|容儀・二九四八）　貫きたる玉（貫有|玉・二七九一）

我が着たる衣（吾衣有服・一七八七）　逢ひたる君（相有君・三二八九）　逢ひたる児等（相有児等・二〇六〇）
我が寝たる衣（我宿有衣・七九）　起きたる朝け（起有旦開・三〇九四）　影草の生ひたる宿（影草乃生有屋外・二一五九）　作りたるしだり柳（造有四垂柳・一九二四）　玉藻かも散り乱れたる川（玉鴨散乱而在川・一六八五）
黄葉の散り乱れたる神名火（黄葉之散乱有神名火・三三〇三）　山吹の立ちよそひたる山清水（山振之立儀足山清水・一五八）　満ち盛りたる秋の香（盈盛有秋香・二二三三）　桜の花は咲きたるは（桜花者開有者・一七四九）
玉に似たる見む（玉似有将見・三八三七）　白妙に匂はしたるは（白妙丹令艶色有者・一八五九）　はだれの未だ残りたるかも（波太礼能未遺在可母・四一四〇）　美し妹は隔なりたるかも（愛妹隔有鴨・二四二〇）　雁寝たるかも（鴈宿有疑・二一三五）　道は～荒れたるか（道者～繁荒有可・二三二一）　夏来たるらし（夏来良之・二八）　花そ咲きたる（花曽咲有・四六六）　雪そ降りたる（雪曽零而有・二三二八、一云）　いずれの妹そここだ恋ひたる（何妹其幾許恋多類・七〇六）　降りしはだれか消え残りたる（落波太列可削遺有・一七〇九）　春草の繁く生ひたる（春草之茂生有・二九）　誰が妻か国忘れたる（誰嬬可国忘有・四二二六）　九三例

**【已然形】タレ**

手向け為たれや（手向為在・二八五六）　心さへ消え失せたれや（心佐閇消失多列夜・一七八二）　高円山に迫めたれば（高園山尓迫有者・一〇二八）　雨は降りたれど（雨者零有跡・二二二七）　垣もしみに植ゑたれど（垣毛繁森雖殖有・三〇六二）　我が下紐に付けたれど（吾下紐尓著有跡・七二七）　旅には妻はゐたれども（客者嬬者雖率有・六三五）　玉襷～懸けたれば（玉手次～懸垂者・二九九二）　八例

右の連体形タル全九三例のうちで「咲きたる梅の花」のような連体形名詞修飾は、七九例存する。「玉に似たる見む」のような無形式の準体言用法が三例、「好みたるらむ」「残りたるかも」のような文法形式を後接する例が五

例、「花そ咲きたる」のような文末終止用法が六例観察される。タリの連体形のとりわけ名詞修飾の際立った機能の高さが留意される。一方、タリの祖形であるとされるテアリは、万葉集中ではどのような現れ方をするのかを次に見たい。

**【未然形】テアラ**

山吹咲きてあらば（夜度乃也麻夫伎佐吉弖安良婆・四三〇二）　橋だにも渡してあらば（波之太尓母和多之弖安良波・四一二五）　心をし無何有の郷に置きてあらば（無何有乃郷尓置而有者・三八五一）　霰を～消たずてあらむ（不消有・一三二一）　桜花継ぎて咲くべく成りにてあらずや（佐久良婆那都伎弖佐久倍久奈利尓弖阿良受也・八二九）　生きてあらめやも（五十寸手有目八面・二九〇四）　六例

**【連用形終止形】テアリ**

思ひてありし（念而有之・一八三）（念而有師・五七八、七六一）　含《ふふ》みてあり待て（含而有待・一一八八）　栄えてあり待て（栄而在待・四二四一）　泥みてありなむ（奈積而有南・二一一二）　たはれてありける（多波礼弖有家留・一七三八）　隠りてありけり（隠而有来・九八七）　貝に交じりてありと言はずやも（貝尓交而有登不言八方・二一四）　音のみを聞きてあり得ねば（声耳乎聞而有不得者・二〇七）　一〇例

**【連体形】テアル**

老いにてある我が身の上（老尓弖阿留我身上・八九七）　野ごとに付きてある火（野毎著而有火・一九九）　庵りしてあるらむ君（五百入為而有藍君・二二四八）　島のむろの木離れてあるらむ（波奈礼弖安流良武・三六〇一）　妹に恋ひずてあるがともしさ（妹尓不恋而有之乏左・一二〇八）　思はずてあるらむものと（於母波受弖安流良牟母能等・三七三六）　誰が子そとや思はえてある（所思而在・三七九一）　石花の海と名付けてあるも（名付而有

毛・三一九）　振り痛き袖を忍びてあるかも（忍而有香聞・九六五）　八重折るが上に乱れてあるらむ（八重折之於丹乱而将有・一一六八）　一〇例

以上、連体形の用例は一〇例あるが、このうち名詞に直接する連体修飾は二例に過ぎない。これは、既に見たタリの連体修飾例の突出した用例の多さと対照的である。

**［已然形］テアレ**

さす竹の節《よ》籠りてあれ（刺竹歯隠有・二七七三）　しひてあれやは（四臂而有八羽・一七八三）　生きてあらば（生而有者・五八一）　山川の隔《へな》りてあれば（山河能敝奈里氐安礼婆・三九五七）　関さへに隔りてあれこそ（関左閇尓敝奈里氐安礼許曽・三九七八）　朕が御世に顕してあれば（朕御世尓安良波之弖安礼婆・四〇九四）　病をと加へてあれば（病遠等加弖阿礼婆・八九七）　天地も依りてあれこそ（天地毛縁而有許曽・五〇）　花のみし匂ひてあれば（花耳丹穂日手有者・一六二九）　葦火焚く屋の煤《す》してあれど（葦火燎屋之酢四手雖有・二六五一）　一〇例

万葉集におけるタリとテアリの例を検討した結果、筆者は、両形の出現の在り方に関して、次のような相違点に留意した。

（1）タリは、連体形名詞修飾句での出現が七九例と多く存し、テアリの連体形名詞修飾句での出現が二例とわずかしか存在しない。

（2）助辞を後続しない述語言い切りの形はタリに二七例と多く、テアリに二例しか存しない。

右の事実は、タリがテアリから分離してくる過程を反映するのか、次節ではタリと意味用法が似ていると言われる存続辞リの出現の仕方を観察したい。

## 三　万葉集における存続辞リ

タリと似た意味を表示すると言われるのが存続辞リである。リは、意味だけでなく出現分布もタリとの類似性が強い。また、リとタリの違いについて記述に定説がなく、後世の歴史的展開過程においても未解明の部分がある。リとタリの成立については、連動する要因があったとみるのが合理的である。連動する要因とは、アリの介入である。タリがテアリという祖形と共存するのに対して、リがその推定祖形である動詞連用形＋アリの用例は確認されない。小路一光によれば、万葉集におけるリの用例五九四のうち、連体形が四二六例存するという(1)。小路によれば、このほか未然形が一六例、連用形三八例、終止形六二例、已然形四二例であるから、リにおける連体形の占有状況は圧倒的である。筆者の調査では、万葉集におけるリの連体形のうち、

丈夫と思へるものを（於毛敝流母能乎）太刀佩きてかにはの田居に芹そ摘みける　（二十・四四五六）

のような連体修飾が三六〇例に上っている。次に挙げるのは、このうちの仮名書きで観察される用例である。

君に逢へる時（伎美尓安敝流等吉・四〇五二）　かく恋すらば生ける験あり（伊家流思留事・四〇八二）　鄙にし居れば生けるともなし（伊家流等毛奈之・四一七〇）　我がうなげる珠の七条（吾宇奈雅流珠・三八七五）　我が着る妹が衣（安我家流伊毛我許呂母・三六六七）　我が挿せるあから橘（和我佐世流安加良多知婆奈・四〇六〇）　我が思へる心（安我毛敝流許己呂・三六二七）　波にあふのす逢へる君かも（安敝流伎美・三四一三）　真榛持ち摺れる衣（須礼流衣・一一五六）　夜の暇に摘める芹（伊刀末仁都売流芹子・四四五五）　家居せる君（家居為流君・一八四二）　嬬と言はじとかも思ほせる君（都麻等不言登可聞思保世流君・三三〇一）　君が生ほせる撫子（伎美我於

保世流奈弖之故・四四四七）沖を深めてさどはせる君が心（左度波世流支美我許己呂・四一〇六）　偲はせる君が心（思努波勢流君之心・三九六九）　紫草の匂へる妹（紫草能尓保敝類妹・二一）　汝が佩ける大刀（奈我波氣流多知・四三四七）　妹が問はせる雁がね（妹之問勢流鴈鳴・一五六二）　君が問はせる霍公鳥（君之問世流霍公鳥・一九七七）　丈夫と思へる我（大夫跡念流吾・七一九）　嵐の吹けば立ち待てる我が衣手（立待留吾袖・三一八〇）　我が持てる心（吾持留心・二五三七）　我が思へる君（我念流吉美・五六八）　さもらふ時に逢へる君かも（侍従時尓相流公鴨・二五〇八）　（相流君可聞・一五七七）　里のみ中に逢へる背なかも（佐刀乃美奈可尓安敝流世奈可母・三四六二）　刈れる玉藻（苅流玉藻・七八二）　春の野に抜ける茅花（春野尓抜流茅花・一四六〇）　そき板持ち葺ける板目（盖流板目・二六五〇）　我を思へる我が背子（吾乎念流吾背子・一〇二五）　古ゆ人の言ひ来る老人（人之言来流老人・一〇三四）　大君にまつろふ者と言ひ継げる言の司（大君尓麻都呂布物能等伊比都雅流許等能都可左・四〇九四）　知らし来る君の御代御代敷きませる四方の国（伎美能御代々々之伎麻世流四方国・四〇九四）　神の帯ばせる初瀬川（神能於婆勢流泊瀬河・一七七〇）　黄葉匂ひ帯ばせる泉河（黄葉尓保比於婆勢流泉河・三九〇七）　帯ばせる片貝川（於婆勢流可多加比河波・四〇〇〇）　神ながら御名に帯ばせる白雲（可無奈我良弥奈尓於婆勢流之良久母能・四〇〇三）　石橋に（一は云はく、石並に）　生ひ靡ける玉藻（石橋［一云、石浪］生靡留玉藻・一九六）　打橋に生ひをれる川藻（打橋生乎為礼流川藻・一九六）　越と名に負へる天離る鄙（越登名尓於敝流安麻射可流比奈・四〇一一）　（皇が）定め賜へるみ吉野のこの大宮（左太米多麻敝流美与之努能許乃於保美夜・四〇九八）　物部の八十伴の緒も己が負へる己が名（於能我於敝流於能我名・四〇九八）　大伴の氏と名に負へる丈夫の伴（名尓於敝流麻須良乎・四四六五）　御名に懸かせる明日香川（御名尓懸世流明日香河・一九六）　雲か隠せる天津霧（白妙乃雲香隠流天津霧・一〇七九）　梅の花折りてかざせる諸人

（烏梅能波奈乎利弖加射世留母呂比得・八三二）　山下日陰蘰ける上に（夜麻之多日影可豆良家流宇倍・四二七八）　塩気のみ薫れる国（塩氣能味香乎礼流国・一六二）　水泡なす借れる身（可礼流身・四四七〇）　我が背子が着せる衣（吾背子之盖世流衣・五一四）　色着せる菅笠小笠（伊呂雅世流菅笠小笠・三八七五）　佐保川に凍り渡れる薄氷（佐保河尓許保里和多礼流宇須良婢・四四七八）　山に籠れる霍公鳥（夜麻尓許母礼流保等登芸須・四〇六七）　梅の花咲けるが中に含めるは（中尓布敷売流波・四二八三）　奥津城に妹が臥やせる遠き代（奥津城尓妹之臥勢流遠代・一八〇七）　雪の色を奪ひて咲ける梅の花（伊呂遠有婆比弖佐家流有米能波奈・八五〇）　我が宿に盛りに咲ける梅の花（夜度尓左加里尓散家留宇梅能波奈・八五一）　咲ける萩（開流芽子・一五三二）　秋の野に咲ける秋萩（秋野尓開流秋芽子・一五九七）　秋風に靡ける上に（秋風尓靡流上尓・一五九七）　山峡に咲ける桜を（夜麻我比迩佐家流佐久良乎・三九六七）　春花の咲ける盛りに（春花乃佐家流左加里尓・三九六九）　ちさの花咲ける盛りに（知左能花佐家流沙加利尓・四一〇六）　射水川い行きめぐれる玉櫛笥（伊美都河泊伊由伎米具礼流多麻久之氣・三九八五）　秋の葉の匂へる時（安吉能葉乃尓保敝流等伎・三九八五）　多枯の浦に咲ける藤（多枯乃浦尓開流藤・四二〇一）　我が宿に咲ける撫子（和我夜度尓佐家流奈弖之故・四四四六）　見ゆる池水照るまでに咲ける馬酔木（氏流麻涅尓左家流安之婢・四五一三）　神の御世より敷きませる国（神之御代自敷座流国・一〇四七）（一四二九）　（大君が）敷きませる難波宮（之伎麻世流難波宮・四三六〇）　秋山の下へる妹（秋山下部留妹・二一七）　三笠の山の帯に為る細谷川（帯尓為流細谷川・一一〇二）　神名火山の帯に為る明日香の川（帯丹為留明日香之河・三二六六）　秋萩の散らへる野辺（安伎波疑能知良敝流野辺・三六九一）　（吾日御子が）み狩り立たせる弱《わか》鷹（三獦立流弱鷹・二三九）　鮎釣ると立たせる妹が裳の裾（阿由都流等多々勢流伊毛何毛能須蘇・八五五）　鮎釣ると立たせる児等（多々世流古良・八五六）　巻向の檜原に立てる春霞（檜原丹立流春霞・一八一三）　砂丘辺に立てる

顔が花（須可敝尓多弖流可保我波奈・三五七五）　奈良の都に棚引ける天の白雲（美夜古尓多奈妣家流安麻能之良久毛・三六〇二）　（我が）仕へ奉れる雑賀野（仕奉流左日鹿野・九一七）　雪の上に照れる月夜（由吉乃宇倍尓天礼流都久欲・四一三四）　うらうらに照れる春日（宇良宇良尓照流春日・四二九二）　古よ今の現に流さへる親の子等（伊尓之敝欲伊麻乃乎追通尓奈我佐敝流於夜乃子等毛・四〇九四）　枕と巻きて寝せる君（枕等巻而奈世流君・二二二）　さ馴へる鷹（左奈良敝流多可・四〇一一）（紅葉が）紅に匂へる山（紅尓丹保敝流山・一五九四）　秋つ葉に匂へる衣（秋都葉尓尓宝敝流衣・二三〇四）　山吹の匂へる妹（山振之尓保敝流妹・二七八六）　秋萩に匂へる我が裳（安伎波疑尓尓保敝流和我母・三六五六）　橘の匂へる香（橘乃尓保敝流香・三九一六）　橘の匂へる苑（橘乃尓保敝流苑・三九一八）　萩の花匂へる宿（芽子花尓保敝流屋戸・三九五七）　朝霧に匂へる花（朝霧尓仁保敝流花・四一八五）　寝ねぬ朝明に誰が乗れる馬（誰乗流馬・一六五四）　芼莢《ざうけふ》に延ひおほとれる屎葛（芼莢尓延於保登礼流屎葛・三八五五）　春の日に張れる柳（春日尓張流柳・四一四二）　白雲の千重に隔てる筑紫の国（志良久毛能知弊仁辺多天留都久紫能君仁・八六六）　筑紫辺に舳向かる船（都久之閇尓敝牟加流布祢・四三五九）　ゆづる葉の含まる時（由豆流波乃布敷麻留等伎・三五七二）　己が尾に降りおける霜（己尾尓零置流霜・一七四四）　立山に降り置ける雪（多知夜麻尓布里於家流由伎・四〇〇一）（四〇〇四）　残りたる雪にまじれる梅の花（能許利多流由棄仁末自例留宇梅能半奈・八四九）　図負へる神しき亀（図負留神亀・五〇）　雷の声と聞くまで吹き鳴せる小角（雷之声登聞麻弖吹響流小角・一九九）　我が背子が捧げて持てるほほがしは（吾勢故我捧而持流保宝我之婆・四二〇四）　靡くが如く取り持てる弓筈（靡如久取持流弓波受・一九九）　泉の河に持ち越せる真木のつまで（泉乃河尓持越流真木乃都麻手・五〇）　味真野に宿れる君（安治麻野尓屋杼礼流君・三七七〇）　流るる水の〜淀める淀（流水之〜与杼売類与杼・一七一四）　恋の淀める我が心（恋乃余杼女留吾情・二七二一）　三つ相に撚れる糸（三相二縒流

糸・五一六）　布肩衣の～わわけさがれる襤褸《かかふ》（布可多衣乃～和々氣佐我礼流可々布・八九二）　離れ磯《そ》に立てるむろの木（波奈礼蘇尓多弖流牟漏能木・三六〇〇）　玉敷ける清き渚（多麻之家流伎欲吉奈芸佐・三七〇六）　真木柱誉めて作れる殿（麻氣波之良宝米弖豆久礼留等乃・四三四二）　香《かう》塗れる塔（香塗流塔・三八二八）　内にも外にも光るまで降れる白雪（比賀流麻泥零流白雪・三九二六）　大宮の内にも外にも～降れる大雪（内尓毛外尓母～布礼留大雪・四二八五）　何せむにまされる宝（奈尓世武尓麻佐礼留多可良・八〇三）　衣に益せる児ろ（去呂毛尓麻世流古侶・四四三一）　島山をい行き巡れる河副の丘辺（嶋山乎射往廻流河副乃丘辺・一七五一）　吾妹子が逢はじと言へる事（吾妹子之不相跡言流事・二八八九）　（大君が）授け賜へる子孫（佐豆氣多麻敝流宇美乃古・四四六五）　婆羅門の作れる小田（婆羅門乃作有流小田・三八五六）　手弱女の～縫へる衣（多和也女能～奴敝流許呂母・三七五三）　夕占にも～告らろ我が背な（由布氣尓毛～乃良路和賀西奈・三四六九）　青柳の張らろ川門（安乎楊木能波良路可波刀・三五四六）

また、挙例は割愛するが、文末言い切りの形も多数にのぼっており、リの出現は、タリと近似したありようを見せる。

ところで、タリとリの連体修飾の突出した用例の多さが注目されるが、これについてはすでに指摘がある。タリについては、春日和男、[2] リについては吉田茂晃がこのことに言及している。[3] 小著の論と関連して注目されるのが、タリの成立についての春日論文である。春日は、タリの原形テアリが体言に接続するときに規則的にタルの形を取るとして次のように言う。

萬葉も宣命も連体形が体言に接続する場合には一様に「たる」となり得ることが分かる。特に萬葉ではその傾向が著しく三〇例の内二八例までが体言接続である。

右の記述の用例数を見て分かるように、春日が用いた資料は、仮名書き例のみであって、しかもそこから導かれたテアリからタリが分離する過程について、文法論的説明というよりは韻文と散文の位相の相違に根拠を求めている。すなわち、春日はタリが和歌の「整形」(非字余り句)にのみ用いられていること、またテアリの中に「不整形」(字余り句)に用いられるものがあることに注目し、「特に第五の結句」にこの現象が多いのは、「歌を力強く据ゑる心理的な作用が加わつてゐる」ためであるとする。春日は言う。

萬葉集の頃にあつては「てあり」は散文的用語であり、「たり」は韻文的用語(歌語)として発達したものなのである。

右のような結論は、否定的に扱うことは出来ないが、サンプル数を低く抑えた結果のものであることに留意する必要がある。既に見たように小著では仮名書き以外の補読、訓読例に資料を求めた結果、春日の観察をより大規模に裏付ける結果が得られた。筆者は、タリとリの用例が連体修飾という特殊な環境に密集して分布する共通の現象を詳細に観察する必要があると考える。

## 四　万葉集における連体形アリ

リとタリの成立に共通性を認めるとすれば、述語状態化形式アリの介入である。アリは、存在を指し示す基本義を備えていた。アリが動詞連用形に接してリを生じ、動詞連用形にテを介してタリを生じた。この両形式が奈良時代語においてともに連体修飾に集中的に用いられるのであれば、両形式の共通項であるアリが連体修飾の機能において特段に集中的な機能を有していたのではないかと一応は予想される。しかし、突出した連体タルの祖形であると思われる連体テアルの万葉集での用例は、ごくわずか（二例）しか出現しない。『萬葉集総索引』（正宗敦夫編）による結果、アリは、全体で八〇三例存在することが分かった。そのうち、未然形アラは、三三二例、連用形終止形アリを併せて二二三例、連体形アルの例は、九六例、已然形アレが一五二例存在する。このうち注目の連体形における名詞修飾の例は先のテアル二例を含めて一六例である。

天離る鄙にある我（鄙尓安流我・三九四九）　老にてある我が身の上（老尓弖阿留我身上・八九七）　宿にある桜の花（室戸在桜花・一四五八）　打廻の里にある我（打廻乃里尓有吾・五八九）　花のある時（花乃有時・一四九二）　いかといかとある我が宿（伊加登伊可等有吾屋前・一五〇七）　卯の花の咲くとはなしにある人（宇能花之開登波無二有人・一九八九）　古りにし里にある人（古郷尓有人・二五六〇）　相ひ思はずあるもの（相不念有物・三〇五四）　旅の悲しくあるなへ（客之悲有苗・三一四一）　かくこそあるもの（如是許曽有物・三八二六）　いかにある布施の浦（伊可尓安流布勢能宇良・四〇三六）　家にある妹（伊敝尓安流伊毛・三六八六）　奈良にある妹（奈良尓安流伊毛・四一〇七）　しかぞ年にある秋（然叙年而在金・二〇〇五）　借れる命にある人（借有命在人・二七五六）

右に挙げた以外の連体形アルの圧倒的用例は、アルカ、アルベシ、アルラムのごとき助辞に接続する連体修飾ではない形によって占められるのである。以下その連接の例を挙げる。

侘しくもあるか、ことにしあるべし、人とはあるを、離れてあるらむ、恋ひつつあるらむ、思はずてあるらむもの、恋ひずてあるが、見ずぞあるべく、幸くしもあるらむごとく、貴くもあるか、来鳴かずあるらし、独り子にあるが、相思はずあるらむ、相思はず君はあるらし、むかしくもあるか、あるべくあるらし、あるべくもあれや、うれしくもあるか、恋しくあるべし、君にもあるかも、明日にしあるらし、恨めしく君はもあるか、磯にもあるかも、今日にもあるかも、知らずかあるらむ、楽しくあるべし、くふしくめあるか、極みなくあるべきものを、恋ひつつあるに、恋ひしくあるなり、空しくあるべき、悲しくもあるか、名付けてあるも、来ぬ時あるを、むせつつあるに、山の方にしあるらし、妻とあるが乏しさ、ことしもあるごと、妹にもあるかも、つれもなくあるらむ人を、忍びてあるかも、いかにかあるらむ、心しあるらし、妻かあるらむ、今にしあるらし、みつれてもあるか、見つつあるらむ、乏しくもあるか、庵してあるらむ君、さてもあるがね、ゆたにあるらむ、言ひつつもあるか、裏もなくあるらむ、雨にもあるか、よそにも君はあるべかりける、遊ぶにあるべし、印もあるか

以上のように、アリにおける連体修飾の機能は、連体形の中において全く部分的なものに過ぎない。アリにおいて、万葉集での総出現数（八〇三）からはもちろん、連体形の総出現数（九六）から見ても、連体修飾の出現（一六）が著しく抑圧されている。連体形アルは、未然形その他の活用形に比較しても用例数が少ないが、これは連体修飾の用例が非常に少ないことに起因する現象である。連体形で出現する場合には、助辞を付属した連結形式での用例が多数を占める。また、アリで文を終止する文末言い切りの形も極めて少なく、筆者の調査の限り、アリ文末終止は次の二例に過ぎない。

みやびをに我はありけり屋戸貸さず帰しし我そみやびをにはある（風流士者有）（一・一二七、大伴田主）

紀伊国の昔漁夫《さつを》の鳴り矢持ち鹿取り靡けし坂の上にそある（坂上尓曽安留）（九・一六七八）

このようなアリの出現状況は、アリが介入して成立したタリ、リとは対照的である。タリ、リは連体修飾に突出して用例が多く、文末言い切りにも多数出現する。ともにアリを共通項に持ちながら、タリ、リとアリにこのような出現の落差を生ずることは、両形式の歴史的成立の実情を反映しているのではないか。これを明らかにするため

には、さらにいま一つの重要な情報が必要である。タリやリと同じく、アリが介入して成立したと言われるナリの歴史的成立の経緯である。断定辞ナリは、格助詞ニにアリが接したニアリの縮約によって生じたとされている。
　先に挙げたアリの連体修飾の例を参照されたい。これらのうち、ニアル連接は、一〇例を占める。これらは、ナリを成立させ得る環境である。このほか、テアル連接は、タリを成立させ得る環境である。これらのわずかに残された連体修飾アルの諸例は、あたかもこれらの環境からナリやタリが生まれ出て行ったあとに残された潮だまりのように見える。次節では、タリ、リの成立と関連すると思われるナリの問題を論じたい。

## 五　ナリ成立をめぐる諸問題

　万葉集においてナリは、一七五例出現し、うち未然形が一一例、連用形三三例、連体形一〇一例、已然形が三〇例現れる。一見して連体形の出現数の多いことが知られるが、連体形一〇一例のうち、名詞接続の連体修飾ナルが九〇例を占める。以下の通りである。

　葦が中なる玉小菅（安之我奈可那流多麻古須氣・三四四五）　奈良路なるしまの木立（奈良遅那留志満乃己太知・八六七）　駿河なる阿部の市路（駿河奈流阿倍乃市道・二八四）　沼名河の底なる玉（沼名河之底奈流玉・三二四七）　常陸なる浪逆の海（比多知奈流奈左可能宇美・三三九七）　信濃なる筑摩の川（信濃奈流知具麻能河伯・三四〇〇）　はしなる児等（波之奈流児良・三四〇八）　三浦埼なる根つ子草（御宇良佐伎奈流根都古具佐・三五〇八）　いかなる背な（伊可奈流勢奈・三五三六）　小里なる花橘（乎佐刀奈流波奈多知波奈・三五七四）　企玖の池なる菱の末（企玖乃池奈流菱之宇礼・三八七六）　東なるみちのく山（阿頭麻奈流美知乃久夜麻・四〇九七）　沖つ島なる

白玉（於伎都之麻奈流之良多麻・四一〇四）　筑紫なる水漬く白玉（豆久志奈流美豆久白玉・四三四〇）　家なる妹（伊弊奈流伊母・四四一五）（伊敝奈流伊毛・三六七一）（家有妹・一四六九）（三一六一）（家在妹・六）（在家妹・九七六）　家《いは》なる妹（伊波奈流伊毛・四四二三）　屋戸なる萩（夜度奈流波疑・四四四四）　常盤なる松のさ枝（等伎波奈流麻都能左要太・四五〇一）　筑紫なるにほふ児（筑紫奈留尓抱布児・三四二七）　松浦なる玉島川（麻都良奈流多麻之麻河・八五六）　廐なる縄絶つ駒（宇麻夜奈流奈波多都古麻・四四二九）　大和なる吾を待つ椿（倭有吾松椿・七三）　大和なる大島の峰（山跡有大嶋嶺・九一）　韓の崎なるいくり（辛乃埼有伊久里・一三五）　上の池なる放ち鳥（上池有放鳥・一七二）　三河なる二見の道ゆ（三河有二見自道・二七六）　磯越道なる能登瀬川（磯越道有能登湍河・三一四）　駿河なる富士の高嶺（駿河有布士能高嶺・三一七）（駿河有不尽能高峯・三一九）（駿河有不尽能高嶺・二六九五）　天なるささらの小野（天有左佐羅能小野・四二〇）　振るの山なる杉村（振乃山有杉村・四二二）　旅なるほど（客有間・四六〇）　鳥籠の山有いさや川（鳥籠之山有不知哉川・四八七）　珠簾なる玉櫛（嬪嬬等之珠簾有玉櫛・五二二）　大野なる三笠の社（大野有三笠社・五六一）　長門なる奥津かり嶋（長門有奥津借嶋・一〇二四）　奈良なる人（平城有人・一二一五）（平城之人・一九〇六）　いかなる人（何有人・一四一一）（二四三六）（二五三三）　君が家なる花薄（君之家有波奈須為寸・一六〇一）　君が家なる尾花（公之家有尾花・一五三三）　奥手なる長き心（奥手有長意・一五四八）　空蟬の人なる我（打蟬乃人有我・一六二九）　奈良の山なる黒木（奈良乃山有黒木・一六三八）　沖なる玉（奥在玉・一三二七）　沖辺なる玉（奥辺有玉・一六六五）　内の辺の妙なる殿（内隔之細有殿・一七四〇）　匳なる柘植の小櫛（匣有黄楊之小梳・一七七七）　春日なる羽合の山（春日有羽買之山・一八二七）　引き津の辺なるなのりそ（引津辺在莫謂花・一二七九）（引津辺有莫告藻・一九三〇）　岡辺なる藤浪（岡辺有藤浪・一九九一）　春日なる三笠の山（春日在三笠乃山・一二九五）（一八八七）（三二〇九）（春日有三笠山・二二

一二）　我家なる梅の初花（吾家有梅之早花・一二三二八）　常磐なる命（常石有命・二四四四）　月の空なる恋（月之空有恋・一二六七二）　借りなる命（借有命・二七五六）　瀬戸の埼なる鳴島（湍門之埼有鳴嶋・三一六四）　雲居なる海山（雲居有海山・三一九〇）　天雲の下なる人（天雲下有人・三三二九）　人魂のさ青なる君（人魂乃佐青有公・三八八九）　此の世なる間（今生在間・三四九）　都なる荒れたる家（在京師荒有家・四四〇）　周防なる岩国山（周防在磐国山・五六七）　若狭なる三方の海（若狭有三方之海・一一七七）　天なる姫菅原（天在日売菅原・一二七七）　磯の中なる白玉（磯中在白玉・一三〇〇）　鹿島なる釣りする海女（鹿嶋在釣為海人・一六六九）　芦辺なる萩の葉（葦辺在萩之葉・二一三四）　岡辺なる早田（岳辺在早田・二二二〇）　天なる一つ棚橋（天在一棚橋・二三六一）　沢泉なる石根（沢泉在石根・二四四三）　家なるもの（家在物・三八二六）　陸奥の小田なる山（美知能久乃小田在山・四〇九四）　九〇例

以上のように、活用形の中で連体修飾ナルが突出していることが分かる。これは、アリが介入して成立したタリ、リと一致する。状態化辞アリが介入して成立したタリ、リ、ナリにおいて連体修飾の用例が突出して多く、これと反対に三形式の共通項であるアリの連体修飾の用例が非常に少ないという現象を改めて確認したい。

ところでナリの母体であるニアリの連体形以外の用例を確認しておきたい。

**【未然形】ニアラ**

志賀にあらなくに（志賀尓安良七国・一二六三）　いかにあらむ（伊香尓安良牟・二八五、一云）（伊可尓安良武・八一〇）　秋にあらずとも（秋尓安良受登母・一五二〇）　妹乗るものにあらませば（伊母能流母能尓安良麻勢婆・三五七九）　神なきものにあらばこそ（可未奈伎毛能尓安良婆許曽・三七四〇）　ここにあらめ（許己尓安良米・三七五七）　ただにあらねば（多太尓安良祢婆・三九七八）（三九八〇）　裏にあらなくに（宇良尓安良奈久尓・四〇三七）

秋にあらずとも（安吉尓安良受得物・四一二六）　国にあらば（国尓阿良婆・八八六）　家にあらば（家尓阿良婆・八八六）　久にあらなくに（久尓有勿国・二三二一）　恋にあらなくに（孤非尓不有国・三二五）　君にあらなくに（君尓有名国・四二二）（六六八）　妹背の山にあらましものを（妹背乃山尓有益物・五四四）　死にするものにあらませば（死為物尓有麻世波・六〇三）（死為物有者・二三九〇）　人にあらなくに（人尓有莫国・六八二）　鴨にあらましを（鴨二有益雄・七二六）　時にあらねども（時二不有鞆・一二六〇）　篠にあらなくに（小竹尓不有九二・一三四九）　花にあらめやも（花尓有目八方・一五一〇）　くしろにあらなむ（久志呂尓有奈武・一七六六）　言にあらば（言尓有者・一七七四）　衣にあらなむ（衣丹有南・二二六〇）　土にあらましを（地尓有申尾・二六九三）　寛《ゆた》にあらましものを（由多尓有益物・二八六七）　常にあらぬかも（常二有沼鴨・三三一二）　ここにあらねば（此間不在者・五三四）　家にあらましを（家在矣・一二八〇）　年にあらばいかに（年在如何・二四九四）　さはにあらなむ（多在南・二八二九）　かけばいかにあらむ（懸者奈何将有・二八五）　共にあらむと（共将有等・四二三六）（共将有跡・四八一）　沖吹く風にあらば（吹風有・二三五九）　ましていかにあらむ（益而如何有・二五五三）　奥もいかにあらめ（奥藻何如荒海藻・六五九）　四〇例

**［連用形終止形］ニアリ**

年にありて（等之尓安里弖・三六五七）　深山としみにありともや（美夜万等之美尓安里登母也・三九〇二）　貝にありせば（可比尓安里世波・四三九六）　常にありける（都祢尓阿利家留・八〇四）（常尓有家類・一六二九）　吾家の苑にありこせぬかも（和我覇能曽能尓阿利己世奴加毛・八一六）　家にありて（家尓阿利弖　八八九）　家にありし櫃（家尓有之櫃・三八一六）　ここにありて（此間在而・五七四）（一五七〇）　かくのみにありける君（如是耳在家流君・二九六四）　かくのみにありけるもの（如是耳尓有家流物・三八〇四）（如是耳有家類物・四五五）（如是耳有

家留物・四七〇）　旅にありて（客在而・三一三六）（客有而・三一五八）　紀路にありといふ（木路尓有云・三五）

遂に有かつましじ（遂尓有勝麻之自・九四）　酔泣きするにあるべくあるらし（酔泣為尓可有良師・三四七）

古にありけむ人（古昔有家武人・四三一）（古尓有険人・一一一八）（古尓有監人・一一六六）　古にありけること（古昔尓有家留事・一八〇七）　古にありけるわざ（古尓有家流和射・四二一一）　苦しきものにありけらし（苦物尓有家良之・七三八）　常にありせば（常丹有脊者・九四八）　ここにしありと（此何有跡・一二九〇）　長き世にありけるもの（永世尓有家留物・一七四〇）　多珂にありせば（高尓有世婆・一七四六）　遠き代にありけること（遠代尓有家類事・一八〇七）　春の雨にありけるもの（春之雨尓有来物・一八七七）　年にありて（年有而・二〇三五）

人妻にありと言ふ妹（人妻尓有云妹・二九〇九）

三三例

**［連体形］ニアル**

連体修飾ナルの祖形である連体修飾ニアルの万葉集中の例を見ておきたい。

家にある妹し思ひがなしも（伊敝尓安流伊毛）妹（三六八六）　天ざかる鄙にある（比奈尓安流和礼）我（三九四九）

あをによし奈良にある（奈良尓安流伊毛）妹（四一〇七）　奈何にある（伊可尓安流布勢能宇良）布勢の浦（四〇三六）

空蝉のひとにある（人尓有吾）我（一六五）　御津の浜にある（浜尓有忘貝）忘れ貝（六八）　家にある（家尓有妹）

妹（六八）　石見にある（石見尓有高角山）高角山（一三四）　吉野にある（吉野尓有夏実之河）夏美の川（三七五）

打廻の里にある（打廻乃里尓有吾）我（五八九）

一〇例

**［已然形］ニアレ**

あり得るものにあれや（安里宇流毛能尓安礼也・三六〇一）　妹にあれや（伊毛尓安礼也・三六二二）　旅にあれど

（多妣尓安礼杼・三六六九）　君にあれやも（君尓安礼也母・三六九一）　繁《しじ》にあれども（之自尓安礼登毛・四〇〇

○）　繁き君にあれ（繁君尓阿礼・六四七）　障へなへぬ命にあれば（佐弁奈弁奴美許登尓阿礼婆・四四三二）　さはにあれども（澤二雖有・三六）（左波尓雖有・三八二）（左波尓雖在・三三二）（四六〇）　家にあれば（家有者・一四二）　死にするものにあれば（死物尓有者・三四九）　常世にあれど（常世有跡・四四六）　片糸にあれど（片糸尓雖有・一三一六）　一五例

ナリの祖形であるニアリの様相は、タリの祖形テアリと共通している。万葉集のナリは、タリ、リと同様に連体修飾の例が突出して多く、しかも被修飾体言との間に助辞が介入する複雑な表現は存在しない。文末表現に用いられたタリ三九例のうち、他の文法形式を接しない言いきりによって終わる表現は、次の二一例である。

朝凪したり、雪ぞ降りたる、ここだ恋ひたる、衣干したり、えも名づけたり、月は照りたり、裏も継ぎたり、花ぞ咲きたる、誰か消え残りたる、春草の茂く生ひたる、深雪降りたり、見たり知りたり、母は寝たり、紅葉初めたり、来といふに似たり、家も荒れたり、張りて掛けたり、天垂らしたり、雲隠りたり、誰が妻か国忘れたる、安見児得たり

これに対して、文末表現のテアリ一七例のうち、アリの言いきりによって終わる表現は、「思はえてある」「世ごもりしてあれ」の二例に過ぎない。このことは、テアリが他の文法形式と連結した複雑な表現が多かったことを示している。

また、万葉集の断定辞ナリの文末言い切りの表現は、次に挙げる通りである。

梅の花いま盛なり（伊麻佐可利奈理・八二〇）（伊麻佐加利奈利・八三四）（伊麻左加利奈利・八五〇）　桜花いまさかりなり（伊麻佐可里奈里・四三六一）　かざしにしてないま盛なり（伊麻佐可利奈理・八二〇）　匂ふがごとくいま盛なり（今盛有・三二八）　馬酔木の花のいま盛なり（今盛有・一九〇三）　時あればいま盛なり（今盛有・

二一〇六）　撫子の花盛なり（盛有・一四九六）　月見れば同じ国なり（於奈自久尓奈里・四〇七三）　月読めばいまだ冬なり（伊麻太冬奈里・四四九二）　雪見ればいまだ冬なり（未冬有・一八六二）　咲きの盛りは惜しきものなり（乎思吉物奈利・三九〇四）　現身は数なき身なり（加受奈吉身奈利・四四六八）　ふたほがみあしけ人なり（阿志氣比等奈里・四三八二）　恋ふと言へば薄きことなり（薄事有・二九三九）　我が心焼くも我なり（我情焼毛吾有・三二七一）　三島菅未だ苗なり（三嶋菅未苗在・二八三六）　一八例

このように、文末言い切りのナリは、類型表現も含めてある程度出現するが、ニアリの文末言い切りの例は、「人の事こそ繁き君にあれ（人之事社繁君尓阿礼・六四七）」の一例である。ナリとニアリのこのような対立的傾向もアリとテアリのそれと一致する。以上、明らかになった事実を次の表にしてまとめた。

| | 連体修飾 | 文末言い切り |
|---|---|---|
| タリ | 79 | 27 |
| テアリ | 2 | 2 |
| ナリ | 97 | 18 |
| ニアリ | 10 | 1 |

表によれば、タリとテアリ、ナリとニアリの分布の様相が相似的であることが知られる。テアリが関与する文末表現において、「栄えてあり待て（栄而在待・四二四一）」「しひてあれやは（四臂而有八羽・一七八三）」「さす竹の世籠りてあれ（歯隠有・二七七三）」「咲くべくなりにてあらずや（奈利尓弖阿良受也・八二九）」「生きてあらめやも（五十寸手有目八面・二九〇四）」など、願望や反語、命令など多様で複雑な心理を表す助辞を接した表現が観察されるのに対して、タリの場合は、このような表現は発達していない。ナリの場合もタリと同様である。かかる実態は、万葉集の和歌が詠まれた時代がタリやナリが成立して間もない頃であったことを示唆する。

以上のように、タリ、リ、ナリは、ともに連体修飾に集中して分布する。このような実態は、タリ、リ、ナリが連体修飾句という特殊な文法的環境下において、アリが介入して成立した一連の助辞群であることを示している。

その際、連体修飾句において、

動詞連用形・アル＋名詞　→動詞連用形・ル＋名詞
動詞連用形・テアル＋名詞→動詞連用形・タル＋名詞
動詞連用形・ニアル＋名詞→動詞連用形・ナル＋名詞

という縮約がほぼ強制的に行われた結果、存在詞アリの連体修飾の機能が脱落した。かかる縮約が「強制的に」生じた理由は、上代語における母音連接を忌避する原則に触れていることに加えて、これらの助辞が当代における形容詞を標識する機能を伴って生じたためと考えられる。タリ、リ、ナリとアリの連体修飾の用例の大幅な落差は、このために生じたものと考えられる。留意すべきは、連体修飾という共通の環境において生起したアリ介入という共通の現象は、ほぼ時期を同じくしたと考えるほうが合理的であるという点である。言語変化は、形態論的あるいは音声学的条件さえあればいつでも起こるというものではない。これらの、「物理的」条件に加えて、特定共時態における形容詞標識のような条件が伴わなければ、歴史的変化は起こらないからである。存在を表示する動詞アリを述語状態化形式すなわち形容詞として多く用いなければならないような事情が出来したときに、一連の助辞群を生み出す条件が成熟したと考えられる。そこで、結論として次のようにまとめたい。

状態化辞アリが介入して成立したタリ、リ、ナリは、万葉集においてともに連体修飾に集中的用例を見る。これらの共通項であるアリは、単体で現われる際には連体修飾の用例をごくわずかしか持たず、文法的機能の空白域を呈する。単体アリの空白域は、連体修飾という特殊な文法的環境下において、

アル→ル　　テアル→タル　　ニアル→ナル

のような縮約を同時期に、ほぼ例外なく生じた結果である。そのために、アリの連体修飾句がほぼ消滅するという

機能の空白域を生んだ。タリ、リ、ナリは、奈良時代以前の近接した時期に成立したと考えられ、その際、存在動詞であるアリがいかなる原因で状態化辞として働き始めたのかの解明が必要である。平安時代以後もアリの造語力は衰えず、否定辞ズ・アリ→ザリ、形容詞連用形語尾ク・アリ→カリ型形容動詞を発達させたことや断定辞ナリが状態性体言を語幹部に組み入れてナリ型形容動詞を生起した過程等を考えると、アリは、古代日本語における述語の形態構造を改変した中核的要因であったと見られる。次節では、万葉集と同時代の資料である『続日本紀』「宣命」におけるナリをめぐる実態を観察する。

## 六　宣命のナリとニアリ

ナリは、格助詞ニと存在動詞アリが連接する語脈に発する。幸いにして我々は、奈良時代文献においてニアリとナリの双方の形式を豊富に観察することができるので、前者から後者が分離した過程を具体的に推定することが可能である。筆者は、前節において、万葉集を資料にしてナリが成立した過程を推測した。そこで得た結論によれば、ナリは、ともにアリが介入したタリ、リとほぼ同じ時期に、連体修飾における述語状態化表示として成立した。そこで本節では、『続日本紀』（延暦十六年七九七奏上）所収の宣命におけるナリとニアリの用例を検討して、いかなる推論が可能であるのかを考えたい。

先ず、宣命中に現れるニアリの切片をその上接する語とともに挙げる。括弧内の数字は、宣命の番号である。訓みは北川和秀『続日本紀宣命校本・総索引』（吉川弘文館）に従う。

宝にあるらしとなも（宝尓在羅之止奈母・四）　物にあるらしと（物尓在良志止・五）　物にあらめ（物尓在米・六）　物

にあらず（物不有・七）　物にあれやと（物尓有礼夜止・八）　物にありと（物尓有止・一二）　物にあらじと（物在自等・一三）　物にあれや（物尓阿礼夜・一三）　物にありとなも（物尓有止奈毛・一四）　物にありと（物在止・一六）　物にあるらしとなも（物尓在良自止奈母・一三）（物尓在良之止奈母・一四）（六一）　物にありとなも（物尓在止奈毛・三二）　物にあり（物在・三五）（物仁在・三六）（三九）（四一）（物尓在・四一）（四四）　物にあれば（物尓在波・四五）　行くにあり（行尓在・七）　静かにあらしめむには（静加尓令有尓波・九）　趣き賜ふとにあるらしとなも（趣賜布等尓有良志止奈母・一〇）　理にありとなも（理在止奈母・一三）　理にあらず（理尓不在・四四）　かくしまにありと（加久斯麻尓在止・一三）　人たちにあれば（人等尓阿礼波・一三）　逆しまにある人とも（逆在流人止母・一六）

悪逆にあるやつ（悪逆在奴・一九）　この逆しまにある悪奴ら（此逆在悪奴等・一九）　逆にある謀を（逆尓在謀乎・四五）　ことにありけり（事尓在家利・一三）　難きことにあれば（難事尓在者・一六）　人にありてし（人尓在氏之・一三）　至るまでにあるべきさま（至麻氏尓可在状・一五）　置きてある官にあり（置弖在官尓阿利・二六）　縁にあるらしとも（縁尓在良之止母・二七）　偽りにありけりと（詐仁在家利止・二八）　ことにあり（異仁在・三二）

勅にあるを（勅仁在乎・三三）　位にあり（位仁在・三三）　しかのみにあらず（然乃味仁不在・三三）　謀してある人にあり（謀天在人仁在・三三）　愚痴にある奴は（愚痴仁在奴方・三五）　日にあり（日仁在・三八）　別にある故は（別仁在故方・三八）　親にあるが故に（親仁在我故仁・三九）　ことにあるらしとなも（言尓在良之止奈毛・四一）　藤原大臣の家にあり（藤原大臣之家仁在・四一）　東南の角にある雲（東南角仁有雲・四二）　是すなわち景雲にあり（是即景雲尓在・四二）　奇異にある大瑞は（奇異尓在大瑞波・四二）　雲にあるらしとなも（雲尓在良之止奈毛・四二）　貞かにある心（貞尓在心乎・四四）　身は二にあれども心は一に在りと（身波二尓在止毛心波一尓在止・四四）　日にあり（日尓在・四六）　卒爾にあるに依りて（卒爾尓有依天・四七）　法のままにあるべき（随法尓可有伎・六〇）　仁孝厚き王にありと

なも（仁孝厚王尓在止奈毛・五九）　　六一例

続紀宣命におけるニアリの出現総数は、六一例である。ニアリに上接する語の内訳は、次の通りである。

宝・わざ・静か・と（形式名詞）・雲・貞か・二・一・難事・のみ（助辞）・愚痴・景雲・別・親・東南角・卒

爾・事・縁・詐・位・王・人・まで（助辞）・官・異・勅・人等

これらは、各々一例ずつ出現する。次に挙げる語群が二例ずつ現れる。

日・理・随

注目すべきであるのは、「もの」に下接する例が二三にのぼっていることである。宣命では、モノニアリの語脈が頻繁に目につく。それらの例を文脈を挙げて観察したい。

今将嗣坐御世名乎記而応来顕来留物尓在良志止所念坐而　（五・神亀元年聖武天皇）

所思行久者于都斯久母皇朕政乃所致物尓在米耶　（六・天平元年聖武天皇）

又於天下政置而独知倍伎物不有　（七・天平元年聖武天皇）

今勅御事法者常事尓波不有武都事止思坐故猶在倍伎物尓有礼夜止思行之氏　（八・天平元年聖武天皇）

盧舎那仏乃慈賜比福波陪賜物尓有止念閇　（十二・天平勝宝元年聖武天皇）

又天皇御霊多知乃恵賜比撫賜夫事依弖顕自示給夫物在自等念召波　（十三・天平勝宝元年聖武天皇）

是以所念波男能未父名負弖女波伊婆礼奴物尓阿礼夜　（十三・天平勝宝元年聖武天皇）

天下者平久安久治賜比恵賜布閇支物尓有止奈毛神随初念久止　（十四・天平勝宝元年聖武・孝謙天皇）

心乎波慈悟志正賜倍伎物在止所念看波奈母如此宣布　（十六・天平宝字元年孝謙天皇）

此座平安御坐氏天下者所知物尓在良志止奈母随神所念行須　（二十三・天平宝字二年孝謙天皇）

天下乎婆平久安久治物尓在良之止奈母聞行須（二十四・天平宝字二年淳仁天皇）

朝庭乎護奉侍流人等乎己曽治賜比哀賜倍伎物尓在止奈毛念（三十二・天平神護元年称徳天皇）

見咎牟流乎毛不知之天悪友尓所引率流物在（三十五・天平神護元年称徳天皇）

今勅久太政官能大臣方奉仕倍伎人乃侍坐時仁方必其官乎授賜物尓在（三十六・天平神護元年称徳天皇）

必人方父我可多母我可多能親在天成物仁在（三十九・天平神護元年称徳天皇）

猶之法乎興隆之牟流尓波人尓依天継比呂牟流物尓在（四十一・天平神護二年称徳天皇）

恩乎不報奴乎波聖乃御法仁毛禁給弊流物仁在（四十一・天平神護二年称徳天皇）

奸偽利諂曲流心無之天奉侍倍岐物尓在（四十四・神護景雲三年称徳天皇）

猶諸聖天神地祇御霊乃不免給不授給物尓在波自然尓人毛申顕（四十五・神護景雲三年称徳天皇）

此座者平安御座弖天下者所知物尓在良之止奈母所念行須（四十八・宝亀元年光仁天皇）

天下乎波平安治物尓在良志止奈母聞看行須（四十八・宝亀元年光仁天皇）

故天地貺大瑞者受被賜歓受被賜可貴物尓在（四十八・宝亀元年光仁天皇）

天下乎婆平久安久治物尓在良之止奈母聞行須（六十一・天応元年桓武天皇）

次に、宣命における助辞ナリの使用実態はどうであろうか。ナリは、ニアリから推移した形式であるが、宣命では、天平宝字元年孝謙天皇詔（第十六）以後、現れ始める。これは、ニアリからナリへの推移の時系列を反映するかのごとき現れ方である。宣命におけるナリの全例を次に挙げる。

狂迷遍流頑奈留奴心乎波慈悟志正賜倍伎物在止（十六・天平宝字元年孝謙天皇）

汝多知諸者吾近姪奈利（十七・天平宝字元年光明皇太后）

凡人子乃去禍蒙福麻久欲為流事波為親尓止奈利　（二十五・天平宝字三年淳仁天皇）

掛畏聖天皇御世重弖於母自岐人乃自門波慈賜比上賜来流家奈利　（二十五・天平宝字三年淳仁天皇）

然今大保方必可仕奉之止所念坐世多能遍重天勅止毛敢末之時止為弖辞備申復可受賜物奈利世波祖父仕奉天麻自　（二十六・天平宝字四年孝謙太政天皇）

先祖乃大臣止之天仕奉之位名乎継止念天在人奈利止云天　（二十八・天平宝字八年孝謙太政天皇）

何乎以天可知止奈良方志愚仁心不善之天天下乎治仁不足　（三十三・天平神護元年称徳天皇）

故尚是方大神乃慈備示給幣流物奈犁又掛毛畏岐御世御世乃先乃皇我御霊乃助給比慈給幣流物奈犁　（四十二・神護景雲元年称徳天皇）

諸臣等議天白壁王波諸王乃中尓年歯毛長奈利　（四十七・宝亀元年称徳天皇）

其仁孝者百行乃基奈利　（五十九・天応元年光仁天皇）

以上の事実をまとめると次のようになる。ナリは、宣命において一一例認められる。その上接語の内訳は、「頑・姪・家・人・基」がそれぞれ一例、「と（形式名詞）」が二例、「物」が三例であった。「～モノナリ」の語脈がまとまって出現するのは、「～モノニアリ」の語脈の多さと共通する。モノニアリもモノナリも現代語のモノダ文のように、話主が物事の真実と考えることを聞き手に対して断定的に表示する用法である。話主が真実とすることがらを断定する表現が、天皇という絶対的上位者から多数の官人に対して伝達される宣命布告の場面において多用されるのは自然である。

ナリの先行形態であるニアリは、用例に見るようにほとんどが話主の断定用法である。ニアリにおいて、存在動詞アリの面影を残す例は、宣命では次の三例に過ぎない。

伊夜益須益尓朕私父母波良何良尓至麻氏尓可在《アルべき》状任止上賜比治賜夫事甚恐自（二十五・天平宝字三年淳仁天皇）
復勅久此寺方朕外祖父先乃太政大臣藤原大臣之家仁在（四十一・天平神護二年称徳天皇）
同月廿三日仁東南角仁有雲本朱末黄稍具五色止奏利（四十二・神護景雲元年称徳天皇）

ナリについて言えば、万葉集では「駿河ナル富士」「家ナル妹」のような類型表現によって存在表示が数多く観察されるのであるが、宣命においてはこれを見出すことが出来ない。宣命におけるナリの初出が天平宝字元年（七四九）の孝謙天皇詔（第十六詔）であることは、筆者が留意する点である。ナリが文武天皇即位宣命（第一詔）から天平勝宝元年聖武太政天皇詔（第十五詔）まで使用されなかったのは、宣命が初期の儀式的口頭伝達における荘厳さを演出する中で、日常語を反映する縮約形ナリを回避したためではなかっただろうか。

宣命の表現の荘厳な特徴は、孝謙称徳女帝の登場によって様相が変化する。女帝の宣命は、実務的かつ実際的で、個人的口吻さえ露呈することがあると言われる。例えば、残存する最古の宣命である文武天皇即位詔（六九七年）は、次のように始まる。

現御神止大八嶋国所知天皇大命良麻止詔大命乎集侍皇子等王等百官人等天下公民諸聞食止詔（現御神《あきつみかみ》と大八嶋国知らしめす天皇大命らまと詔りたまふ大命を集《うごな》はり侍る皇子等王等百官人等天下公民諸々聞き給へよと詔りたまふ）

かかる荘重な儀式的口頭表現による冒頭部分は、多様な表現を取りながらも聖武天皇の宣命まで基本的なスタイルとして継続する。それが孝謙天皇宣命に至って一変する。それは、次のように始まる。

今宣久頃者王等臣等乃中尓無礼久逆在流人止母在而計奈良久

従来の型通りの厳粛で大仰な表現は姿を消して、「今宣久（いま宣りたまはく）」の発語から伝達の本旨に入る実際的な宣命となっている。内容も相当におどろおどろしいが、橘奈良麻呂の謀反の情報を背景にした緊迫した布告であり、実際的で表現が直截であるのは当然であろう。孝謙称徳女帝の宣命は、これ以後も脱儀式的な実務伝達としての性格が色濃く、藤原仲麻呂事件に関する天平宝字八年（二十八）詔のように、冒頭から装飾的言辞を欠いた激しい気迫を吐露したものも存在する。(6) 次に挙げるのは、その部分である。

逆仁穢岐奴仲末呂伊詐奸流心乎以天兵乎発朝廷乎傾動武止之天

孝謙称徳女帝宣命には帝の個人的口吻が露呈していると言われる。女帝の宣命には、橘奈良麻呂事件、藤原仲麻呂事件、弓削道鏡事件に関して発せられたものも含まれる。それらの宣命は、型通りの儀式的口頭伝達の様式を離脱して、内容を強く押し出してゆく個性を持っている。女帝宣命において断定用法のニアリ、ナリが多用されることは、万葉集の傾向と異なって、日常的談話で用いられやすい現象であったと了解される。次節では、万葉集におけるニアリとナリの出現の在り方を確認しておきたい。

## 七　万葉集のニアリとナリの出現傾向

万葉集のニアリとナリの実態について宣命と異なる点は、介入形式のアリが本来持っていた存在用法を持っていることである。宣命には、アリの存在用法が僅かしか存在しなかった。対照的に万葉集のニアリには、存在表示が多数観察される。典型的な存在用法のいくつかを挙げる。

志賀にあらなくに、如何にあらむ、家にあらば、妹背の山にあらまし、常にありける、吾家の苑にありこせぬかも、家にありて、紀路にありといふ、鄙にある我

存在用法アリは、典型的にはニ格名詞に地名、場所等の空間的位置が表示される。ただし、「久・如何・常」等

の抽象名詞、状態性名詞に接した際に、断定か存在かの判定に迷う場合があるのはナリと同様で、この統語構造が次の時代のナリ型形容動詞の資源的形質をなすのである。

万葉集のナリは、存在ナリが多数出現するが、活用形によって意味分布が異なる。未然形ナラは、ほとんどが断定表示（七四例中七二例）である。その代表的語脈を次に挙げる。

思ふゑに逢ふものならば、撫子が花のみ訪はむ君ならなくに、久ならばすべなかるべし、紐解きあけなただならずとも、雲居に見ゆる島ならなくに

万葉集での未然形存在ナラは、「家ならば」「土ならば」の二例のみ（ともに山上憶良）である。連用形終止形アリは、万葉集ではほとんどが（三三例）断定表示であって、存在表示は、「心空なり（情空有・二九五〇）」一例のみである。断定表示の代表的な語脈を次に挙げる。

千万の軍なりとも、都なりせば、同じ国なり、今盛りなり、惜しきものなり

このように未然形、連用形、終止形のナリは、断定用法が多数を占める一方で、連体形ナルでは、存在用法が断定用法を圧する。筆者の観察に依れば、連体ナルの用法は、存在が八〇例、断定が二二例認められる。存在ナルの語脈の表現類型は、「場所ナル事物（信濃なる千曲の川、底なる玉、家なる妹等）」である。万葉集における連体形ナルにおいて、存在表示の例が多数観察される。

次に已然形ナレは、二六例見いだされた。これらはすべて断定表示（春なれば、世のことなれば、世の人なれば等）であって、存在用法の例は見いだされない。

以上のようなナリの活用形による用法上の相違は、歴史的関係の反映であると考えられる。ナリは、先行形態のニアリから分離するに際して、その連体修飾の環境から生じた。すなわち、万葉集における連体修飾ナルの存在表

示は、助辞ナリ成立当初の状態を保存する一方で、連体形以外の活用形のナリは、存在から断定表示に推移した状態を反映している。連体修飾における存在表示の残存は、和歌という特殊な位相における「場所なる事物」という類型的表現として保守的に使用されたために生じたのであろう。存在表示の「場所なる事物」の表現は、平安時代以後もよく保存され、『古今和歌集』では、次のような歌枕をめぐる表現に好んで用いられている。

　消えはつる時しなければ越路なる白山の名は雪にぞありける　（四一四）

　人知れぬ思ひを常に駿河なる富士のやまこそ我が身なりけれ　（五三四）

ここで万葉集におけるニアリとナリの実態を再確認しておこう。ここでの各活用形の用例を存在と断定のいずれかに分類して次表にまとめた。

| | ナリ | | ニアリ | |
|---|---|---|---|---|
| | 断定 | 存在 | 断定 | 存在 |
| 未然形 | 72 | 2 | 23 | 8 |
| 連用形終止形 | 33 | 1 | 4 | 18 |
| 連体形 | 22 | 80 | 0 | 11 |
| 已然形 | 25 | 0 | 9 | 4 |

この表においてニアリに存在表示がある程度まとまって分布するのは、アリという原形を保存する以上、自然のことである。未然形ニアラ、已然形ニアレが断定に傾くのは別途考えなければならない。これらの分布は、条件表現において存在から断定への移行がいち早く生起した名残なのかも知れない。ナリにおける未然形ナラと已然形ナレの断定への偏りは、ニアリの断定用法への推移と連動するようである。

口頭言語における存在から断定への推移の際に、媒介として機能したのが、多数出現するモノニアリ、モノナリであったとみられる。そこで、万葉集におけるモノニアリとモノナリの様相を観察したい。

断定ナリは、外在する事態の認識を表出するのであり、これは、絶対的上位者から下位者に訓示、説諭する場面が多い宣命においてモノナリ形式として現れやすかった。

実際、外在する事態に対する認識を話主が聞き手に表示する現代語のモノダ文に連なるモノニアリ、モノナリ文が万葉集にも出現して来た。万葉集におけるモノニアリとモノナリの巻別の出現状況は、次の表に示すとおりである。

| 巻 | ③ | ④ | ⑧ | ⑪ | ⑮ |
|---|---|---|---|---|---|
| モノニアリ | 3 | 2 | 1 | 1 | 5 |
| モノナリ | | | | | 1 |

万葉集では、宣命と違ってモノニアリもモノナリも用例数は多くない。特にモノナリについては、万葉集では次の一例を確認しうるに過ぎない。

思ふ故《ゑ》に逢ふものなら（毛能奈良）ばしましくも妹が目離《か》れて我居らめやも

（十五・三七三一、中臣宅守）

モノナリのような事態や事実に対する認識を話主の断定として押し出してゆく形式は、和歌では現れにくかったのであろうか。しかし、それでも万葉集におけるモノニアリ、モノナリの出現には、ある傾向を見出すことが出来る。すなわち、右表が語るように、この両形式の用例のすべてが万葉集の時期区分における後期すなわち天平期以後の和歌に現れる点である。以下、モノニアリの用例を検討したい。

生ける者遂にも死ぬるものにあれ（物尓有）ばこの世なる間は楽しくを有らな

（三・三四九、大伴旅人）

生ける者死ぬといふことに免れぬものにあれ（物尓有）ば頼めりし人のことごと

（三・四六〇、大伴坂上郎女、天平七年）

言問はぬものにはあれ（物尓波在）ど吾妹子が入りにし山をよすかとぞ思ふ

（三・四八一、高橋朝臣、天平十六年）

思ふにし死にするものにあら（物尓有）ませば千度ぞ我は死に返らまし

（四・六〇三、笠女郎）

世の中は苦しきものにあり（物尓有）けらし恋にあへずて死ぬべき思へば　（四・七三八、大伴坂上大嬢）
こころぐきものにぞあり（物尓曽有）ける春霞棚引くときに恋の繁きは　（八・一四五〇、大伴坂上郎女）
恋するに死にするものにあら（物有）ませば我が身は千度死に返らまし　（十一・二三九〇、作者未詳）
大船に妹乗るものにあら（母能尓安良）ませばはぐくみ持ちて行かましものを　（十五・三五七九、新羅使人）
妹とありしときはあれども別れては衣手寒きものにそあり（母能尓曽安里）ける　（十五・三五九一、新羅使人）
しましくも一人あり得るものにあれ（毛能尓安礼）や嶋のむろの木離れてあるらむ　（十五・三六〇一、新羅使人）
天地の神なきものにあら（毛能尓安良）ばこそ君が思ふ妹に逢はず死にせめ　（十五・三七四〇、中臣宅守）

右のうち、作者あるいは作歌年代未詳の例は、巻十一・二三九〇歌であるが、これは内容が巻四・六〇三の笠女郎歌と同一であって、天平期以後の成立と考えられる。(7) 用例群から受ける印象は、盛者必滅のことわり、生きる苦しみ、神仏の有無等の普遍的真理を歌想にする主知的な歌が多いことである。普遍的真理を断定すれば、宣命におけるような上位者からの超越的断言と同等の表現価値を有するであろう。さらに注目されるのは、用例が特定の歌人に偏っていることである。万葉集におけるモノニアリの用例は、大伴旅人、大伴坂上郎女、笠女郎、大伴坂上大嬢等、大伴系歌人の使用が目立っている。また、巻十五の三首は、遣新羅使人による同一歌想の歌である。巻十五の目録や『続日本紀』の記述によれば、これらの歌は天平八年（七三六）になったものと思しい。遣新羅使人は、大使安倍継麻呂（途中病没）、副使大伴三中を引率者として組織されたが、不幸が重なり、対新羅関係の緊張を反映して悲壮な外交使節であったという。(8) 奈良朝官人にとって新羅使節の「物語」は、いわくつきの特別な記憶を喚起するものであった。大伴三中は、大伴御行の子であり、大伴系有力歌人達との関連は詳らかでないが、彼らと無関係であったとは考えにくい。

巻十五の後半が中臣宅守と狭野弟上娘子との唱和歌であり、伊藤博によれば前半の遣新羅使人の歌群とこの唱和歌群を連結して編集したのが大伴家持であるという(9)。これが肯定されるとすれば、万葉集のモノニアリとモノナリは、大伴系歌人集団の範囲内において用いられていたことになる。

モノニアリ、モノナリという、話主によって外的事態を認識し、これを真実として断定的に押し出してゆく表現は、当時最高の知識人であった大伴系歌人集団によって好んで選択的に取り入れられた。これらの形式は、知的観照的と評される後期万葉の特徴的表現としても違和感のないものである。モノニアリとモノナリは、万葉集で観察される上代和歌の典型的表現ではない。これらは、意味上の特徴のゆえに、上位者の訓示説諭を含んだ宣命の、特に実際的な孝謙称徳女帝のそれにおいて多く観察されたのであった。モノニアリが聖武天皇詔以後、モノナリが孝謙太政天皇詔以後に現れることと万葉集ではモノニアリが天平期以後にまとまった用例が得られることは、偶然ではないだろう。

断定ナリが用言（連体形）に接続する例（「命果つるなり」のごとき）は、奈良時代において観察されない。連体形接続の断定ナリが出現するまでは、モノナリ、モノニアリが用言にナリを接続させる機能を担っていた。連体形接続の断定ナリは、この両形式を経由して成立した可能性がある。奈良時代語のニアリとナリの存在表示と断定表示は、互いに個性的な形で共存しながら、本来の用法である存在から断定へ用法の重点を移行させてきた(10)。ニアリからのナリの分離とその帰結である存在から断定への移行は、外の事態に対する話主の認識を強く押し出すモノニアリ、モノナリの語脈を媒介にして促進されたのではないだろうか。山口佳紀は、副詞造語型「〜ニ」の語幹とアリの連接関係から形容動詞成立過程を推測したが、今後はこの方面との関係を考慮した解明が必要である(11)。

以上のような結論に加えて、万葉集のナリをめぐる用字例に分析を施した結果、この文法形式の成立時期に関していささかの所見を得たので、次節においてその検討を加える。

## 八　万葉集におけるナリとニアリの用字例

万葉集における助辞ナリは、特徴的な現れ方をする。すなわち、未然形ナラ、連用形終止形ナリ、已然形ナレのうちの大多数が断定表示であるのに対して、連体形ナルのうちの連体修飾の多くの部分が存在表示によって占められるという対照的事実である。万葉集の連体修飾ナルには「駿河なる富士」や「家なる妹」のような「場所なる事物」に現れる存在表示と、数は少ないが「常盤なる命」や「空蟬の人なる我」のような断定表示の二つの用法がある。存在ナリに上接する名詞は、空間を占有する場所にかかわる語群であり、断定ナリに上接する名詞は、より広い一般的な状態性名詞を始め、しばしば抽象名詞を含んでいる。万葉集において仮名書きナリ（存在）の古例と思われるのが、巻三・二八四番の春日蔵首老の次の歌である。

焼津辺に我が行きしかば駿河なる（奈流）阿倍の市路に逢ひし児らはも
（三・二八四、春日蔵首老）

右は、作歌年代を詳らかにしないが、『続日本紀』に同人に関する「和銅七年従五位下」（和銅七年は七一四年）の記述があって、このころ詠まれたとしても奇異ではない。年代の確かなものとしての存在ナルの仮名書きの最古例は、巻五・八六七番吉田連宜の天平二年（七三〇）の歌である。

君が行き日《け》長くなりぬ奈良路なる（那留）山斎の木立も神《かむ》さびにけり
（五・八六七、吉田連宜、天平二年七月十日）

次に挙げる（再掲）のは、巻一と巻二のいわゆる白鳳期万葉における連体修飾ナルの用例であるが、すべて存在表示の訓字例（有・在）である。

家なる(有)妹（一・六、軍王）　大和なる(有)吾を待つ椿（一・七三、長皇子、大宝元年）　辛の崎なる(有)いくり（二・一三五、柿本人麻呂）　大和なる(有)大島の峰（二・九一、天智天皇）　上の池なる(有)放ち鳥（二・一七二、皇子尊宮舎人、持統称制三年）

連体修飾ナルは、仮名書きの出現が訓字例の出現より遅れる。作歌年代が確定している最古の仮名書き例は、天平期以後であって、巻一と巻二の白鳳期万葉においてナルは、すべて訓字による表記である。

ところでニアルからナルへの移行を推測させる興味ある文字使用の実例がある。次は、大伴家持による長歌の一節である。

空蟬の人なる(有)我や何すとか一日一夜も離り居て歎き恋ふらむ　（八・一六二九）

右の「空蟬の人有我」を含む長歌は、大伴坂上大嬢に贈られたもので、天平十二年以後に詠まれたと推測される。「空蟬の人なる我や」の表現は、次の巻二、一六五番の大来皇女の歌（朱鳥元年六八六）を踏まえているとみられる。

空蟬の人にある(尓有)我や明日よりは二上山をいろせと吾が見む

大来皇女の歌では「空蟬の人にある」と詠まれていた。これに対して、家持歌は、「空蟬の人なる」という縮約された形として詠んでいるように見える。この大嬢宛の家持長歌では、助辞ニの仮名表記は「常尓有家流」「庭尓」「峰向尓」「其故尓」「山尓」「野尓」と非常にこまめに施されている。したがって同じ歌の中で、ニの仮名書きが省かれている「人有我」の表記はヒトニアルではなくヒトナルと訓まれるべきである。家持は、自ら依拠した古歌にヒトニアルとあったものをヒトナルに改変したのではないか。大来皇女の歌を踏まえながら、もとのニアルをナルに改めた家持の意図は、異なる文法形式の連続体のニ・アルからひとまとまりの活用助辞ナルへの推移を反映するものではないか。

ちなみに連体修飾断定ナルの万葉集中での仮名書き例の初出は、家持の天平宝字二年七五八、中臣清麻呂宅で催された宴歌（巻二十・四五〇一）においてである。

八千種の花は移ろふ常盤なる（奈流）松のさ枝を我は結ばな

連体修飾断定ナルの例は、作歌年代の推測されるものでは、大伴坂上郎女一五四八番歌「奥手なる（有）長き心」の訓字例から現れ始めるが、仮名書きの出現は、このように相当遅れるのである。

### ［未然形ナラと祖形ニアラ］

連体修飾ナルの祖形である連体修飾ニアルの形がわずかしか見いだされないのと違って、万葉集では未然形ナラ、連用形終止形ナリ、已然形ナレの祖形であるニアラ、ニアリ、ニアレが比較的豊富に出現する。したがって、ニアリからナリが分離する過程を考察するのに、これら連体形以外の例を見逃すことができない。万葉集では、未然形ナラの用例のうち、存在表示は、わずかしか見いだされない。万葉集でのナラの仮名書き例を以下に挙げるが、冒頭の山上憶良歌の二例が存在ナラの例である。

家なら（那良）ば形はあらむを（五・七九四、山上憶良、神亀五年）　天へ行かば汝がまにまに土なら（奈良）ば大王います（五・八〇〇、山上憶良、神亀五年）　かくのみなら（奈良）し（三・四七八、大伴家持、天平十六年）（十九・四一六〇、大伴家持、天平勝宝二年）（五・八〇四、一云、山上憶良、神亀五年）（五・八八六、山上憶良、天平三年）　逢はむとなら（奈良）ば（九・一七四〇、高橋虫麿歌集）　思ふゑに逢ふものなら（奈良）ば（十五・三七三一、中臣宅守、天平十二年）　君なら（奈良）なくに（二十・四四四七、丹比真人、天平勝宝七歳）　久なら（奈良）ばすべ無かるべし（十七・三九三四、平群氏郎女、天平十八年）　ただなら（奈良）ずとも（二十・四二九五、大伴池主、天平勝宝五年）　雲居に見ゆる嶋なら（奈良）なくに（二十・四三五、五丈部山代、天平勝宝七歳）　豊の年しるすとなら（奈良）し（十七・三九二五、葛井連諸会、天平十八年）　神からなら（奈良）し（十七・四〇〇一、大伴家持、天平十九年）

右のように、仮名書きの未然形ナラは、神亀、天平年間以後現れて、初期万葉では観察されない。ところで、右の最後の例である四〇〇一番大伴家持歌中の「神からならし」に関して、これと類似の語脈として次の例を挙げたい。

真木の嬬手を百足らず筏に作りのぼすらむいそはく見れば神随尓有之　（一・五〇、柿本人麻呂）

右の傍線部の句はいくつかの流布本ではカムナガラナラシと訓まれることが多いが、これでは仮名表記された「尓」が形として再現されない不自然さがある。そこで「神随（カムナガラ）」をカムカラとして、カムカラニアラシ（字余りは許容）とするのが適切である。カムカラは、次のような仮名書きの例がある。

神から（可牟加良）やそこば貴き山からや見が欲しからむ皇神のすそみの山の
（十七・三九八五、二上山賦一首、大伴家持）

太刀山に降り置ける雪を常夏に見れども飽かず神から（加武賀良）ならし　（十七・四〇〇一、大伴家持）

次に挙げるのは、未然形ナラの訓字例である。

志摩の海人なら（有）し（六・一〇三三、大伴家持、天平十二年）　朝明の露なら（有）し（十・二一八一）　袖反す夜の夢なら（有）し（十・二八一三）

以上を要するに万葉集において未然形ナラの例は、初期万葉では確認されず、仮名書きの例として神亀五年の山上憶良の歌以後、見いだされる。

次に、未然形ナラの祖形である未然形ニアラの総仮名表記例を観察したい。用例は、第五節に掲出済みであるので、切片のみ次に示す。

志賀にあらなくに、国にあらば、家にあらば、いかにあらむ、秋にあらずとも、妹乗るものにあらませば、神なきものにあらばこそ、狭き山越えてここにあらめ、ただにあらねば、飽くべき裏にあらなくに

右のうち、最古例と考えられるのは、巻三・二六三番刑部垂麻呂の歌「志賀にあらなくに」であろう。作者は伝未詳の人物であるが、歌の前後を柿本人麻呂の歌が挟んでおり、持統朝頃の歌人ではないか。この例を除けば、ニアラの総仮名表記は天平元年以後現れる。次に仮名書きニに訓字を加えた「尓有」の類の例である。先と同じく切片のみ挙げる。

神からにあらし、久にあらなくに、恋にあらなくに、君にあらなくに、妹背の山にあらましものを、死にするものにあらませば、思ふらむ人にあらなくに、鴨にあらましを、嶋の針原時にあらねども、野の篠にあらなくに、花にあらめやも、霜を払ふとにあらし、吾妹子は釧にあらなむ、言にあらば、吾妹子は衣にあらなむ、地にあらましを、ゆたにあらまし、常にあらぬかも

第五節で示したように、未然形ニアラは、存在表示と断定表示が共存しており、断定表示を専らにするナラと機能を異にしている。ニアラの表記は、白鳳万葉においては、「尓有」のごとき仮名と訓字を交えたものであり、天平元年以後、総仮名表記のニアラが出現する。

## ［連用形終止形ナリとニアリ］

ここでは万葉集における連用形と終止形ナリの例を検討したい。ナリの仮名書き例は、天平二年以後確認される。出典については、先の第五節の資料に拠られたい。以下では、ナリの総仮名例の切片を挙げる。

いま盛りなり、同じ国なり、いまだ冬なり、惜しきものなり、数無き身なり、あしけ人なり

次は、ナリの訓字例の最も古いものであり、これは、神亀五年以後出現する。

あをによし奈良の都は咲く花の匂ふがごとくいま盛なり(有)　(三・三二八、太宰少弐小野老、神亀五年)

連用形終止形ナリは、ほぼ断定で占められており、存在表示の可能性があるのは、「心空なり」だけでこれも断定と取れなくもない。

次は、連用形終止形ナリの祖形であるニアリの用例であるが、ニアリの総仮名書きの最古例は、神亀五年の山上憶良の歌にある。以後、天平期に仮名書きニアリが出現する。

世の中や常にあり(尓阿利)ける　(五・八〇四、山上憶良、神亀五年)

次は、音訓交用の「尓有」または訓字「有」の表記例の切片である。

紀路にありとふ、遂にありかつましじ、酔ひ泣きするにあるべく、古にありけむ人、古昔にありけること、常にありける、家にありし櫃、旅にありて、世の中は苦しきものにありけらし、常にありせば、長き世にありける、高にありせば、遠き世にありけること、春雨にありけるものを、人妻にありといふ妹

ニアリの「尓有」「有」の表記例は、巻一・二五番の阿閇皇女の歌(朱鳥四年六八九)を最古例として、藤原鎌足、穂積親王、柿本人麻呂等の初期白鳳歌群から存在する。総仮名表記ニアリの例は、天平期以降からしか見いだされない。万葉集におけるニアリの意味表示は、存在と断定が共存している。

**[已然形ナレとニアレ]**

万葉集では、ナリの已然形ナレは、すべて断定表示であって存在表示は見いだされない。以下は、ナレの仮名書き例を挙げる。

春なれ(奈例)ば(五・八三一、板氏安麻呂、天平二年)　世のことなれ(奈礼)ば(五・八〇五、山上憶良、神亀五年)

妻なれ（奈礼）や（十四・三三七〇）　旅なれ（奈礼）ば（十五・三六八六、遣新羅使人、天平八年）　空蟬の世の人なれ（奈礼）ば（十七・三九六二、大伴家持、天平十九年）（二十・四四〇八、大伴家持、天平勝宝七歳）　その子なれ（奈礼）やも（十九・四一六四、大伴家持、天平勝宝二年）　皇祖のをす国なれ（奈礼）ば（十七・四〇〇六、大伴家持、天平十九年）　片山椿まことなれ（奈礼）（二十・四四一八、物部広足、天平勝宝七歳）

仮名書きのナレは、神亀五年の山上憶良の歌以降、確認される。

次がナレの訓字「有」「在」の例であるが、天武四年の「時人」、柿本人麻呂や高市黒人等白鳳期万葉の歌に現れる。

打麻を麻続王白水郎なれ（有）や（一・二三、時人、天武四年）　妹も我も一つなれ（有）かも（三・二七六、高市黒人）　山の間ゆ出雲の子らは霧なれ（有）や（三・四二九、柿本人麻呂）

ニアレの仮名書きの古例は、天平八年の遣新羅使人の歌の例「一人あり得るものにあれや（三六〇一）」以後現れる。以下はその語列である。出典は、第五節に拠られたい。

妹にあれや、旅にあれど、君にあれやも

次に音訓交用のニアレ「尓有」「尓在」および訓字「雖ㇾ有」の表記例であるが、これらには、中大兄皇子、有間皇子、柿本人麻呂等、白鳳期前後の歌に用例がある。

しかにあれこそ、さはにあれども、家にあれば、死にするものにあれば、常世にあれど、片糸にあれど

総仮名ニアレの例が神亀五年より前に見いだされないというのも他の活用形の出現の様相と一致している。

## 九　調査のまとめ

以上の実態からみて、活用助辞ナリの文法形式としての確立は、天平年間以後であると考えられる。ニアリは、ナリより古くから存在すると思われるが、白鳳期にニアリの総仮名表記は確認されず、天平期から観察される。それより前のニアリの表記は、仮名書きニに訓字「有」「在」を加えた「尓有」のような例が先行する。あたかも、アリの部分の仮名書きを回避するかのような傾向を見せるのは、何か理由があるのであろうか。ちなみに「尓有」「尓在」のような表記は、宣命に多く観察される。白鳳期万葉における「尓有」「尓在」表記は、宣命に倣った可能性がある。

ただし、ここでは別の可能性を考えてみたい。宣命におけるナリの初出は、天平宝字年間の孝謙太上天皇詔、万葉集におけるナリの初出は、神亀五年の山上憶良歌である。この事実だけを以て、助辞ナリの成立が天平年間であると速断することは出来ない。ナリのニアリからの分離過程は、それより前から進行していたと考える方が自然である。すなわち、助辞ナリのニアリ連接からの分離は、八世紀前半の中央語における新しい事態であったと見られるが、文献への浮上が聖武朝の天平期までずれ込んだと思われる。一般論として、白鳳期万葉をはじめとする音訓交用表記の歌巻では、総仮名表記が多い後期万葉に比べて仮名書きが現れにくいと言うことがあり得る。しかし、奈良時代語における動詞に接続する主な助辞（尊敬ス、作用継続フ、打消ズ、意志推量ム、尊敬マス、仮想マシ、完了ツ、完了ヌ、完了リ、回想キ、当為ベシ、推量ラム、推定ラシ、回想ケリ、伝聞ナリ、回想ケム）は、巻一に仮名書き例がある。

菜摘ます（須）児（一、雄略天皇）　取りよろふ（布）（二、舒明天皇）　知らず（受）（五、軍王）　船乗りせむ（武）と（八、額田王）　玉藻刈ります（麻須）（二三）　恋ひて死なまし（萬思）（六七、置始東人）　野島は見せつ（追）（一二）　返らひぬれ（奴礼）ば（五）　宿れり（里）し（七、額田王）　相争ひき（伎）（一三、中大兄皇子）　雲の隠さふべし（倍之）や（一七、額田王）　朝踏ますらむ（等六）（三）　立たすらし（良之）（三）　雨は降りける（計類）（二五、天武天皇）　音すなり（奈利）（三、中皇命）　知らしめしけむ（兼）（二九、柿本人麻呂）

このほか、打消推量マシジは、巻二・九四番歌（藤原鎌足）に、完了タリは、巻二・九五番歌（藤原鎌足）に仮名書き例が現れる。

名詞や動詞など実質的意味を持つ一般語彙は、音訓交用表記の歌巻では、訓字表記に傾くが、助辞に関しては初期万葉であっても、仮名表記への志向が強いのである。断定辞ナリは、万葉集で多くの用例を持つきわめてありふれた文法形式であり、巻一、巻二でも訓字でありながら一定の出現数がある（連体修飾ナル五例、已然形ナレ一例）。完了タリも訓字例は巻一から現れるが仮名書き例は、右述のようにようやく巻二から出現する。ナリ、タリの万葉集全体の出現頻度に比べて、白鳳期では仮名書きが抑制されているように見える。他の活用助辞の積極的な仮名表記の出現状況に比してこの現象はやや特異であり、何らかの特殊な事情が干渉したのではないか。

巻一と巻二の初期白鳳歌群でナリが推認される例は、次の通りであり、すべて訓字の例である。

白水郎なれ（有）や（一・二三）　倭なる（有）我待つ椿（一・七三）　倭なる（有）大嶋の峰（二・九一）　辛の埼なる（有）いくり（二・一三五）　家なれ（有）ば（二・一四二）　玉なら（有）ば（二・一五〇）　上の池なる（有）放ち鳥（二・一七二）

これらは、何故一つとして仮名書きされることがなかったのであろうか。ナリの前段階のニアリもまた巻一と巻二では、総仮名表記が存在しなかったことも考え併せたい。

次に挙げる例は、巻一と巻二におけるタリと推認されるものである。タリの仮名書き例は、藤原鎌足の歌（九五）の一例のみである。ともに例を挙げておく。

衣乾したり（有）（一・二八）　茂く生きたる（有）（一・二九）　荒れたる（有）京（一・三三）　我が寝たる（有）衣の上ゆ（一・七九）　安見児得たり（有）（一・九五）　安見児衣多利（一・九五）　乱れたり（有）とも（二・一二四）

天たらしたり（有）（二・一四七）　立ちよそひたる（足）（二・一五八）　敵見たる（有）虎（二・一九九）　捧げたる（有）旗（二・一九九）　乱れて来たれ（礼）（二・一九九）

巻一、巻二のタリ推認例は、鎌足歌を除いてすべて訓字の例である。

実は、タリ、ナリと対照的に、リは初期万葉において仮名書きが多く見いだされるのである。巻一と巻二における仮名書きのリのうち、語幹部分まで総仮名書きで表記された例を次に挙げる。

美草刈り葺き宿れり（屋杼礼里）し（一・七）　紫草の匂へる（尓保敝流）妹（一・二一）　塩気のみかをれる（香乎礼流）国（二・一六二）　打橋に生ひをれる（乎為礼流）川藻（二・一九六）　御名にかかせる（懸世流）明日香川（二・一九六）　枕と巻きて為せる（為世流）君かも（二・二二二）

このほか、リを推認させる訓字の例は、巻一と巻二で一七例、仮名書きの例は、一〇例存する。リに関していえば、初期万葉でも仮名書きが回避されない。この事実は、アリが介入して成立したタリ、リ、ナリのうち、リだけは白鳳期の段階ですでに離散的な文法的単位として成立していたことを示唆する。

以上を要するに、白鳳期の和歌では、タリ、ナリは、他の上代語の多くの助辞表記と違って仮名表記が回避されているように見える。これには何か理由があるのではないか。

筆者はその理由として、ニアリからナリが、テアリからタリが分離しつつある頃、この新形式ナリ、タリの中に仮名で転記しにくい音声融合の流動的実態があったのではないかと推測している。

私事に及ぶが、筆者は和歌山市の生まれであり、十八歳まで当地で居住し、そこの方言を使用した。和歌山市方言では、動作、作用の変化の結果を表すアスペクト形式（東京方言では～テイル）を口蓋化した音融合形を交えて表現する。例えば「お客さんがもう来ている」という文は、「お客さんがもうキチャアル」と言う。大阪市方言なら「お客さんがもうキタアル」となるだろう。近畿方言におけるキチャアルの祖形は、キテアルのはずである。和歌山市方言のテアルの口蓋化融合音声形チャ［tja］は、伝統的な上代の仮名表記システムでは転記不能である。拗音チャの表記は、江戸時代の漢字音研究の成果によるのであって、「～ちゃん」「チャンバラ」「チューブ」等の俗語、外来語の拗音表記は、漢字表記の結果を応用して実現したのである。

万葉仮名による日本語の表記システムをほぼ完成させていた白鳳期飛鳥藤原京人は、今日の大阪市方言形キタアルを「伎多阿流」とでも表記できるだろうが、和歌山市方言キチャアルについては、「来有」「来在流」のような形で融合音形を封印するかも知れない。

これと同じく、ニアリからナリが、テアリからタリが分離しつつあった七世紀後半頃においては、後世「奈里」「多利」等に転記しえたのとは状況が異なる転記不可能な融合音声（例えば、nja　tea のような）を抱えていたとすれば、それを「家在《なる》妹」「荒有《たる》京」のような訓字表記が掬い取ったと考えることが出来ないであろうか。白鳳期の万葉歌人は、ナリやタリを総仮名で記すことをせずに、融合音を訓字で封印した可能性がある。また、ナリの祖形ニアリの総仮名表記が天平期以後に現れて、白鳳期では回避されているように見えるのも、ニアリの連接内部においても仮名転記を容易に許さない音融合の実態が存在した可能性を示唆する。

存在動詞としてのアリは、助辞ニに下接しない場合においては、「君があたりは見えずかもあら（安良）む」（一・七八、和銅三年）「万代に一云かくしもあら（安良）むと」（二・一九九、柿本人麻呂）「三船の山に絶ゆる日あら（安良）めや」（三・二四三、春日王）「常盤なす岩屋は今もあり（安里）けれど」（三・三〇八、博通法師）「大王の遠の御門とあり（蟻）通ふ嶋門を見れば」（三・三〇四、柿本人麻呂）のように、白鳳期であっても仮名書きの例を持っている。このことは、アリがニに接しない限り、仮名転記に抵抗がなかったことを示している。ニアリという連接を構成する際において、特殊な抵抗が生起したのである。その抵抗とは、ニアリと連結した際に生ずる音融合であり、これが仮名転記を不可能にしたのであろう。この事情は、タリが生成する際（テアリ）においても同様の抵抗が生起したと考えられる。例えばタリが初期万葉では九五番の藤原鎌足の歌に一例のみ仮名書きのあること前述の通りである。タリの祖形テアリの総仮名書き例は、初期万葉では見えず、次に示すように天平二年以後にしか現れない。

成りにてあら（弖阿良）ずや（五・八二九、張氏福子、天平二年）　老いにてある（弖阿留）我が身の上（五・八九七、山上憶良、天平五年）　離れてある（弖安流）らむ（十五・三六〇一、遣新羅使人、天平八年）　思はずてある（弖安流）らむものと（十五・三七三六、中臣宅守、天平十二年）　山河のへなりてあれ（氐安礼）ば（十七・三九五七、大伴家持、天平十九年）　朕御世に顕はしてあれ（弖安礼）ば（十九・四〇九四、大伴家持、天平勝宝元年）

万葉集における総仮名テアリの例は右に尽きており、既に見たニアリの用例の出方とよく似ている。

宣命は、万葉集と違ってテアリ、ニアリが多用される傾向にあるが、万葉歌人の中で大伴家持がこれらの形をしばしば用いている。右の四〇九四番長歌は、天平感宝元年の聖武天皇「陸奥国出金詔」に呼応して詠まれたもので、例示した箇所は、宣命を引用する体裁を取り、「朕御代に顕はしてあれば」は、その口吻を模倣したもののごとくである。ナリ、タリより古態を存するニアリ、テアリは、天平期の歌人によって古雅と価値づけられていた可能性がある。

ニアリからナリの文法形式としての分離が完了し、それに伴ってナリの意味も断定表示に収束したときに融合形[nja] が解消した。それが天平期頃であったと想定され、このとき平城京人は、安心して「常磐奈流命」のごとく仮名を充当することが出来たのではないだろうか。ナリ、タリに関する万葉集の表記の複層的実態を、筆者は以上のように推測する。

万葉集と同時期の和語韻文資料として、古事記と日本書紀の歌謡があるが、ここでのナリとタリの実態を見たい。古事記歌謡では、次のようなナリの仮名書き例を見る。括弧内の数字は、歌謡番号である。

天なる(那流)や弟棚機の項がせる玉の御統《みすまる》(六)　尾津の埼なる(那流)一つ松(二九)　この神酒は我が神酒なら(那良)ず(三九)　御諸のその高城なる(那流)大猪子(六〇)

右のうち断定表示は三九番の用例のみで、あとは「場所なる事物」の存在表示である。次いで、日本書紀歌謡の例を見よう。

この神酒は我が神酒なら(那羅)ず(一五)(三二)　来居る影媛玉なら(儺羅)ば(九二)　馬なら(奈羅)ば日向の駒太刀なら(奈羅)ば呉の真鋤(一〇三)　天なるや弟棚機の項がせる玉の御統の(二)　吉備なる(那流)妹を相見つるもの(四〇)　吾背子が来べき宵なり(奈利)ささがねの蜘蛛の行ひ今宵しるしも(六五)　この高城なる(儺屢)角刺の宮(八四)　今城なる(那屢)小山が上に(一一六)

右のうちで存在表示と解されるものは二、四〇、八四、一一六番の各例であろう。残りは、断定表示であると思われる。記紀歌謡の供給源は、伝承古歌あるいは民衆歌謡と考えられるが、留意すべきは、これらが一字一音の総仮名表記で表されている点である。古事記撰進（太安万侶）が和銅五年（七一二）、日本書紀撰進（舎人親王）が養老四年（七二〇）であるので、これら歌謡の表記体裁は、補論2で述べるように万葉集巻五、巻十五、および巻十七以後最終巻までの総仮名表記の先駆けをなすものである。これらの実態は、万葉集における仮名書きの存在表示ナリの最古例が二八四番の春日蔵首老の歌であること、断定表示ナリの仮名書きの古例が神亀五年から天平二年にかけての巻五を中心とする筑紫歌壇や大伴坂上郎女等の歌に用例を見ることと調和的である。

以上、宣命と万葉集のタリ、リ、ナリをめぐる表記の実態から、筆者が主張してきたこの三形式の同時期成立という仮説に対して、より詳細な観察を施す必要が出てきたように思われる。すなわち、白鳳期万葉において、タリとナリが、他の主要な助辞に比較して仮名表記が強く抑制されており、タリとナリの安定した仮名表記が天平期以後に観察される実態は、テアリからタリが、ニアリからナリが分離しつつある時期において、いまだこれらが安定的で離散的な文法上の単位として未熟な状態にあったことを推測させる。これに対してリは、白鳳期においてすでに安定した文法形式として成立していた。

以上、タリ、リ、ナリが幾つかの重要な統語的特徴を共有していることから、これらの形式が近接した時期に成立したと推定した立場に加えて、より詳細な実態を展望することが出来たように思う。

## 十　ナリ、リ、タリの連体修飾の機能

### ［連体修飾ナリの特徴］

いわゆる断定辞ナリの連体修飾の特徴的な統語構造は、他の二形式に比べて単直であるという点である。その理由は、連体修飾ナリの万葉集における用例の大多数が「述格連体形＋主格名詞（家なる妹）」のタイプによって占

められているからである。しかも、その表現も「家なる妹」「駿河なる富士」のような「場所なる事物」の類型である。

ナリには、断定と存在の意味があるが、万葉集では右のような存在表示が類型として観察される。この表現は、「富士、駿河なり」「妹、家なり」を倒置した構造である。その一方、現代語で普通に見られる「富士が駿河にあることが自慢だ」「妻が家にいるときは安心だ」のような自由に展開した表現は、万葉集において見出されない。万葉集の存在ナルは、「場所なる事物」の類型が厳格に保守されている。このような類型は、和歌制作に際して歌人たちに利便を提供したであろう。万葉集における「場所なる事物」の表現のまとまった出現が、自然言語の反映か韻文資料ゆえの現象であるかはにわかに断定できない。しかし、宣命におけるナリの初出が第十六詔天平宝字元年孝謙天皇による「頑《かたくな》奈留奴」という断定表示であることや宣命では類型的な存在表示は見いだされず、宣命のナリの一一例はすべて断定表示である。口頭語レベルでは相当退化していた可能性があるが、宣命の言葉は、散文とまでは言えないにしても口頭語を基礎にしているので、奈良時代の存在表示ナリは、口頭語レベルでは相当退化していた可能性がある。

一方、万葉集における断定ナリの用例には、「述語連体形＋主格名詞」の統語構造を取るものがある。

咲く花もをそろは厭はし晩稲なる（奥手有）長き心はなほ如かずけり　（八・一五四八、大伴坂上郎女）

海神の神の宮の内のへの妙なる（細有）殿に携はり　（九・一七四〇、高橋虫麿歌集）

また、万葉集では次の二例の存在ナリに「主語＋述語連体形＋被修飾名詞」の統語構造を確認できる。

頼めりし人のことごと草枕旅なる（客有）間に佐保川を朝河渡り　（三・四六〇、大伴坂上郎女）

生ける者遂にも死ぬるものにあればこの世なる間（今生在間）は楽しくを在らな　（三・三四九、大伴旅人）

ナリが絡むこのような類型を脱した統語構造は、万葉集では異例であり、かかる自由な表現は坂上郎女や大伴旅人にして始めて可能であったのかもしれない。

「家なる妹」は、潜在的には「家にある妹」のニ格名詞句を取る。しかし、「家なる妹」のような表現が成立した時点ですでに格表示は退化している。

これらの存在ナルから展開したと思われる「頑なる奴」「妙なる殿」のような断定表示の名詞修飾は、「高き山」「青き海」「降る雨」のような主格一項のみを要求する形容詞文や自動詞文を基底とする連体修飾と同じ構造である。述語の語幹に「晩稲」「妙」「頑」のような状態性名詞が入ると、原理的にナリ型形容動詞による名詞修飾が成立する。平安時代以後と言われるナリ型形容動詞の歴史的成立条件は、奈良時代におけるナリ成立に伴って生まれた連体修飾の断定表示の中に準備されたのである。

**［タリ、リの連体修飾の特徴］**

ここで取り上げる助辞タリ、リが介入する連体修飾は、ナリの様相とは異なって万葉集では比較的自由な表現を呈する。それには、二種類あって「ガ格あるいはヲ格名詞＋述語連体形＋被修飾名詞」のタイプと「述語連体形＋主格名詞」の二つである。前者の統語構造はナリでは見出されない。先ず、主格が明示される前者のタイプを見たい。第三節で挙げた資料から連体修飾ルの語脈（「紫草の匂へる妹」「我が思へる君」等）を取り出して動詞部に入る他動詞一六語を挙げる。

佩く、項《うな》ぐ、着る、刺す、かざす、思ふ、負ほす、負ふ、持つ、敷きます、巻く、帯ばす、定め給ふ、隠す、着す、為《す》

次は、自動詞であると思われるもので一七語である。

匂ふ、立たす、思ふ、咲く、問ふ、来、言ひ継ぐ、香る、足る、したふ、散らへる、乗る、隔つ、淀む、縒る、

下がる、言ふ

他方、「述語連体形＋主格名詞」のような形容詞文を基底に持つ統語構造（「咲ける萩」「思ほせる君」等）におけるルの例も観察される。この統語構造では、ルに上接する動詞は、すべて自動詞である。以下に挙げる二三語である。

寝す、家居す、思ふ、思ほす、混じる、棚引く、咲く、さどはす、偲はす、渡る、靡く、立つ、立たす、照る、並ぶ、匂ふ、張る、置く、宿る、降る、優る、益す、廻る

この環境には、他動詞が排除されて自動詞のみが立つことに留意すべきである。「述語連体形＋主格名詞（咲ける萩）」の統語構造は、連体修飾ナルのそれと同じく、「妙なる殿」「高き山」のような形容動詞や形容詞による名詞修飾の特徴と共通する。他動詞文は、言うまでもなく、「我、思ひを述ぶ」のように、主格以外に対象格（ヲ格）を要求する。

しかし、連体修飾の助辞リが自動詞と排他的に連結するとは言え、「咲ける萩」のような前の文脈から離脱した純然たる形容詞型連体修飾は、むしろ少なく「宿に咲ける撫子」「野に咲ける秋萩」のように二格名詞を引き込む例が多い。

次に助辞タリの連体修飾タルの用例について検討しよう。先ず、「主格＋述語連体形＋被修飾名詞」の統語構造（「我が着たる衣」「梅の花咲きたる苑」等）における他動詞は、

おこす、送る、作る、着る

の四語である。これに対して自動詞と思われるのは、

散りまがふ、咲く、匂ふ、賜る、寝、生ふ

の六語である。

次に「述語連体形＋主格名詞」の統語構造（「咲きたる花」等）における動詞部に入る他動詞は、

成す、見る、垂る下二段

の三語で、残りの二一語は、すべて自動詞であると判断される。

咲く、出づ、残る、延ふ、雅ぶ、後る、照る、すさぶ、生まる、たぶる、たむ、生ふ、絶ゆ、栄ゆ、憑く、荒る、古る、籠る、たぎつ、継ぐ、盛る

「述語連体形＋主格名詞」タリ構文は、ナリ、リと同様に、上接動詞は顕著に自動詞に集中している。

以上、見てきたようにリとタリの連体修飾の用例には、重要な共通点が存在したのであるが、相違もまた存在する。その相違こそ形容詞文を基底とする「述語連体形＋主格名詞」の統語構造の中に見出される。この構造は、ナリの場合においては、「家なる妹」「山なる花」のように具体名詞に接する場合には存在表示であったものが、「常盤なる命」「妙なる殿」のような抽象的あるいは状態的名詞に接する際には、断定表示に移行する、すなわち名詞述語から形容動詞述語に推移する趨勢を見せた。これらの統語例は、先行する文脈の如何にかかわりなく、名詞修飾句として完結しているという点で「高い山」「汚い部屋」のような形容詞による連体修飾句と同じ構造を持つのである。リとタリが介入する「述語連体形＋主格名詞」の統語例においても、「降れる大雪」「勝れる宝」「雅たる花」「絶えたる恋」のような、先行文脈から離脱した自立的な名詞修飾句が観察される。これらの名詞修飾句において述語の位置に立つ動詞は、形容詞による名詞修飾句と同一の統語構造を持つからこそ、ここには、形容詞と親和的な自動詞群が集中的に分布する。しかし、自動詞と言えども動詞であり、必須の情報こそ主格一項であるが、形容詞と違って自動詞は、「雪に混じれる梅の花」「宿に咲ける梅」「海に出でたる飾磨川」のようなニ格名詞を項

として取ることも出来る。形容詞、形容動詞は、ニ格名詞を取ることがないので、ニ格を取る自動詞による名詞修飾と「荒れたる宿」のような先行文脈から離脱した名詞修飾句を区別して扱う必要がある。前者の自動詞句は動詞らしさを失っていないのに対して、後者のそれは形容詞句に接近したものと判断することが出来る。筆者の調査によれば、リが場所表示ニ格を取り込んで、先行文脈の関与を維持しようとする傾向が強いのに対して、タリは先行文脈から離脱した「荒れたる都」「咲きたる花」のような統語構造を構成しやすい。先行文脈から離脱した形容詞的連体修飾句のリとタリの例を次に挙げる。これらは、仮名書きで確認される。

**［リ］**

寝せる君、棚引ける天の白雲、思ほせる君、さどはせる君が心、偲はせる君が心、立ち待てる吾衣手、咲ける萩、立たせる妹、照れる春日、さ馴らへる鷹、降れる大雪

**［タリ］**

咲きたる梅の花、咲きたる花、咲き出たる宿の秋萩、咲きたるはねず、残りたる雪、雅たる花、照りたるこの月夜、後れたる我、後れたる君、後れたる兎壮士、生まれ出たる白玉、絶えたる恋、たぶれたる醜つ翁、栄えたる千代松の木、たみたる足、生ひたるなのりそ、生ひたる栂の木、生ひたる顔花、荒れたる都、荒れたる家、古りたる君、籠りたる我が下心、落ちたぎちたる白波、盈ち盛りたる秋の香、勇みたる猛き軍卒、立ちしなひたる菅の根

既述のように連体修飾句の数は、リが介入する場合の方がタリよりはるかに多いのである。万葉集ではタリ連体修飾は七九例、リのそれは、三六〇例であった。このような母集合の較差に抗してなおタリ介入句の先行文脈からの離脱例がリを上回ることは、リが先行文脈から文法項目を引き込もうとする傾向を持つのに対して、タリが文脈

から離脱して独立の分詞相当句を構成しようとする強い傾向があったと見るべきである。タリは、リに比べて自動詞の分詞的用法により強く介入しやすい。

「述語連体形＋主格名詞」の統語構造が、そこに出現する自動詞群の分詞的用法への転用にとって良好な環境であったことは確実である。奈良時代語の自動詞の分詞的用法への結集点がこの統語構造であった。そもそも「連体修飾」とは、接続関係を消極的に表現したものに過ぎず、文法機能に関する規定として十分なものではない。「連体」という用語も東条義門『和語説略図』（天保四年一八三三）の「連体言」以来継承されているものである。連体修飾が形容詞としての役割を担うことを夙に川端善明が指摘した。[13]高橋太郎は、動詞の連体修飾の中で物事の性質を規定するような統語構造下において、動詞が本来有する「動詞らしさ」を失うとする。すなわち動詞が形容詞化するのである。

動詞が連体的な動詞句となって、属性づけとのかかわりで機能するとき、動詞のカテゴリーであるテンス、アスペクト、ムード、ボイスなどをうしない、動詞の動詞らしさを放棄して、みずからを動詞から解放することである。ここに、属性づけの動詞句になった動詞の特徴がある。

（『動詞の研究』むぎ書房、一九九四、二三六頁）

ここで高橋は、「属性づけの動詞句になった」連体修飾句を指して「動詞的な性格から形容詞的な性格への移行」（同書四一頁）としている。[14]

平安時代語の準体句構造を構成する「の」の従属下において「形状性用言」（状態性動詞）が規則的に出現することを発見した石垣謙二の「作用性用言反発の法則」が知られるが、[15]動詞の連体修飾が形容詞への傾向を持つことを奈良時代語を対象にして実証した研究は乏しい。そのような中で連体修飾動詞が形容詞性を強めて行く過程を古代和歌の類型表現である「思ふどち」の形成過程をたどりながら論じたのが新沢典子である。(16) 新沢によれば「どち」は、本来、人に関する多様な名詞に接して「〜と一緒に」の意味を表していた。次のような例がその典型である。

ところ蔓《づら》求め行きければ親族《うがら》どち(共)い行き集ひ　（九・一八〇九、高橋蟲麻呂）

ところが、

秋萩を思ふ人どち(共)相見つるかも　（八・一五五八、沙弥尼等）

のように、名詞「人」を介して「どち」は、仲間同士の意味に近づいて行くという。この時点では、「〜を思ふ人どち」のように「思ふ」内容をヲ格表示していたが、さらに進んで「人」を省いた「思ふどち」が宴席のような場の風流や大陸風の文化価値を排他的に共有することのできる集団を指示するようになる。

梅の花いま盛りなり思ふどち(意母布度知)かざしにしてないま盛りなり　（五・八二〇、葛井連大成）

酒杯に梅の花浮かべ思ふどち(念共)飲みての後は散りぬともよし　（八・一六五六、大伴坂上郎女）

右の例では、「思ふ」が要求する筈の〜ヲや〜トの内容は表示されない。かかる排他的な仲間集団を指す熟語とも言うべき「思ふどち」の表現を可能にするのは、表現共同体の合意を前提とする「思ふ」の連体修飾下での脱動詞化すなわち形容詞化に相応しい意味変化である。

以上のように、万葉集におけるリ、タリの連体修飾句の中で「述語連体形＋主格名詞」の統語構造下に自動詞が密集分布し、その際動詞が本来有するテンス的性格を失って事実上形容詞に移行するプロセスが存在したことを確認した。

## 十一　宣命と記紀続紀歌謡のリ、タリと上接動詞

本節では、前節までの万葉集におけるのと同様の調査を『続日本紀』「宣命」、『古事記』、『日本書紀』、『続日本紀』の歌謡において実施した。ここでは、前節での論点である「述語連体形＋主格名詞」の統語構造にあるものに注目して報告する。先ず、奈良時代語の口頭語資料として注目される宣命の用例を検討したい。次に挙げるのは、宣命における助辞リの「述語連体形＋主格名詞」の統語構造例である。

狂迷《たぶれまど》遍流頑《かたくな》奈留奴心乎波慈悟志　（十六・天平宝字元年孝謙天皇）
穢《きたな》岐奴仲末呂伊詐奸《いつはりかため》流心乎以天兵乎発　（二十八・天平宝字八年孝謙太政天皇）
然今示現《あらはれ》賜弊流如来乃尊岐大御舎利　（四十一・天平神護二年称徳天皇）
後仁波謗言無久奸偽利諂曲《へつらひまがれ》流心無之天　（四十四・神護景雲三年称徳天皇）
真人清麻呂其我姉法均止甚大仁悪久奸流妄語乎作天　（四十四・神護景雲三年称徳天皇）
御世御世当弖仕奉《つかへまつ》礼留親王等大臣等　（十一・天平十五年聖武天皇）
此中博士等任賜《まけたま》部留下道朝臣真備尓波冠二階上賜　（十一・聖武天皇）
又為大臣弖仕奉《つかへまつら》部留臣多知乃子等男波　（十三・天平勝宝元年聖武天皇）

右に挙げた連体修飾ルに上接する動詞は、「迷ふ・奸む・現れ給ふ・曲がる・仕へ奉る・仕へ奉らふ・任け給ふ」であり、これらはすべて自動詞である。

次は、助辞タリの連体修飾タルの「述語連体形＋主格名詞」の統語構造例（二例）である。

奉《まつりさき》福波陪奉事尓依而顕久出多留宝尓在羅之止奈母　（四・和銅元年元明天皇）
於与豆礼加毛年毛高久成多流朕乎置弖　（五十八・天応元年光仁天皇）

右のタルに上接する動詞「出づ・成る」は、いずれも自動詞である。

次に、奈良時代語資料として『古事記』、『日本書紀』、『続日本紀』に収載されている歌謡に注目したい。記紀歌謡で詞章が重なる場合は、『古事記』によって代表させる。先ず、リの連体修飾ルの「述語連体形＋主語名詞」の統語構造を取る例を次に挙げる。括弧内の数字は歌謡番号である。

かつがつもいや先立てる（陀弖流）兄をし枕かむ（記一六）　尾張に直に向かへる（牟迦弊流）尾津の崎なる一つ松（記二九）　大和は国の真秀ろばたたなづく青垣山籠れる（碁母礼流）大和しうるはし（記三〇）　ちはや人宇治の渡りに渡り瀬に立てる（多弖流）梓弓檀（記五一）　河の上に生ひ立てる（陀弖流）鳥革樹《さしぶ》を鳥革樹の木其が下に生ひ立てる（陀弖流）葉広斎《ゆ》つ真椿（記五七）　真木さく檜の御門新嘗屋に生ひ立てる（陀弖流）百足る槻が枝は（記一〇〇）　新嘗屋に生ひ立てる（陀弖流）葉広斎つ真椿（記一〇一）　山川に鴛鴦二つ居てたぐひ良く偶へる（陀虞陛屢）妹を誰か率にけむ（紀一一三）　しなてる片岡山に飯に飢て臥やせる（許夜勢屢）その旅人あはれ（紀一〇四）

向つ峰《を》に立てる（陁底屢）夫《せ》らが柔手こそ我が手を取らめ（紀一〇八）　淵も瀬も清くさやけし博多川千歳を待ちて澄める（須売流）川かも（続紀七）

右の連体修飾ルに上接する動詞は、「立つ・向ふ・籠る・偶ふ・臥やす・澄む」であり、これらはすべて自動詞である。これらの例のうち「直に」のような副詞句ではなく、名詞＋ニのニ格（場所格）を要求する例が「渡り瀬に立てる梓弓」「河の上に生ひ立てる鳥革樹」「下広に生ひ立てる葉広」「新嘗屋に生ひ立てる槻が枝」「新嘗屋に生ひ立てる～椿」「片岡山に～臥やせるその旅人」「向つ峰に立てる夫」と比較的目立っている。このような述語句は、形容詞的というより、動詞としての特定場面的（テンス的）性格を失っていないとみるべきであろう。連体修飾に関与する助辞リの、歌謡における先行文脈から項を引き込みやすい性格は注目に値する。

タリは、記紀続紀歌謡において用例は見いだされない。ナリは、記紀に三例の連体修飾の用例がある。

尾張に直に向かへる尾津の崎なる(那流)一つ松(記二九)　御諸のその高城なる(那流)大猪子が原(記六〇)　今城なる(那屢)小丘《をむれ》が上に(紀一一六)

以上のように宣命及び記紀続紀歌謡における「述語連体形＋主格名詞」の統語構造下における助辞リの上接動詞はすべて自動詞であり、これは、万葉集において見られた傾向と一致する。

## 十二　形容詞を標識する連体修飾ル、タル、ナル

万葉集におけるナリの連体修飾句は、「主格＋述語連体形＋被修飾名詞」の統語構造をほぼ拒絶して、「述語連体形＋主格名詞」を強く要求する。この構造は、連体修飾句中の述語動詞を分詞的用法に強く向かわせる環境であった。この構造下におけるタリ、リの上接動詞群が自動詞への集中分布を呈することは、これを裏付けるものである。ナリ連体修飾句の特異性は、ナリに上接する語が名詞であることと強く関連する。ナリが介入する名詞句の統語構造は、たとえば「殿、妙なり」の語連結でまとまった情報が成立する。この述語部分を分詞的用法に転換するためには「妙なる殿」という一回の倒置によって完了する。ナリが元々保有していた存在表示の場合においても「妹、家にあり」のようにニ格存在文として成立していたはずである。これが連体修飾句に転換される際に特徴的な縮約を起こして、「家なる妹」の表現ができあがる。ここで、「家なる妹」「駿河なる富士」のような元々の存在表示が

「述語連体形＋主格名詞」のような排他的な統語構造の中で、名詞述語部が「妙なる殿」「晩生なる心」と同じような形容動詞句的な方向への傾きを生じたと考えられないであろうか。つまり、「家にある妹」と「家なる妹」は、表示する意味がやや異なって、後者が存在表示に形容動詞的な意味が加わったニュアンスを与えていた。とすれば、存在表示から「常盤なる命」「妙なる殿」のごとき断定表示（つまり形容動詞化）への推移が実現した理由を幾分合理的に推測することが出来る。「場所なるもの」の形で万葉集に密集する存在表示ナリは、和歌集という文献の特殊性に由来する表現類型であると見られ、奈良時代口語の実態を必ずしも正確に反映していないかもしれない。存在表示に偏った万葉集における連体修飾ナルの実態をやや離れたところで断定表示への進行が口語レベルでは生じつつあったと考えられよう。その際、宣命の例を併せて考えてみるのが良い。すなわち、口頭語における存在表示（にある）から断定表示（である）への拡大は、物事の存在を空間的動的に把握する動詞的認知から、超時間的形容詞的認知（においてある、である）への移行過程を意味するだろう。この移行が実現しつつある位置に集中して音縮約を伴ったナルが密集した。その際に、ナルは、句中の述語部を形容詞化する標識として機能したはずである。

タリ、リ、ナリは、ともに連体修飾句に状態化動詞アリを介入させることによって成立した。このような文法形式の連結は、上代以前の古代語においても恒常的に存在したであろう。しかし、奈良時代に近接するという共通の、しかも特定の時期に、縮約が一挙に生ずる引き金となった素因は、当代に生じていた形容詞増殖への要求の高まりであったであろう。タリ、リ、ナリに共通する音縮約は、動詞述語を形容詞化する標識であった。万葉集におけるこれら三形式の連体修飾への突出した分布は、この歴史的経緯の反映である。

## ［注］

（1）小路一光（一九八〇）『万葉集助動詞の研究』（明治書院）
（2）春日和男（一九五三）「助動詞「たり」の形成について」『萬葉』第七号
春日和男（一九七八）『存在詞に関する研究』（風間書房）
（3）吉田茂晃（一九九三）「「存続の助動詞」考―万葉集の「り」について―」『萬葉』第百四十七号
（4）毛利正守（一九九八）「古代日本語に於ける字余り・脱落を論じて音節構造に及ぶ―萬葉（和歌）と宣命を通して―」『国語と国文学』（平成十年五月特集号、東京大学国語国文学会）
（5）孝謙称徳女帝の宣命に個人的口吻の露呈することはすでに指摘がある。
山崎馨（一九七五）「続日本紀宣命における助動詞について」『論集』（神戸大学教養部紀要）
沖森卓也（一九七六）「続日本紀宣命の用字と文体」『国語と国文学』（昭和五十一年九月号）
小谷博泰（一九八七）『木簡と宣命の国語学的研究』（和泉書院）
稲岡耕二（一九九〇）「続日本紀における宣命」『続日本紀二』（新日本古典文学大系、岩波書店）
池田幸恵（一九九七）「宣命の文章構造」『萬葉』第百六十三号
（6）稲岡注5前掲書
小谷注5前掲書
池田注5前掲論文
（7）中川幸広（一九六五）「万葉集巻十一・十二試論―その作者の階層の検討を通して―」『語文』第二十二輯（日本大学国文学会）
（8）（一九七五）「解説」『萬葉集（4）』（日本古典文学全集、小学館）
（9）伊藤博（一九八二）「萬葉集の生い立ち（四）―巻十三～巻十六の生い立ち―」『萬葉集四』（新潮日本古典集成）
（10）佐伯梅友（一九五六）「ニアリからデアルへ」『国語学』第二十六集（国語学会）
（11）山口佳紀（一九八五）「ナリ型形容動詞の成立」『古代日本語文法の成立の研究』第二章第七節（有精堂）
（12）伊藤博（一九九八）『万葉集釋注八』（集英社）

(13) 川端善明（一九五三）「連体（一）」『国語国文』二八巻一〇号（京都大学国語学国文学研究室）
(14) 高橋太郎（一九九四）『動詞の研究』（むぎ書房）
(15) 石垣謙二（一九五五）『助詞の歴史的研究』（岩波書店）
(16) 新沢典子（二〇〇一）「越中における「おもふどち」の世界」『美夫君志』第六二号

# 第六章　上代語動詞の形容詞転成の原初形態
## ――無標識絶対分詞をめぐって――

### 一　動詞の形容詞転成とは何か

動詞が形容詞に転成されることは、ほぼ通言語的に観察される現象である。(1)それを欧語文法では分詞participeと呼ぶ。欧語の分詞に似た用法は、日本語にもある。古代日本語に観察される動詞の形容詞的転成の特徴は、欧語の分詞が過去分詞と現在分詞の二形態を中軸に展開するのに対して、タリが標識する過去分詞、平安時代語におけるリが標識する現在分詞のほか、動詞本体の形態を変えない無標識の絶対分詞というべき例が数多く観察される点である。そのうちのいくつかを次に挙げる。

行く春　行く水　行く船　立つ鳥　飛ぶ鳥　流るる水　飛ぶ火　照る月　咲く花　降る雪　鳴く鶴
吹く風　散る花

これらの用法は、万葉集をはじめ王朝古代の和歌に繰り返し現れる美的規範として確立した表現であった。これに類推して成立したのがテ・アリから縮約して成立した完了辞タリが介入した過去分詞的用法である。

咲きたる花　絶えたる恋　荒れたる都　照りたる月

これらは、無標識分詞と同じように先行文脈から離脱して、過去におこなわれた動作、作用の結果が継続していることを表示する過去分詞的用法である。

奈良時代語においてタリは、活用助辞群の中で唯一分詞的用法に組織的に利用された形式であった。これに対してリは、タリに比べて用例数がはるかに多いにもかかわらず、分詞用法を回避する傾向があって、「汝が佩ける太刀」「雪に混じれる梅の花」のように先行文脈から項を取り込もうとする。

タリとリのこのような統語構造上の相違は、あたかも現代語の過去辞タと進行辞テイルの相違によく似ている。タが介入する過去分詞的な用法は、「洒落た関係」「利いた風なこと」「浮いた噂」「荒れた肌」「消された過去」など、安定的な表現をいくつも拾い出すことができる。これに対してテイルが介入する分詞用法は、「生きている証」「混んでいる電車」などの表現は思いつくが、テイルは、現前事態進行を標識するに相応しく、「心が病んでいる人」「カツオを釣っている漁師」「壁に張り付いている虫」のように文脈から文法項を取って、時間の中で生起する現実を詳細に反映したテンス的描写に傾く例が思い浮かぶ。これらのテイルが介入する連体修飾句は、動詞としての性格を強く残しており、形容詞転成用法とは言えない。奈良時代語のリは、現代語のテイルの文法上の性質に似ており、リ介入句における分詞用法は未発達である。「咲ける花」のようなリが介入する現在分詞用法は、平安時代になって発達した。分詞用法に代表される動詞の形容詞転成は、文法的手段を通じて行われ、接尾辞動詞のような状態動詞の大量造語は、語彙的手段を用いた形容詞領域への進入と言うべき現象である。

多くの欧語では、現在分詞と過去分詞のように時制形式を借りた二種類の分詞を備えている。現在と過去の二種類の形態によって受動、原因・理由、付帯状況等様々な文法的意味を表示する欧語に対して、日本語動詞の形容詞用法は、「生きる経験（属性）」「生きている武士道（事態進行）」「生きた化石（過去事態の継続）」など前の文脈から離脱して動詞部が形容詞と同じように名詞修飾する。

日本語動詞の形容詞転成は、名詞修飾に典型的であるが、どのような種類の名詞修飾を以て「形容詞的」であるかに関する文法家の見解が一致しているわけではない。本書の考えでは、動詞の形容詞転成を規定するに際して、既存の形容詞の用法を忠実に踏襲する動詞の用法が分詞すなわち動詞的形容詞であるとする。

日本語の形容詞は、述語を構成することが出来る。形容詞が述語に位置する場合は、「山が高い」「海が青い」のように主格のみを文法項として要求する。その統語構造は、「雨が降る」「頭が切れる」のような主格一項だけを要求する自動詞文と共通する。形容詞の名詞修飾は、「山が高い」「海が青い」のような既存の統語構造を前提にして「高い山」「青い海」のような先行文脈から離脱した用法として成立している。自動詞による形容詞的名詞修飾は、形容詞の用法を類推的に転用して「降る雨」「切れる頭」のような表現が成立している。動詞が先行文脈から離脱して、形容詞と同様の振る舞いをする以上のような例は、奈良時代語から存在し、本章においては、その原初形態を推論する。

一方、形容詞が述部に立って「主格―述語」の関係を保持したまま名詞修飾の位置に立つことがある。「髪の長い女」のような場合である。これと同様に自動詞文の名詞修飾もまた「雨が降る日」「頭が切れる人」のような統語型を取ることが出来る。このタイプの自動詞文も分詞用法と統語構造が似ている。奈良時代でも次のような例がある。

紫草の匂へる妹(尓保敝類妹)を憎くあらば人妻ゆゑに我恋ひめやも　（一・二一、大海人皇子）

さらに、「バケツを持つ人」「草を刈る男」のようなヲ格を取り込んだ他動詞による名詞修飾は、述部が動詞性を喪失していない。このような統語型は、奈良時代にも当然存在した。また「私が捨てた空き缶」「彼女が見た映画」のような統語型も述部の目的語（ヲ格相当）が被修飾名詞によって表されているので、述部が動詞性を失っていないと見られる。このような統語型は奈良時代においても観察される。

秋さらば見つつ偲へと妹が植ゑし（殖之）宿の撫子咲きにけるかも　（二・四六四、大伴家持）

自動詞による名詞修飾でも「山の上にたゆたう雲」「狐が罠に掛かった場所」のような主格以外の項（この場合はニ格名詞）が表示される場合は、動詞部による動態表示が失われていないと見て分詞用法から除外して考えなければならない。この統語型は、「胸に赤いバラ」のような形容詞連体修飾と一見似ているが、この場合の格助詞ニによる名詞句は、「赤い」に直接掛かるのではなく「胸に赤いバラ（ガアル）」の類の省略された存在表示に潜在的に関与するものと考えられ、ニ格を取り込んだ自動詞の名詞修飾とは異質と思われる。この自動詞主導の統語型は、奈良時代にも見いだすことが出来る。

佐保山に棚引く霞（多奈引霞）見る毎に妹を思い出泣かぬ日はなし　（三・四七三、大伴家持）

様々な文法項を先行文脈から引き込む名詞修飾と動詞述語が先行文脈から離脱して、単体で形容詞と同じ機能を果たす分詞を区別する考えは欧文法において存在する。

例えば、現代フランス語では、動詞の分詞転成は、欧文法一般に倣って participe（分詞）と呼ばれ、現在分詞 participe présent は次のような典型的な用法において能動的意味を表示する。

Ce sont des enfants obéissant à leurs parents（両親の言うことをよく聞く子供たちだ）

右では、動詞 obéir（従う）から派生した現在分詞 obéissant（従順な）に後続する文法的情報 à leurs parents（親に）を引き込んで「時間的に限定された一時的動作を表し[2]」ている。「時間的に限定された一時的動作」とは、要するに動詞の現場的テンス的表示を指すだろう。これに対して、現在分詞と同じ形態（語尾-ant）を使用しながら、単体で形容詞に同化した用法を動詞的形容詞 adjectif verbal と呼んでいる。動詞的形容詞は、

Ce sont des enfants obéissants（従順な子供たちだ）のように後続文脈から文法情報を引き込まず、離散的で「多少とも永続的な性質を表す」という。(3) 右の用例は、目黒士門『現代フランス広文典』（白水社、二〇〇四、二九五頁）によった。この事実は、フランス語の分詞構文が後続の文法的情報に依存して文脈に拘束されたテンス的意味特徴を有するものと、文脈離脱的な汎用性のある「永続的性質」を備えた分詞形単体で形容詞に同化した用法が存在することを示している。現代フランス語文法におけるような分詞構文の二種類の区別は、奈良時代日本語においては、先行文脈から文法項を引き込む連体修飾と先行文脈から自立した自動詞単体の形容詞転成の区別に相当するだろう。本章では、フランス語文法を参考にしながら動詞単体で形容詞に同化した離散的な用法を古代日本語における分詞と呼ぼう。従って、本書では分詞を形容詞的な性格を持つ動詞単体のものに限定する。

　そこで、本章では、動詞部が自動詞であることを前提とし、次の二つの環境が動詞の分詞用法の可能性があると考える。

①自動詞が主格名詞を修飾する場合（‥降る雨・咲く花・試される施策・泣いた赤鬼）自動詞には、基本形を始め助辞を接続したものを含む。

②主格一項を取って名詞を修飾する場合（‥頭が切れる人・雨が降る日・爪先のとがった指）

　要するに古代日本語の分詞用法とは、日本語の形容詞が取る個性的な統語上の振る舞いを動詞が踏襲した特殊な文法的範疇である。①と②の統語環境における動詞部の働きは、形容詞の名詞修飾の働きとおおむね一致する。それゆえ、動詞の分詞用法の可能性が考えられるのである。ところが①②のうち、②は本来の自動詞構文を形態的変化なく保持しており、よってこれを分詞として記述するのではなく本来の自動詞文の枠内で記述されるべきであろう。このような統語構造は、奈良時代から見いだされる。

花散らふ秋津の野辺、水走る瀧の都（三六、柿本人麻呂）　深雪降る阿騎の大野（四五、柿本人麻呂）　霰打つあられ松原（六五、長皇子）

このような自動詞構文をそのまま保存した名詞修飾については、とりあえず本章では観察対象としない。そこで、注目されるのが本来の自動詞構文の主語と述語の順序を倒置して形容詞的名詞修飾に「転成」した①の用法にある。連体修飾である①は、奈良時代語の状態標識であるリ、タリ、ナリを生成した位置であり、動詞述語や状態名詞述語を形容詞や形容動詞に引き込む環境である。実際、筆者がこれまで主たる観察対象としてきたのも①の環境であった。

## 二　古代日本語の分詞用法

奈良時代語の動詞の形容詞転成（分詞）に関して筆者が留意するのがタリの分詞用法への有意味な関与である。タリは、「咲きたる花・荒れたる都」のような形容詞転成例にまとまって用いられる。タリの後継形式である現代語のタ（ダ）にもこの種の形容詞的用法への有意味な関与が存在する（とがった針・壊れた扉など）(4)。タリが持つこのような役割は、奈良時代語の他の過去表示を担うキ・ケリ・ツ・ヌ・リでは観察されない。

奈良時代語のタリは、リ、ナリとともに歴史的成立の経緯を共有する特徴を備えている。すなわちこれらの成立に、存在動詞アリが関与している。しかもその成立は、どれも名詞修飾の環境で生じた痕跡を残している。タリ・リ・ナリは、叙述形式の典型的位置である文末ではなく、名詞修飾という環境でアリが介入することに伴う音縮約を生じて成立した。

咲きて＋アル＋花→咲きタル花　咲き＋アル＋花→咲ける花

家に＋アル＋妹→家ナル妹

このうち断定辞ナリの場合は、万葉集では、主たる接続が名詞という特徴に加えて、

場所＋ナル＋名詞（家なる妹・駿河なる富士）

のタイプの表現類型に用例が集中している。この形式の直接の原資が「妹、家にあり」という「主語―自動詞述語」による一項存在文である。このようにナリは、先行文脈から離脱的で形容詞に親和的な環境から出現した。問題は、かかる倒置的な過程に基づく動詞の形容詞転成の祖型が古代語資料中に見出されるのかという点である。

ちなみに連体修飾ナルについて言えば、「名詞（1）＋ナル＋名詞（2）」の名詞部（1）が「家」「駿河」等の場所名詞の代わりに「常磐」「遙か」などの状態表示名詞が現れれば、それはそのまま事実上の形容動詞として機能することになるだろう。万葉集ではその兆候的用例を僅かながら見出すことが出来る。

晩稲なる（奥手《おくて》有《ナル》）長き心（八・一五四八）　妙なる（細有《ナル》）殿（九・一七四〇）

「晩稲」「妙」ともに名詞であるが、文脈と語彙的意味から状態性を表示していると見られる。これこそ平安時代以後観察されるナリ型形容動詞の成立を示唆する現象である。また、ともに完了辞として、その意味の相違がしばしば問題となるリとタリの介入句において、名詞修飾に密集して分布する特徴から見て、両形式とも先行文脈から離脱した分詞用法に多用されると期待される。

奈良時代語では、リが介入する名詞修飾句は、先行文脈から文法項目を引き込む性格が強く、文脈から離散的な分詞用法には専らタリが体系的に動員される。文脈から離脱せず、文法項を引き込む性質を持つリと文脈離脱的な

タリとの間には、有意味な文法上の相違が存在している。上代語の活用助辞のうちで分詞用法に組織的に介入できたのは、タリだけである。タリとの意味・機能の違いが取り上げられる完了辞リの万葉集における分詞的用法が推定されるのは、次の六例に過ぎない。

咲ける梅の花　咲ける萩　立ち待てる我が衣手　さ馴らへる鷹　偲はせる君が心　さどはせる君が心

また過去辞キが介入する同様の例は、万葉集四四九例中、「栄えし君」「見し人」「通はしし君」の三例に過ぎない。奈良時代語においてタリが過去分詞に有意に関与することは、明らかである。タリの過去分詞への組織的介入は、タリが成立当初から保持していた特徴であったと思われる。名詞修飾に密集するとは言え、リが現前事態叙述という意味上の性格から先行文脈に依存し、強く文法項を要求するのに対して、タリは、成立当初から先行文脈からの離脱的傾向を持ったのであり、それはナリとも共通していた。ナリとタリは、形容詞に親和的な環境に生じた。状態性名詞に接するナリが形容動詞語尾に展開したのは、ナリのこのような性格に由来する。タリとナリが動詞の分詞用法の表示に特化的に出現したとすれば、その前提となる統語構造は、「花咲きてあり」のごときものであり、このような「主語―述語動詞」を倒置した形容詞転成の原理について説明がなされなければならない。

## 三　形容詞転成の契機と論理

形容詞的用法に介入するタリ・ナリの「咲きたる花」「家なる妹」のような表現の前提に、「花咲きてあり」「妹家にあり」の統語構造が存在するとしたが、実際にそのような実例が奈良時代語資料中に観察されるのであろうか。先ず、タリであるが、突出して多い名詞修飾以外に句末の位置にも出現している。次に挙げるのは、「主語―自動詞述語」の構造を有すると考えられる用例である。

久方の月は照りたり（月者弖利多里）暇なく海士のいざりは灯し合へり見ゆ　（十五・三六七二）

羽咋の海朝凪したり（安佐奈藝思多理）船梶もがも　（十七・四〇二五、大伴家持）

国見れど人も通はず里見れば家も荒れたり（家裳荒有）　（六・一〇五九）

葉根蔓今する妹は無かりしを何れの妹ぞここだ恋ひたる（何妹其幾許恋多類）　（四・七〇六、童女）

連体修飾に密集分布するタリの中で右のような文末表現に介入するタリの例は数少ないのであるが、タリの祖型であると考えられているテアリの用例の中でも同様の統語構造における文末（句末）に出現するテアリは一層限られる。次は未然形の用例である。

我が背子が宿の山吹咲きてあらば（夜度乃也麻夫伎佐吉弖安良婆）止まず通はむ　（二十・四三〇三、大伴家持）

恋ひ恋ひて後も逢はむと慰もる心し無くは生きてあらめやも（五十寸手有目八母）　（十二・二九〇四）

右では、「生きてあらめやも」の推定される主語「我」は言表に現れていないが、自動詞文であることが明らかである。これらの例によれば、「主語—述語自動詞・テアリ（花咲きてあり）」の語序による統語構造が実在していたことが知られる。この構造における主述関係が倒置されて形容詞的名詞修飾に転用される際に、

山吹咲きテアリ→咲きタル山吹　（我）生きテアリ→生きタル我

のような特徴的な音縮約を生じて、完了助辞タリが成立したものと推測される。奈良時代文献におけるタリの名詞修飾への密集と分詞用法への有意味な出現傾向は、この経緯を反映すると思われる。

しかし、ここで新たな問題が生ずる。述語自動詞の分詞用法への転成が、「花咲きテアリ→咲きタル花」のような倒置的経過によって行われたとしても、かかる倒置的転成がどのような原因によって生起するのか、説明が必要

である。現代語によれば「花が咲いた」から「咲いた花」への倒置的転換は、当然のことのように思われるが事柄は単純ではない。述語自動詞から分詞的名詞修飾への倒置が行われるとしても、「花咲きてあり→咲きたる花」の倒置によってどのような体系的価値を獲得するのかという点に説明が与えられなければならない。そもそも祖型表現（花咲きてあり）と倒置転成後の表現（咲きたる花）とは、情報量が同じでも統語論的価値にどのような違いがあるのか。

先ず前者の「花咲きてあり」は、それ自体で完結した文であるのに対して、後者「咲きたる花」は自立した文ではなくより大きな情報を有する文の一部を構成する連語塊であるに過ぎない。改めて注目したいのは、「自動詞＋主格名詞」の表現は、万葉集において「咲きたる花・荒れたる都・雅たる花」のように美的規範化過程を経た格調の高い概念を表示する点である。これらの表現は、万葉集において多くの場合、歌想の中核的動機として使用される。ここでは、「咲きたる」を始め「後れたる」「照りたる」「絶えたる」「生ひたる」「荒れたる」などの連語は、万葉集中で何度も繰り返し用いられる。これらの表現は、いずれも奈良朝歌人達の歌想と歌作に利便を提供した筈である。タリが介入する動詞的形容詞すなわち過去分詞の成立には文芸上の動機を伴っていたのではないだろうか。

これらの表現を現代語で考えてみると、「雨が降る」「花が咲く」「鳥が鳴く」などの自動詞文は、それ自体で完結した文であって、容易に修得することができる統語構造であろう。これに対して「降る雨」「咲く花」「鳴く鳥」などの表現は、その言表への実現に際してより複雑な統語構造を必要とする。これらの連語を生きた言語場で使うには、これらを含むより大きな統語型が準備されていなければならない。自動詞文の倒置による分詞成立には高度の抽象的、美的格調確立過程が伴っていると考えられる。実は、この過程は、奈良時代語におけるタリ成立以前においてすでに完了していた。タリ成立には、この統語型に対する類推が関わっていたと思われる。次に挙げるのは、万葉集中に観察される「咲く花・行く水」のような無助辞の基本形による絶対分詞の用例を採集して、表現ごとに掲出したものである。括弧内は原表記であり、巻の順に初出例から挙げて行き、以後重複する例は歌番号のみ記載する。

畳なはる青垣山（畳有青垣山）（三八、柿本人麻呂）　行き添ふ川（逝副川）（三八）　激つ河内（多藝津河内）（三九、柿本人麻呂）　流らふる妻（流経妻）（五九、誉謝女王）　打ち靡くあが黒髪（打靡吾黒髪）（八七、磐姫女王）　打ち靡く日下の山（打靡草香乃山）（一四二八）　打ち靡く春（打靡春）（一八一九）（一八三〇）（一八三二）（一八六五）　打ち靡く春の柳（有知奈毘久波流能也奈宜）（八二六、大典史氏大原）　打ち靡く心（宇知奈妣久許己呂）（三九九三、大伴家持）　行く水（逝水）（九二、鏡王女）（六九九、大伴像見）（二一七〇四）（三〇一四）（四一一六、大伴家持）（四一六〇、大伴家持）（四二一四、大伴家持）（往水）（九四八）（一二六九）（一七九七）（二八六〇）（行水）（二四三〇）（二七一一）（二七一八）（由久美都）（三六二五）（由久美豆）（四〇〇二、大伴家持）（四〇〇三、大伴池主）　行く鳥（去鳥）（一九九、柿本人麻呂）　行く船（行船）（二二〇、柿本人麻呂）（往船）（一九九八）　往く影（往影）（三二五〇）　行く吾（往吾）（四二五一、久米広縄）　往く河（往川）（一一一九、柿本人麻呂之歌集）　往く道（往道）（三三二四）　燃ゆる火（燃火）（一六〇、太上天皇）（三一九）　流るる涙（流涙）（一七八、舎人）　飛ぶ鳥（飛鳥）（一九四、柿本人麻呂）（飛鳥）（三一九、九七一、高橋虫麻呂）（飛鳥）（三七九一）　飛ぶ田鶴（飛鶴）（二四九〇）　飛ぶ火（飛火）（一〇四七）　逢はぬ君（不相君）（一九四）　慰もる心（遣悶流情）（一九六、柿本人麻呂）　流るる水（進留水）（一九七、柿本人麻呂）　降る雪（零雪）（二〇三、穂積皇子）（三一九）（六二四）（一〇一〇、橘奈良麻呂）（二三三三）（二三四四）（落雪）（三二八一）（四二三〇、大伴家持）（四二三四、大伴家持）（布流雪）（三九二三、紀朝臣清人）（布流由伎）（四〇一六、高市黒人）　渡る日（渡日）（二〇七、柿本人麻呂）（和多流日）（四四六九、大伴家持）　照る月（照月）（二〇七、柿本人麻呂）（六九〇、大伴三依）（七一九、春日蔵）（四四二、四七七、大伴家持）（三二〇七）（三一七、山部赤人）（四一六〇、大伴家持）　照る月夜（照月夜）（一〇八二）　照る日（照日）（二八五七）　まとひぬる妹（迷流）（二〇八、柿本人麻呂）　降り紛ふ雪（落乱雪）（二六二、柿本人麻呂）　降り来る雨（零来雨）（二六五、長忌寸奥麻呂）　鳴く鳥（鳴鳥）（三二二、山部赤人）（喧鳥）（四一六六、大伴家持）（鳴鶏）（四二三四、大伴家持）　鳴く鶴（鳴多頭）（五〇九、丹比真人笠麻呂）（鳴鶴）（一一六四）　鳴く霍公鳥（奈久霍公鳥）（一四八二、大伴清縄）（鳴霍公鳥）（一九四三）（四二〇七、大伴家持）（四八三）（一九四三）（四一八一、大伴家持）（鳴保等登藝須）（四〇八九、大伴家持）　鳴く千鳥（鳴知等理）（四一四六、大伴家持）　鳴く河千鳥（鳴河知等里）（四一四七、大伴家持）　鳴く鳴（鳴志藝）（四一四一、大伴家持）　鳴く蛙（鳴川津）（三八一八）　咲く花（咲花）（三二八、小野老）（一〇六一）（一五四八、大伴坂上郎女）（一三九一、大伴家持）（一九〇二）（四一六七、大伴家持）（開花）（二七八五）（四二一四、大伴家持）（佐久波奈）（四四八四、大伴家持）　荒ぶる妹（荒振妹）（二八二二）　荒ぶる君（荒振公）（五五六、賀茂女王）　逢はぬ妹（不相妹）（五六二、大伴百代）　あひ思はぬ人（不相念人）（六〇八）（六一四、山口女王）（不相思人）（二五三四）　惑ふ心（惑情）（六七一）　恋ふる吾（恋流吾）（六八二、大伴家持）　鳴き行く鳥（鳴往鳥）（八九八、山上憶良）　たたなづく青垣（立名付青垣）（九二三、山部赤人）　生ふる玉藻（生玉藻）（九三一、車持朝臣）　かがよふ玉（加我欲布珠）（九五一、笠金村）　吹く風（吹風）（一〇四二、市原王）（四一六〇、大伴家持）（四二九一、大伴家持）（布久可是）（三六二五）（二三五九、柿本人麻呂歌集）（三三三五）（三三三九）　たゆたふ波（絶塔浪）（一〇八九）　鳴る神（動神）（一〇九二）（響神）（一三六九）（鳴神）（二六五八）（四二三三、県犬養命婦）　立つ浪（三〇二六）（三三三五）（三三三九）（立波）（一二三九）　立つ霧（立霧）（四二一四、大伴家持）　立つ年（立年）（四二六七、大伴家持）　移ろふ色（移変色）（一三三九）　降り来る雪（零来雪）（一八四一）　或る人（或者）（一三〇二）　落つる日（落日）（二六七六）　出で来る月（出来月）（二八二〇）　出づる日（出日）（二九四〇）　絶ゆる紐の緒（絶紐之緒）（二九八二）　靡く玉藻（靡玉藻）（三〇七

八）　落つる白波（落白波）（三二三二一、三二三二二）　漕ぐ船人（許具布奈妣等）（三六五八）　寄せ来る浪（与世久流奈美）（三六六一）　散る花（落花）（三九〇六、大伴書持）　思ふどち（於毛布度知）（三九九一、大伴家持）（於母布度知）（三九九一、大伴家持）（念度知）（四一八七、大伴家持）　落ち激つ片貝川（於知多藝都）（四〇〇五、大伴池主）　帰る身（可敝流未）（四〇五五、大伴家持）　嘆かす妹（奈介可須移母）（四一〇六、大伴家持）　さぶるその児（左夫流其児）（四一〇八、大伴家持）　さぶる児（左夫流児）（四一〇八、大伴家持）（四一一〇、大伴家持）　あゆる実（安由流実）（四一一一、大伴家持）　見さくる人（見左久流人）（四一五四、大伴家持）　流るる涙（流涕）（四一六〇、大伴家持）（流涕）（四二一四、大伴家持）　降らぬ雪（不零雪）（四二二七、三方沙弥）　降り敷く雪（零敷雪）（四二三三、内蔵伊美吉縄麻呂）　上がる雲雀（安我流比婆理）（四四三三、安倍沙美麻呂）　延ふ葛（波布久受）（四五〇九、大伴家持）

右の例によれば、万葉集中において絶対的分詞用法に何度も繰り返して使用される語が多いことに気づくのである。「打ち靡く、行く、流る、降る、照る、渡る、飛ぶ、咲く、鳴く、吹く、立つ、荒ぶ、思ふ」などの動詞は、集中で何度も用いられて、以後においても王朝歌文の規範として使用される統語例を豊富に生み出している。次のような例は、そのような規範の例であろう。

打ち靡く春・靡く玉藻・行く水・行く川・渡る日・咲く花・照る月・照る日・流るる水・流るる涙・飛ぶ鳥・鳴く時鳥・鳴く千鳥・鳴る神・吹く風・降る雪・立つ浪・立つ霧

「自動詞連体形＋主語名詞」による動詞の形容詞転成は、奈良朝和歌の格調を実現するための重要な規範観念を数多く創出している。このような用法による類型表現の万葉集全巻に渡る分布状況から見て、奈良時代においてこれらが文芸上の規範として確立していたことを示すものである。そこで奈良時代語の分詞用法の出現例から、我々はどのような言語実態を再建出来るであろうか。

古代語タリ・リとナリは、古代語以前のある時期、名詞修飾の環境において特徴的な音縮約を生じて出現した。その際、動詞に接続し、先行文脈から離脱した分詞用法に有意味に介入したのがタリであった。タリが介入する過去分詞「荒れたる都・咲きたる梅の花・降りたる雪」のような文芸的規範表現にしばしば登場する連語型は、「都荒れたり（＜テアリ）・梅の花咲きたり（＜テアリ）・雪降りたり（＜テアリ）」のような自動詞文の存在を前提としている。この統語構造を倒置して新しい文芸上の規範観念を創出するためには、既存の規範を媒とする類推を必要としたはずである。タリは、成立して間もない新しい文法形式であって、新しい文法形式を用いて文芸規範を創造するためには、そのモデルになる資源的な規範観念が準備されていなければならない。そのような観念が「咲く花」「行く水」のような無標識無助辞の絶対分詞であったと考えられる。絶対分詞の安定した豊富な実例があってこそ、「花咲きてあり」から「咲きたる花」の動機が成立し、これによって初めて過去動作の結果が現在に及ぶ過去分詞的表現が規範的価値を獲得したのである。

しかしこの過去分詞は、欧語と異なって受動性を表示しない。「broken door 壊された扉」のように受動性を含意する欧語過去分詞による名詞修飾を正確に邦訳するには受け身助辞を補う必要があるのは、このためである。古代語過去分詞に介入するタリの実例によると、それに上接する動詞は「咲く、照る、絶ゆ、荒る、生ふ、落つ、激つ」等の無標識無助辞の絶対分詞において用いられるものと重なっている。この事実は、タリが介入する過去分詞の成立が「咲く花・照る月」等の既存の用法を基礎にして、それに類推し、倣った形で成立したことを示唆するのである。ちなみにタリが介入する分詞の②すなわち自動詞文をそのまま保存して名詞修飾する「雨が降る日」のような統語構造の万葉集における例を次に挙げる。

梅の花散りまがひたる（麻我比多流）岡ひ（五・八三八、榎氏鉢麻呂）　我妹子が〜遣せたる（於己勢多流）衣（十九・

四一五六、大伴家持）　女郎花咲きたる（左伎多流）野辺（十七・三九四四、大伴池主）　女郎花咲きたる（佐伎多流）野辺（十七・三九五一、秦千嶋）　梅の花咲きたる（佐吉多流）苑（五・八一七、粟田大夫）（五・八二五、阿氏奥嶋）　我妹子が～贈りたる（於久理多流）衣（十五・三五八五、遣新羅使人）　桃の花紅色に匂ひたる（尓保比多流）面輪（十九・四一九二、大伴家持）　給《たば》りたる（給有）茅花を（給有）喫めど（八・一四六二、大伴家持）　我が寝たる（宿有）衣（一・七九）　吾が～作りたる（造有）蔓（八・一六二四、大伴坂上大嬢）　吾が着たる（衣有）服（九・一七八七、笠金村）　影草の生ひたる（生有）宿（十・二一五九）　丈夫の伏し居嘆きて作りたる（造有）しだり柳（十・一九二四）

秋萩の咲きたる（咲有）野辺（十・二一五三）　秋萩の咲きたる（開有）野辺（十・二一五五）　萩の花咲きたる（咲有）野辺（十・二二三一）　卯の花の咲きたる（開有）野辺（九・一七五五）

ここでは、「女郎花咲きたる野辺」「梅の花咲きたる苑」のような「植物が咲きたる場所」等の類型的な表現が出現している。②のような自動詞文を保存した分詞用法もまた、類型表現を産出しやすい環境であった。このように、タリが介入する分詞の用例が歌想の中心的役割を担うことが多い。

次に、万葉集においてタリが介入する名詞修飾のうち、分詞以外の、文法項を引き込んだ例も存在する。ここでも、「吾が宿に咲きたる梅」「野辺に咲きたる萩」のような「場所に咲きたる植物」のような表現が存在する一方で、複数の文法項が関与する名詞修飾「白露を玉に為したる九月」のような表現は、規範的とは言えまい。この環境の多くは、自然言語の表現と落差があるとは考えられない。これは、言表に主格一項のみを取る「咲きたる花」のような統語構造に比して、複数の文法項が関与する名詞修飾が、より現実を反映する具体的な文脈として出現しやすいためであろう。自動詞文を主述倒置した①や自動詞文を保存した②が何故、類型的規範表現を生み出しやすいのであろうか。

その理由を筆者は次のように考えている。すなわち、①自動詞による主格名詞修飾（咲く花）や②自動詞句による名詞修飾（花が咲く丘）は、非文法的統語例ではないが自然の談話として出現しにくい表現であったためではないかと考えられる。私見によれば、それは現代語にも及ぶ隠然たる事実であるように思われる。我々は、「咲く花」「降る雪」「飛ぶ鳥」などの表現をある種の格調を籠める文脈から離れて、日常的談話文の中で使用することが少ない。これらの統語構造は、現代語においてなお特殊なのではないだろうか。

以上を要するに、タリが介入する過去分詞には、「咲きたる花」「照りたる月夜」のような表現がまとまって出現する。これは、用いられる動詞の共通性から見て既に規範的表現として確立していた「咲く花」「照る月」のような無標識絶対分詞に類推して成立した可能性がある。文芸言語という特殊な位相が後代の談話を含めた自然言語に介入する可能性を示唆する現象として筆者はこれに注目するのである。

## 四　三代集における分詞用法の特徴

本節では、『万葉集』と同様の調査を同じ韻文文献であり隣接する時代の『古今和歌集』『後撰和歌集』『拾遺和歌集』の三代集で行う。

『古今集』においてタリが介入する過去分詞用法は、次の七例である。

隠れたる所・すぐれたる人（仮名序）　荒れたる宿（巻四）　うきたる恋（巻十二）　なぎたる朝・焼けたる茅の葉（巻十五）　荒れたる家（巻十八）

リの現在分詞用法は、次の八例である。

しぼめる花（仮名序）　折れる桜（巻一）　さける（さかざる）花・うつろへる花（詞書）（巻一）　刈れる田・降れる白雪（巻六）　通へる袖（巻十二）

ヌの過去分詞用法は、次の五例である。

あけぬる夏の夜（巻三）　鳴きぬる雁（巻四）　ちりぬる奥山の紅葉（巻六）　明けぬるもの・消ぬる泡（巻十五）

ツが関与する分詞用法は『古今集』では見いだされない。

『後撰集』では、タリの過去分詞用法は、次の一二例である。

荒れたる所（巻三詞書）　荒れたる宿（巻八）　忍びたる女（詞書）　忍びたる人（詞書）　せかれたる山水（巻九）　末もみじたる枝（巻十詞書）　浮きたる恋（巻十一）　うつろひたる菊（巻十三詞書）　忍びたる方（巻十五詞書）　荒れたる様（巻十五）　荒れたる波の花（巻十七）　並み立てる松（巻二十）

リの現在分詞用法は、次の九例である。

咲ける藤波（巻三）　降れる雪・咲ける卯の花（巻四）　折れる秋萩（巻六）　咲ける菊の花（巻七）　摺れる狩衣（巻十）　知れる人・かよへる文（詞書）　あひ知れる人（巻十六詞書）

ツの過去分詞用法は、次の三例である。

わびつる唐衣・経つる年月（巻十）　まがへつる月影（巻十五）

ヌの過去分詞用法は、次の七例である。

散りぬる花（巻三）　干ぬる潮（巻九）　鳴きぬる鶯・行き帰りぬる声（巻十　）　吹きぬる秋の風・逢ひぬる白雲（巻十二）　なれぬる物（巻十四）

『拾遺集』におけるタリの過去分詞用法は、次の一〇例である。

荒れたる宿（巻三詞書）　散り残りたる紅葉（巻四詞書）　散り乱れたる河の舟（巻八）　絶えたる恋（巻九）　後れたる双葉の草（巻九）　枯れたる枝（巻九）　神さびにたる浦の姫松（巻十）　似たる物（巻十三詞書）　むすぼほれたるわが心（巻十三）　飢えたる人（巻二十詞書）

リの現在分詞用法は、次の一一例である。

咲ける藤花・降れる雪・咲ける卯の花（巻二）　すれる衣（巻四）　すめる月（巻八）　とまれる方（巻九）　切れる杖（巻十）　生ける日（巻十一）　変れる物（巻二十）　あひ知れる人（巻二十）　臥せる旅人（巻二十）

ツの過去分詞用法は、次の二例である。

のどけかりつる春（巻一）　たちならしつる蘆鶴（巻八）

ヌの過去分詞用法は次の三例である。

消えぬる雪（巻十一）　忘れぬる君（巻十五）　止みぬるみ吉野の松（巻十六）

以上、『万葉集』と比較した三代集の特色は、タリ以外のツ・ヌ・リなどが介入した分詞用法の進出である。特に注目されるのは、奈良時代語においてリは文脈から文法的項を強く引き込む性質を持っていたが、平安時代以後、分詞用法を獲得するに至った。その結果、現前事態進行の意味表示によってリが介入する用法は現在分詞として機能した。助辞リとタリは、統語構造に由来する相違に応じて並立したと見られる。以来、日本語動詞の現在分詞と過去分詞は、英語の現在分詞と過去分詞のような対立ではなく、無標識・現在・過去の鼎立関係が特徴となった。この分詞鼎立は、現代語の「生きる屍」「生きている証」「生きた化石」などの鼎立関係として継承されている。

『万葉集』と同様に三代集のタリは、キ・ケリ・リに比べて出現数においてさほど多くはない。しかし、仮名序、詞書、和歌を合わせた三代集のタリの総出現数一〇六のうち、二十九例と高い比率での過去分詞用法への傾きを見せる。しかもタリが介入する過去分詞用法のほとんどが奈良時代と同様にタリ単独での介入例であることは右の実例の通りであり、キ・ケリの介入例と比較してきわめて特徴的である。そこで三代集で過去辞として多数の用例を持つキとケリに注目したい。次に挙げるのは『古今集』に見いだされるキが介入する過去分詞用法の例である。

散りにし花（巻二）　なきふるしてし郭公（巻三）　いにし雁がね（巻四）　入りにし人（巻六）　来にし心（巻八）

なれにしつま（巻九）　ふりにしこのみ（巻十）　ふりにし恋（巻十九）　古りにし事（序）

右の例では、キが介入する過去分詞用法において多くが完了辞ヌ、ツなどアスペクト形式と共起する例が多い。キ単体で介入する例は、「いにし雁がね」のみであり、動詞「いぬ」自体がアスペクト表示をする。

次は『古今集』において観察されるケリが介入する過去分詞用法である。ここでのケリの用例は全て序文と詞書にあり、和歌の用例は存在しない。

采女なりける女（仮名序）　やどりける人・とはざりける人・まうできたりける人（巻一）　おもしろかりける夜（巻三）　そこなりける人（巻十）　斎宮なりける人（巻十三）　おもしろかりける夜（巻十五）　すみける帳（巻十六）　ありける歌（巻十七）　時なりける人・越なりける人・大和の国なりける人（巻十八）　いとこなりける男（巻十九）

右の例では、ケリが介入する過去分詞用法において断定辞存在辞ナリ、否定辞ザリ、完了辞リ、タリ、カリ型形容動詞、存在詞アリ、ヲリなどのアスペクト表示形式と連結して用いられることが多い。ケリが単体で介入する例は、全三〇例中一例（やどりける人）である。

次に『後撰和歌集』のキが介入する過去分詞用法を挙げる。

枯れにし枝・濡れにし袖（巻一）　ふりにし色・ふりにし里・にほひし事（巻三）　散りにし花（巻四）　過ぎに

し君（巻六）　いかなりし物（巻九）　入りにし人・荒かりし浪・ふりにし床（巻十一）　うつりはてにし菊の花・立ち帰りにし白浪（巻十二）　憂かりし物（巻十三）　絶えたりし昔（巻十四）　引きて植ゑし人（巻十五）　立ち騒がれしあだ浪・いかなりし節（巻十六）

右によればキは完了辞タリ、ツ、ヌ、否定辞ザリ、断定辞ナリ、存在詞アリ、カリ型形容動詞などのアスペクト諸形式と共起する。キ単体で動詞に接続するのは、全一八例中一例（にほひし事）である。

次に『後撰和歌集』のケリが介入する過去分詞用法を次に挙げる。

かれにける男・かよひ住み侍りける人（巻一）　しのびたりける男（巻二）　おもしろかりける夜・あひ知れりける人（巻三）　かへりにける人・絶え侍りにける女（巻四）　あひ知りて侍りける女（巻六）　あひ知りて侍りける男・あひ知りて侍りける人（巻七）　しのびたりける人・あひ待ちける人・つらくなりにける人・つらかりける男（巻九）　若かりける女・言ひかはしける女・通はし侍りける人（巻十三）　見えける男・住み侍りける女・あひ語らひける人（巻十一）　つらくなりにける男・あひ住みける人・つらかりける人（巻十二）　つれなく見え侍りける人・逢はざりける男・ただなりける時・まうで来たりける男・まかりける女（巻十三）　つれなく侍りける人（巻十四）　面白かりける女・友達なりける女（巻十七）　あひ知りたりける女蔵人・隣りなりける琴・つらかりける男（巻十七）　なくなりにける人・なくなりて侍りける人（巻二十）

右のうちケリは、完了辞リ、タリ、ヌ、カリ活用形容動詞、存在詞ハベリ、アリ、否定辞ザリ、断定辞存在辞ナリなどに接する。ケリ単体で動詞に接続する例は全三六例中三例（言ひかはしける女、見えける男、あひ住みける人）である。以上のケリの用例は、すべて詞書での用例であって和歌の用例は次の七例である。

かかりける人の心（巻十）　ながらへにける身（巻十三）　経にける年（巻十四）　へだてける人の心（巻十五）

経にける年（巻十七）　経にける年月（巻十七）　過ぎにける人（巻二十）

右のうちケリ単体で介入するのが二例（かかりける人の心、へだてける人の心）であり、その他五例は、カリ型形容動詞、完了辞ヌに接する。

次に『拾遺和歌集』でキが介入する過去分詞用法を次に挙げる。

散りにし梅（巻二）　去にし人・なれにし影（巻八）　たちし朝霧（巻九）　ありにし物・有りにしもの・枯れにし水（巻十二）　いかなりし時（巻十三）　ふりにし恋（巻十四）　飽かざりし君・去にし年（巻十六）　帰りにし雁・ふりにし宿（巻十七）　ありにし物（巻十八）　消えにし人・相見し妹・見えし我（巻二十）

右の例ではキは、完了辞ヌ、否定辞ザリ、断定辞ナリに接する。キ単体で介入する例は全　七例中五例（去にし人、去にし年、たちし朝霧、相見し妹、見えし我）である。

次に『拾遺和歌集』においてケリが介入する過去分詞用法を挙げる。

住持し侍りける法師（巻七）　あひ語らひ侍りける人・流され侍りける道（巻八）　承香殿女御の方なりける女（巻十五）　経にける秋（巻十七）　まうで来ざりける男・まからざりける女（巻十九）　生み奉りたりける親王・あひ知りて侍りける女・行ひし侍りける人（巻二十）

右の例でケリは存在詞ハベリ、断定辞ナリ、否定辞ザリ、完了辞タリ、ヌ、受け身助辞ルと共起している。ハベリに接続する例が目立っているが、右の諸例は全て詞書の例であり、ハベリは談話敬語と言われるように話し言葉で用いられるので、ケリが談話を基礎にした散文において好んで用いられたという推測が成り立つ。ケリが単体で分詞用法に介入する例は、存在しない。右の例は、詞書のものであり、和歌の用例は、次の一例である。これは、完了辞ヌと共起している。

散り果てにける梅の花（巻十六）

以上、三代集の調査によれば、キ・ケリ単独での過去分詞用法の増産には強い制限が認められる。この実態は、テンス表示であるキ・ケリが接する動詞述語が動作性を強く保存するが故に、アスペクト形式と連結することなしに名詞を状態表示しにくかったためであると考えられる。またケリの過去分詞用法に和歌の用例が極めて少ないが、この事実は『万葉集』中のケリが介入する過去分詞用法が僅か一例であったことと同じ特徴である。アスペクト形式であるタリ、リの分詞用法の拡大は、比較的順調に実現したが、テンス形式のキ・ケリの分詞用法は、他のアスペクト形式と連結する形で、しかも詞書の部分で緩慢に拡大していったようである。和歌自体は、伝統的表現を保守する傾向があって、それがこの領域におけるキ・ケリの分詞用法の拡大を許さなかった原因をなしたとみられる。三代集和歌のキ・ケリの分詞用法の傾向は『万葉集』の延長上にある。次節では、王朝文芸作品の散文を対象に観察を進めたい。

## 五　王朝散文における過去分詞用法の特徴

本節では平安時代語における過去分詞用法を供給する三大勢力であるキ・ケリ・タリに焦点を絞って、当代語の口語の実態を色濃く反映する散文文芸における実態を三代集と同様の調査によって明らかにした。

筆者は、キ・ケリ・ツ・ヌ・タリ・リが介入する名詞修飾について『源氏物語』冒頭二巻、『枕草子』、『蜻蛉日記』、『和泉式部日記』、『紫式部日記』を資料にして調査を行った。

先ず、『源氏物語』冒頭二巻「桐壺」「帚木」に現れるタリ介入型分詞用法を次に挙げるが、この中には自由度が高く古典文芸で何度も使用される表現を幾つも見いだすことが出来る。

唐めいたるよそほひ（桐壺）　軽びたる名　もて離れたること　わろびたること　うちとけたる後見　世離れたる海づら　やわらいだるかた　後れたる筋　従ひおじたる人　萎えたる衣　今めきたるものの声　踏み分けたる跡　荒れたる家　うちとけゐたる方　さし過ぎたること　乱れたるところ　定まりたること　枯れたる声　おしなべたるつら　すぐれたること　見あつめたる人　なまめきたるさま　およすけたること　うちとけたる御答（帚木）

キもまたタリと並んで多数の例を持つが、タリとどう違うのであろうか。次に挙げるのは、冒頭二巻に現れるキ介入型過去分詞用法の例である。

かよひたりし容貌　亡せたまひにし御息所　よそほしかりし御ひびき　ありしやう

次は同じ二巻におけるケリ介入型過去分詞用法である。

つらかりける人　かなはざりける命（桐壺）　はしたなかりける御物語　をかしかりける女　いみじかりけること　めづらかなりける心（箒木）

右のキとケリの分詞用法は、単体での出現が少なく、完了辞タリ、ヌ、断定辞ナリ、否定辞ザリ、カリ型形容動詞などアスペクト表示の諸形式と連結する例が多いことが明らかである。単体で介入する例でも「在り」など上接動詞そのものがアスペクト表示する例が注意され、この特徴は三代集と共通する。本節では、平安時代の散文文芸作品『枕草子』を調査した。

次に示すのは、『枕草子』に見いだされるタリ単独介入型の過去分詞用法全一七五例からランダムに取り出した一七例である。一七例を取り出したのは後掲するキ介入過去分詞の全一七例の実態と比較するためである。

紫だちたる雲　咲きたる桜　くもりたる夕つ方　忌みたるやう　騒ぎたるこゑ　ゐたる犬　晴れたる空　おほひたる綿　生きたるものども　知りたること　老いたる女　黒みたるもの　肥えたる人　痩せたる人　ゑみたる顔　田舎だちたる所　うち古めきたる人

右のタリ介入型分詞用法の特徴は、単体で出現するものが多い点であり、これは他の資料における例と共通する。次は『枕草子』のキ介入型分詞用法全一七例である。

ありし者ども　あはれなりし人の文　みだれさきたりし花　ありしやう　いづこなりし天　やみにしこと　ありし事　ありしあかつき　あはれなりしこと　ゐたりしもの　いひたりし人　多かりしことども　いみじかりしをり　過ぎにしこと　過ぎにしかた　をかしかりしもの　端のかたなりし畳

次は『枕草子』のケリ介入型分詞用法の全一一例である。

御物忌なりける日　ねたかりけるわざ　ものぐるほしかりける君　おもしろかりける所　えならざりける水　わろかりける女房　さりけるもの　あやしかりけること　きはぎはしかりける心　右衛門の尉なりける者　あさましかりけること

右のキ・ケリが介入する分詞用法は、存在詞アリ、断定辞ナリ、完了辞ツ・ヌ・タリ、カリ活用形容動詞、否定辞ザリなどに接続している例が多い。この実態もまた三代集と『源氏物語』二巻と共通する。

以上により平安時代仮名文芸におけるタリ、キ、ケリが介入する過去分詞用法の特徴がおおよそ明らかになる。すなわち単独で介入する過去分詞用法において突出した用例数を持つのがタリである。これに対してキ、ケリが介入するそれは、完了辞タリ、ヌ、カリ型形容動詞、存在詞アリ、断定辞ナリ、否定辞ザリなどアスペクト表示形式と連結しようとする強い傾向を持ち、単独で分詞用法に介入することが著しく制限されている。このことは、テンス表示であるキ・ケリが分詞用法に関与する際に、述部がアスペクト形式と連結して状態的意味を表示することへの強制が働いたことを示している。本書が観察してきた平安王朝文芸作品は、全体の一部に過ぎないが、その共通した傾向から判断するに、調査範囲を平安王朝文芸全体に及ぼしても、結果は本書が得たものとさほど動かないものと予想する。

右に述べてきた一連の事実は、名詞修飾においてタリが動作の結果継続を表すのに最も一般的で効果的な標識であったことを示している。タリが単独介入する多数の過去分詞句の中から次第に熟した文脈離脱性の高い表現が数多く産出されたと推定される。文脈とその背景事態が規定する微細な意味を他の過去辞が担ったのに対して、タリは特定の文脈から自立して、一般的な状態表示に効果を発揮したに違いない。

タリ介入型過去分詞は、奈良時代に発し、平安時代に飛躍的な発達を遂げた。平安時代語の名詞修飾述部の単体タリの圧倒的優位は、かかる歴史的拡張の結果である。平安時代以後、リは現在分詞の標識形態として組織的に登場し、これによって日本語動詞は既存の無標識絶対分詞（∴咲く花）を基点として、過去分詞（∴咲きたる花）、現在分詞（∴咲ける花）の系列を獲得した。

留意すべきは、このような日本語の分詞系列が単線構造ではないかも知れないという点である。例えば現代語において「有るべき姿」「存在するだろう正解」「隠される真実」「読ませる文章」「滅びない精神」などの当為・推量・受け身・打ち消しなど複雑な分詞系列の存在が予想されるが、これらの解明は今後の課題である。

［注］

（1）印欧語を始めセム語、アルタイ語などにも動詞の形容詞転用がある。本書ではこの点を配慮して一般言語学的な観点からこの現象を分詞と呼ぶ場合がある。

（2）目黒士門（二〇〇四）『現代フランス広文典』第七章、二九五頁（白水社）

（3）目黒注2前掲書二九五頁

（4）金水敏（一九九四）「連体修飾の「～タ」について」田窪行則編『日本語の名詞修飾表現』（くろしお出版）

# 補論1　上代語ラ行音と動詞形態

## 一　はじめに

奈良時代日本語におけるラ行音つまりラリルレロ（甲・乙）の音節は、特異な性格によって注目されてきた。「単語頭にラ行音が立つことがない」というよく知られた事実は、夙に賀茂真淵が自著『語意考』（寛政元年一七八九）において、

良利留礼呂は言の上にいふ事なし

と指摘している。明治以後の学者でこの事実に注目したのが大槻文彦である。大槻『広日本文典』（明治三十年一八九七）において次のような記述を見る。

良行ノ五音ハ、国語ニアリテハ、一語ノ首ニ発スルヿナシ、（之ニ反シテ、動詞、助動詞ノ語尾ニハ甚ダ多シ）一語ノ首ニアルハ、皆、外国ヨリ入レル語ナリ、此ノ特徴ハ中外語ノ識別ノ資トスベシ。又、助動詞ノ首ニハ、良行ノ音アリ、是レ、他語ノ下ニ付クベキモノナレバナリ、　同書一八節

単語の初頭にラ行音が立たないという事実が広く学界に知られるようになったのは、藤岡勝二が「ウラルアルタイ語」の十四箇条の特徴としてこの事実を取り上げて以後のことであろう(1)。以来、日本語の系統を論じる際には、

これが常に引き合いに出されてきた。ところが、奈良時代語以前のラ行音に関して、語頭に現れない、という事実以外にさして深く研究もされなかった。「注目されてきた」ということと「深く研究されてきた」ということは、この現象に関する限り一致していないのである。

本章では、上代語ラ行音の分布上の特徴を動詞形態との関連から取り上げたい。

## 二　ラ行音の分布上の特徴

本節では、奈良時代及び平安時代初期の文献において仮名書きで観察されるラ行音の全例を取り出して、これが音節結合単位としての単純語及び形態素のどの位置に分布するかを観察する。そこで、ごく大まかな分類として次の三類を立てた。なお「結合単位」は、有坂秀世が古代日本語の音節結合法則（有坂法則）を説明する際に用いたもので、文法的単位として規定されたものではないが本章では当面これに従って記述する。

（一）動詞以外の単純語および形態素の語幹

（二）動詞語幹と活用助辞

（三）動詞、活用助辞の語尾

右の分類基準は、要するに動詞であるか否かという点にあるが、このような基準を立てた理由は次の理由による。先ず、（三）についてであるが、奈良時代語に多く存在する「切る・取る・走る・移る」等のル語尾動詞の例は、ラ行音成立の経緯を考える上で、他種類の語尾を持つ動詞と区別して一括するのが適当であると考えた。また（一）動詞を除く語幹部と（二）動詞の語幹部を別立てにしたのは、後に明らかになるように、「うら・む（恨）」

「おろ・す（下）」のごとく、語幹部にラ行音を含む動詞は、その語尾に決して「ル」を取ることが無いという事実があり、これがル語尾動詞成立の契機を考える上での重要な示唆を与えるであろうと考えたことによる。細部にわたる点についてはその都度触れることにして、調査結果を報告する。次に挙げるのは、（一）動詞を除く単語の語幹部に現れたラ行音の例である。なお、上代特殊仮名遣いにかかるロの両類の別については、仮名の右傍らに黒点を施したものが乙類である。

## 第一音節

ら（接尾辞）　らか（接尾辞）　らく（接尾辞）　らま（接尾辞）　り（接尾辞）　れ（接尾辞）　ろ（助辞）　ろ（接尾辞）

## 第二音節

あら（荒）　あららき（蘭）　あり（接頭辞）　あり（蟻）　あらか（殿）　あらた（新）　あらは（露）　あられ（霰）　あれ（吾）　あれ（村）　あろじ（主）　いらか（甍）　いらな・し（楚）　いろ（接頭辞）　いろ（色）　うら（末）　うら（浦）　うら（占）　うら（裏）　うらうら（副詞）　うらやま・し（羨）　うり（瓜）　うるぢ（癡騃鉤）　うるは・し（麗）　うれ（末）　うれ・し（嬉）　うれた・し（慨）　おれ（爾）　おろか（愚）　おろそか（疎）　から（柄）　から（唐）　から（助辞）　から・し（辛）　からす（烏）　かり（折木四）　かり（雁）　がり（許）　かりて（粮）　かりも（轄）　かる・し（軽）　かり（助辞）　かれ（彼）　きら（端正）　きり（霧）　きり（錐）　きり（桐）　くら・し（暗）　くら（座）　くら（倉）　くら（鞍）　くらげ（海月）　くり（栗）　くり（涅）　くりや（厨）　くるま（車）　くる・し（苦）　くるる（轆轤）　くれ（呉）　くれ（榑）　くれ・くれ（副詞）　くろ（黒）　これ（此）　ころも（衣）　ころ（一伏三起）　ころ（頃）　ころろ（擬声）　さら（皿）　さら（更）

さる(猿)　しら(白)　しらみ(虱)　しり(尻)　しる(汁)　しるし(印)　しる・し(灼)　しろ(白)　しろ(代)　すら(助辞)　すり(篦)　せり(芹)　そら(空)　そらし(芟)　それ(其)　たら(蓼)　たり(疣)　たれ(誰)　ちり(塵)　つら(列)　つら(弦)　つら(葛)　つら(頬)　つら・つら(副詞)　つら・し(辛)　つるべ(瓶)　つるはみ(橡)　つるぎ(剣)　つる(弦)　つれ(由縁)　てら(寺)　とら(虎)　とり(鳥)　なら(楢)　なれ(汝)　にれ(楡)　ぬりて(鐸)　ぬりで(白膠木)　ぬる(少熱)　のり(糊)　のり(海苔)　のり(法)　はら(腹)　はら(原)　はらら(擬声)　はり(榛)　はる(春)　はるか(遥)　はろか(遥)　ひら(平)　ひらみ(褶)　ひる(蒜)　ひる(蛭)　ひる(昼)　ひれ(領巾)　ひろ・し(広)　ふる(古)　ふるまひ(威儀)　ふる(浮餾)　へら(鎞)　ほら・ほら(擬声)　ほろ(副詞)　まら(男根)　まり(鋺)　まれ(稀)　まろ(円)　まろ(麻呂)　みら(韮)　みる(海松)　むらさき(紫)　むら(群)　むらと(腎)　むれ(山)　むろ(室)　むろ(天木香)　もり(森)　もろ(諸)　もろ・し(脆)　やらら(擬声)　ゆら・し(寛)　ゆら(擬声)

ゆらら(擬声)　ゆり(百合)　ゆり(助辞)　ゆり(後)　よら(夜)　よる(夜)　よら・し(吉)　より(助辞)　よろし(吉)　よろづ(万)　よろひ(甲)　わら(藁)　わらび(蕨)　わらは(童)　われ(我)　をり(未詳)　をろち(大蛇)

## 第三音節

あきら・か(明)　あぐら(呉座)　あざら・か(鮮)　あたら(惜)　あたり(傍)　あはれ(嗚呼)　あぶら(脂)

あららき(蘭)　あられ(霰)　いかるが(斑鳩)　いくら(幾)　いづら(何在)　いづれ(何)　うけら(白朮)　うしろ(後)　うつら(現)　うづら(鶉)　うばら(棘)　うまら(楾)　えつり(蘆)　おぎろ(甚)　おどろ(藪)　おのれ(己)　おほろか(凡)　かがり(篝)　かぎる(蜻蛉)　かぎろひ(炎)　かしら(頭)　かつ

ら(桂)　かづら(鬘)　かとり(絹)　かみら(韮)　かわら(擬声)　がてら(接尾辞)　かぶら(鏑)　かぶろ(禿)　がてり(助辞)　かへる(蛙)　かみるき(祖神)　かみるみ(祖神)　きらは・し(眩)　くし・ら(髪梳)　くさり(鎖)　くすり(薬)　くしろ(釧)　くぢら(鯨)　くるる(樞)　ここら(如許)　こころ(心)　ころろ・く(擬声)　さくら(桜)　ささら(細小)　しまら(暫)　しみら(充)　すがら(過)　すがる(蜾蠃)　すだれ(簾)　すみれ(菫)　すめら(皇)　すめろき(皇)　そこらく(若干)　そぞろ(慢)　たから(宝)　たぐり(吐)　たける(建)　たたら(蹈鞴)　たたり(糸巻)　たひら(平)　たむら(群)　たより(便)　たゆら(未詳)　ちから(力)　つづら(黒葛)　つづらか(漂青)　つばら(委曲)　つぶら(円)　ところ(所)　とどろ(響)　となり(隣)　とびら(扉)　ながら(助辞)　なまり(錫)　はしら(柱)　はだら(擬声)　はだれ(擬声)　はなり(放髪)　はらら(擬声)　ひじり(聖)　ひとり(一人)　ひばり(雲雀)　ひひらぎ(柊)　ひひる(蛾)　ひもろき(神籬)　ふくろ(袋)　ふたり(二人)　ふのり(海蘿)　ほだり(未詳)　ほたる(蛍)　ほどろ(擬声)　まくら(枕)　ますら(益荒)　まだら(班)　みだり(妄)　みづら(髻)　みどり(緑)　みひら(未詳)　むぐら(葎)　むしろ(筵)　めづら・し(珍)　もころ(如)　もそろ(副詞)　もゆら(玲瓏)　やすらか(安)　ゆくらか(副詞)　ゆまり(尿)　ゆらら(擬声)　よだり(涎)　わくらば(偶然)　わわらば(戯)

**第四音節**

いたづら(徒)　いたどり(虎杖)　いつしり(未詳)　うらうら(副詞)　おとどろ(擬声)　おもしろ・し(面白)　くれくれ(副詞)　このしろ(鯯)　つらつら(副詞)　ふつくろ(懐)　ほらほら(擬声)　まさかり(鉞)
　みてくら(幣)

以上(一)の結果をまとめたものが表1である。結合単位の位置別によるラ行音の分布を把握することがこの表

表1

| 音節序列 | ら | り | る | れ | ろ |
|---|---|---|---|---|---|
| 1 | 4 | 1 | | 1 | 2 |
| 2 | 64(44) | 35(30) | 26(17) | 5(4) | 20(13) |
| 3 | 61(57) | 23(23) | 10(9) | 2(2) | 17(15) |
| 4 | 5(5) | 4(4) | | 1(1) | 3(3) |

の狙いである。例えば「ら」の行、音節序列2のところに「64(44)」とあるのは、結合単位の第二音節における「ら」の使用例が六四あって、このうち「さら(皿)」「むら(群)」のような末尾音節での例が四四存在するという意味である。

次に、(二)動詞語幹と活用助辞に現れたラ行音の例を次に示す。

**第一音節**

らし(助辞)　らむ(助辞)　らゆ(助辞)

**第二音節**

あら・ふ(洗)　あらが・ふ(抗)　あらそ・ふ(争)　ある・く(歩)　いら・す(貸)　いら・ふ(答)　うら・ぐ(未詳)　うら・む(恨)　うらや・む(羨)　うる・ふ(湿)　うれ・ふ(憂)　えら・ふ(選)　おら・ぶ(哭)　おろ・す(下)　から・す(枯)　きら・す(霧)　きら・ふ(嫌)　くら・す(暮)　くら・ふ(喫)　くら・ぶ(比)　くる・ふ(狂)　ころ・す(殺)　ころ・ふ(叱)　さら・す(曝)　しる・す(記)　そろ・ふ(揃)　たらは・す(足)　たりま・ふ(未詳)　ちら・す(散)　てら・す(照)　てら・ふ(衒)　とら・ふ(捉)　なら・す(平)　なら・ふ(習)　なら・ぶ(並)　にら・む(睨)　ぬら・す(濡)　ぬら・す(解)　ねら・ふ(狙)　のろ・ふ(呪)　はら・く(開)　はら・ふ(払)　はららか・す(散)　ひら・く(開)　ひり・ふ(拾)　ひろ・ふ(拾)　ひろ・る(広)　ふらば・ふ(触)　ふる・ふ(揺)　ふる・ふ(篩)　ほろ・ぶ(滅)　やら・ふ(逐)　やら・ふ(飲喫)　ゆら・く(揺)　ゆる・す(許)　よろ・ふ(具)　よろこ・ぶ(喜)　わら・ふ(笑)　ゑら・く(歓喜)　をろが・む(拝)

**第三音節**

表2

| 音節序列 | 1 | 2 | 3 |
|---|---|---|---|
| ら | 3 | 39（34） | 12（11） |
| り | | 2（1） | |
| る | | 7（7） | |
| れ | | 1（1） | |
| ろ（甲） | | | 1（1） |
| ろ（乙） | | 11（9） | 6（5） |

右の括弧内の数字は、末尾音節での用例数である。

うつろ・ふ（移）　おどろ・く（驚）　おとろ・ふ（衰）　かたら・ふ（語）　こしら・ふ（誘）　さもら・ふ（侍）　しがら・む（シガラミの動詞形）　ながら・ふ（流）　につら・ふ（丹）　はぶら・す（散）　はららか・す（散）　ひひら・く（柊）　へつら・ふ（諂）　ほころ・ふ（誇）　ほころ・ぶ（綻）　まつら・ふ（奉）　まつろ・ふ（奉）　もどろか・す（戻）　わづら・ふ（労）

以上、（一）（二）の結果をまとめたものが表2である。

次に、（三）動詞および活用助辞の語尾に現れたラ行音の例である。

**第一音節**

り（助辞）　る（助辞）

**第二音節**

あり（有）　ある（生）　ある（荒）　いる（煎）　いる（入）　いる（鋳）　いる（射）　うる（売）　える（択）　おる（織）　かる（刈）　かる（借）　かる（狩）　かる（枯）　かる（離）　きる（切）　きる（鑽）　きる（著）　きる（霧）　くる（暮）　くる（繰）　けり（助辞）　こる（凍）　こる（伐）　こる（叱）　さる（去）　しる（知）　する（摺）　そる（反）　そる（剃）　たり（助辞）　たる（足）　たる（垂）　ちる（散）　つる（釣）　てる（照）　とる（取）　なり（助辞）　なる（鳴）　なる（成）　なる（業）　なる（狎）　ぬる（濡）　ねる（練）　のる（乗）　のる（宣）　のる（詈）　はる（張）　はる（墾）　はる（腫）　ふる（落）　ふる（振）　ふる（触）　ふる（経）　ほる（掘）　ほる（欲）　ほる（慌）　まる（放）　みる（見）　みる（廻）　むる（群）　もる（守）　もる（盛）　もる（漏）　やる（遣）　やる（破）　よる（依）　よる（縫）　よる（揺）

ゐる(居)　ゑる(彫)　をる(折)　をり(居)

## 第三音節

あか・る(明)　あが・る(上)　あさ・る(捜)　あざ・る(鯘)　あぶ・る(焙)　あぶ・る(溢)　あま・る(余)　あも・る(天降)　いた・る(至)　いの・る(祈)　いほ・る(庵)　うつ・る(移)　うま・る(生)　おく・る(送)　おく・る(後)　おこ・る(起)　おご・る(奢)　おそ・る(恐)　おと・る(減)　かかり(如此)　かか・る(懸)　かぎ・る(限)　かぎ・る(光)　かく・る(隠)　かぐ・る(未詳)　かけ・る(翔)　かざ・る(飾)　かし・る(呪)　かた・る(語)　かと・る(主)　かは・る(変)　かへ・る(反)　かを・る(香)

きた・る(来)　きは・る(切)　くく・る(括)　くく・る(潜)　くく・る(泳)　くさ・る(鑽)　くさ・る(腐)　くじ・る(挫)　くだ・る(下)　くづ・る(崩)　くば・る(配)　くび・る(縊)　くも・る(曇)　けが・る(汚)　けづ・る(梳)　こが・る(樵)　こほ・る(凍)　こも・る(籠)　さか・る(離)　さぐ・る(探)　さは・る(障)　さや・る(障)　しき・る(重)　しげ・る(茂)　しこ・る(未詳)　しだ・る(垂)　しま・る(結)　すぐ・る(過)　すぐ・る(勝)　そし・る(謗)　そそ・る(聳)　たか・る(集)　たか・る(高)　たけ・る(猛)　たは・る(婚)　たば・る(給)　たふ・る(仆)　たぶ・る(狂)　たま・る(溜)　つか・る(疲)　つが・る(鎖)　つく・る(作)　つま・る(留)　つも・る(積)　とほ・る(通)　とま・る(留)　なが・る(流)　なの・る(号)　なま・る(隠)　にぎ・る(握)　ねぶ・る(睡)　のこ・る(残)　はか・る(計)　はし・る(走)　はつ・る(剝)　はな・る(離)　はふ・る(溢)　はふ・る(飛立)　はふ・る(散)　はぶ・る(葬)　ひか・る(光)　ひろ・る(広)　ふく・る(肥)　ふけ・る(耽)　ほこ・る(誇)　ほふ・る(屠)　まか・る(退)　まが・る(曲)　まさ・る(勝)　まじ・る(混)　まつ・る(奉)　まも・る(守)　み

だ・る（乱）　めぐ・る（廻）　もと・る（悖）　やぶ・る（破）　ゆす・る（動）　ゆつ・る（移）　ゆづ・る（譲）　よさ・る（寄）　よそ・る（寄）　わか・る（別）　わし・る（走）　わす・る（忘）　わた・る（渡）　をど・る（踊）　をは・る（了）　をゐ・る（曲）　ををる（曲）

**第四音節**

あざは・る（糺）　あつま・る（集）　いたは・る（労）　いつは・る（偽）　うづも・る（埋）　おほと・る（蓬）　おぼほ・る（溺）　かがふ・る（被）　かがま・る（曲）　きはま・る（極）　さばか・る（未詳）　さへづ・る（囀）　とどま・る（留）　はばか・る（憚）　ほどこ・る（流）　ほほま・る（莟）　まなが・る（未詳）　もとほ・る（廻）　やすま・る（安）　ゆまは・る（齊）　わかつ・る（誘）　わかや・る（未詳）

**第五音節**

いきどほ・る（憤）　うずすま・る（未詳）　かしこま・る（恐）

以上、（三）の結果をまとめたものが表3である。（三）は、動詞、活用助辞の語尾であるから、すべての用例が末尾に現れる。

**表3**

| 音節序列 | り | る |
|---|---|---|
| 1 | (1) | (1) |
| 2 | (5) | (68) |
| 3 | (1) | (119) |
| 4 | | (22) |
| 5 | | (3) |

## 三　分布的特徴より見たラ行音の性格

これまでの結果によれば、上代語ラ行音は、「語頭にラ行音が立たない」という通説通りの分布を呈していて、このこと自体何も目新しいことはないが、網羅した語例を見ていると次のような点に気付かされる。それとは、

　ラ行音は、一結合単位内に原則として一個しか現れない。

という実態である。ただ、「原則として」としたのは、いくつかの例外が存在するからであり、次に示すとおりである。

　あららき（蘭）　あられ（霰）　くるる（轆轤）　ころろ（擬声）　はらら（擬声）　やらら（擬声）　ゆらら（擬声）

以上の例は、多くが擬声語であり、また「あられ」以外はすべて同音の繰り返しであることから見て、特殊な例として説明できそうである。要するにラ行音が単純語及び形態素内で二回以上出現することが忌避されていたらしいのである。

ラ行音が同一結合単位内で繰り返し出現することを忌避する傾向は、動詞、活用助辞の語尾の出現の在り方にもよく現れている。今一度（二）の例を参照されたい。ここでは例えば、「あら・ふ（洗）」「いら・す（貸）」「うる・ふ（湿）」「わづら・ふ（労）」等のように、語幹部に既にラ行音を含んでいる場合には、活用語尾にル・リを取らない。この事実は注目されて良いだろう。唯一の例外が「ひろ・る（広）」の形態であり、『古事記』の歌謡に二例観察される。

　斯が花の照り坐し　斯が葉の広り（比呂理）坐すは　（仁徳天皇）

そが葉の広り（比呂理）坐し　そが花の照り坐す　（雄略天皇）

右はいずれも似た文脈で現れている。上代文献では、この二例以外に確例を見ず、後の時代の用例も知らない。「比呂理」を「広り」とするのも後世の解釈である。ただ、ヒロリが動詞ヒロルの一形態であることは、補助動詞「坐す」の下接からみて疑えない。いずれにせよ、動詞ヒロルは、奈良時代以後用いられなかった。この一語を除けば結局、「動詞語幹部にラ行音を含む場合は語尾にラ行音を取ることがない。」という実態は、例外の存在を許さない原則であったと考えてよいと思われる。この事実は、日本語動詞においては、語幹部分と語尾が形態論的に分析できることの根拠を示すだろう。

## 四　ラ行音の存在意義に関して

前節で紹介した実例をもとにして、本節では奈良時代語ラ行音の通時論的な役割と存在意義について考える。いま一度第二節で挙げた表1、表2、表3を見られたい。諸表に挙げた数値の内で括弧内の数字が結合単位の末尾音節での出現数であった。表1〜表3で示した上代語ラ行音の全例は六一四である。このうち括弧内で示した末尾での出現が五四三例に及んでいる。全例に対する割合において八八・四%を占めている。要するにラ行音は、ほぼ九割が結合単位の末尾音節に出現するということである。語頭に現れないラ行音が末尾音節以外の位置に現れるとすれば、「よろづ」「くるま」のような語中しかない。しかし、このような例は、奈良時代の単純語の音節数から見ても極めて少ない。結合単位の中間音節に位置するためには、その単位は最低でも三音節必要であるが、奈良時代語の段階では、三音節語は多音節語の部類に入る。この時代の単純語は、単音節か二音節、特に二音節語が多かった。

表4

| 音節 | （一） | （二） | （三） | 計 |
|---|---|---|---|---|
| 1 | 5 | | 2 | 7 |
| 2 | 130 | 54 | 73 | 257 |
| 3 | 145 | 25 | 122 | 292 |
| 4 | 25 | 2 | 22 | 49 |
| 5 | | | 3 | 3 |

筆者は、第二節で挙げた例を音節数に応じて分類し、ラ行音が何音節の単位に主として用いられているのかを調べた。表4を見られたい。

この表は、例えば（一）の行、音節2のところに130とあるのは、動詞を除く語幹部分に用いられたラ行音のうち二音節結合単位に現れる語（さら、むら等）が一三〇例存するという意味である。この表によれば、ラ行音は三音節の単位において最も多く用いられていることがわかる。先に触れたように、奈良時代語では、単純語あるいは単体の形態素において、三音節からなる単位は、二音節のそれに比べて数は多くない。三音節を超える文法的単位は、多音節語に分類される。

例えば、オ列二類の音の区別のあるコソトノ（モ）ヨロの音節使用例を調べると単音節単位の例は四四語、二音節単位の例は二六五語、三音節単位の例が五三語、四音節単位の例は六語確認される[2]。同じく、イ列音二類の音の区別あるキギヒビミの場合は、単音節単位の例は二七語、二音節単位が七六語、三音節単位が四三語見出される[3]。またエ列音二類の区別あるケゲヘベメ音においては、単音節単位が二二語、二音節単位が八三語、三音節単位が一九語であった[4]。

奈良時代語における文法的単位は、二音節というのが最も典型的な姿であった。したがって、ラ行音の使用例のうち、二音節単位が二五七語と多数存在しているのは当然であるが、ラ行音が用いられる三音節単位の例がそれを上回って二九二語存在するのは、特異な傾向であろうと思われる。

奈良時代語ラ行音の分布上の特徴を列挙すると次のようになるだろう。

（1）ラ行音は、一結合単位に原則として一個しか現れない。特に動詞語幹にラ行音を含んでいる場合にはその語尾にラ行音を取ることがない。

（2）ラ行音は、大多数（約九〇％）が結合単位の末尾に現れる。

（3）ラ行音は、三音節結合単位において最も多く現れる。

右に示したラ行音の分布上の特徴は、ラ行音が通時的に見て、比較的新しい段階においてまとまった形で出現したことを示唆するものである。上代日本語の特徴として、単音節か二音節の比較的音節数の少ない文法的単位が平安時代以降の時代に比べて重要な働きをなしていることが夙に馬淵和夫によって指摘されている。馬淵は言う。

> 古代の日本語は、その用語の音節数は一ないし二であった、ということはまず確実である。三音節以上の、大部分がなんらかの意味素に分解できる。しかも、一音節の語は現代とは比べものにならないくらいに多い(5)。

このように上代語において語や語根は比較的短いものが主として用いられていた。そして同時期において、「ひ・る（昼）」「よ・る（夜）」「いく・ら（幾）」「うつ・ら（現）」「すめ・ら（皇）」等のように一音節か二音節の語（根）が接辞的要素を付けて多音節化するという趨勢が進行しつつあった。上代特殊仮名遣いに反映した奈良時代語の多母音体系がこの時期を境に崩れたことは偶然ではないだろう。すなわち、情報量の増加に伴う語彙の増加という時代の要求が語の多音節化という形を取って押し寄せる趨勢に対して、弁別的機能の低い多くの母音の対立関係の維持が困難になりつつあったということであろう。ラ行音が三音節単位において最も多く用いられるということは、この形態が語の音節数増加という趨勢に応じて新たに要請され、語形態の広範な分散化を実現したということではないだろうか。

多くの一音節語がラ行音一音を加えて二音節語になり、多くの二音節語がラ行音一音を加えて三音節語になるだけで、共時態の情報総量は、飛躍的に拡大するであろう。従前の語（根）に一音を加えるのに最も適切な位置は、末尾音節であることは考えやすいし、その実例も豊富に存在する。

またラ行音が、歴史以前をそう遠くまでさかのぼらない新来の音声であってみれば、同じ結合単位内にこれが複数立つような事態を生起させる必要がないというのが自然であろう。平安時代以後出現する撥音、促音や中世以後復活したP音が同一語内部に複数現れることがない。以上、本章における結論を次に記す。

ラ行音は、分布上の諸特徴から見て奈良時代語における語の音節数の増加という要請に応える形で日本語史上に登場した新たな形態であった。

## 五　動詞増殖とラ行音

ラ行音が文法的単位の末尾に多数分布するという実態に関与的な影響を与えているのが動詞のラ行語尾の存在である。古代語の動詞では、語尾にル・ク・フ・ム・ブ・ス等多岐にわたる種類の音節が用いられている。その中でも異なり語数においてル語尾動詞が最も多いということが吉田金彦が報告している。(6) 吉田によれば、上代語動詞の中でル語尾動詞は五四五語存在し、第二位のフ語尾動詞の三四二語を引き離して上代語動詞全体の二四%を占めるという。動詞語幹にラ行音を含む場合、その語尾にラ行音を取ることはあり得ないことはすでに述べた。つまり、ル語尾動詞が上代語動詞の中で最大勢力であることは、動詞の語幹部に現れるラ行音が本来僅少であったことを物語っている。ラ行語尾に関して、本研究との関連で思い起こされるのが活用助辞タリ、リ、ナリの成立であろう。これは、本論において縷々解明したように、存在動詞アリの大きな文法化の力を背景に実現した事柄であった。ラ行語尾を持つアリが助辞タリ、リ、ナリとナリ型形容動詞、カリ型形容動詞を生み出したことは、ラ行語尾を持つ動詞の増産が動詞増殖の要請と趨勢に沿うものであったろう。アリの文法化は、古代日本語におけるラ行音の形態的進出を最も典型的に映し出す現象であった。

**［注］**

（1）藤岡勝二（一九〇八）「日本語の位置2」『國學院雑誌』第十四巻八号
（2）拙著（一九九六）『古代日本語の形態変化』第一章（和泉書院）
（3）拙著注2前掲書
（4）拙著注2前掲書
（5）馬淵和夫（一九六八）『上代のことば』一三九頁（至文堂）
（6）吉田金彦（一九七六）「日本語の動詞構造と母音交替」『言語』（大修館書店）

# 補論2　和歌における総仮名表記の成立

## 一　何を問題にするか

『万葉集』巻五は、一字一音の総仮名表記の和歌によって構成されている。これは、従来の万葉歌の表記に無いものである。仮名と訓字を交用するそれまでの表記は、壬申の乱（六七二）を挟んだ律令国家成立期に生まれたと言われる。今日の万葉学は、乱以後平城京遷都の和銅三年（七一〇）までを万葉第二期として区切る。注目の巻五は、神亀五年（七二九）から天平五年（七三四）までのテクスト群から構成されるが、この時期は万葉第三期に当たる。和歌を総仮名表記するという従来に無い特異なスタイルは、神亀五年大伴旅人の「報二凶問一歌」から始まっている。

余能奈可波《よのなかは》　牟奈之伎母乃等《むなしきものと》　志流等伎子《しるときし》　伊与余麻須万須《いよよますます》　加奈之可利家理《かなしかりけり》　（七九三）

大伴旅人、山上憶良を中心とする大宰府歌壇によって始まるこの表記法は、以後の万葉歌の表記形式を決定した。大伴家持は、天平十三年（七四一）の自作歌（巻十七・三九一一〜三九一三「従二久迩京一報二送弟書持一」）にこの書式の導入を試みて以来、後期万葉の典型的表記体裁として初期の音訓交用表記と対照を際立たせている。

和歌の音訓交用表記は、天皇の口頭伝達である宣命（『続日本紀』文武天皇即位詔初出）の記載法を原資にして開発されたと見られるが、訓字が大書され仮名が小書される独特の書式が大勢の官人の面前でそれが読み上げられる際に、宣命使のアナウンスの過誤を防ぐのに優れていたからである。宣命の記載に採用された如く音訓交用表記は、読み手がすみやかに文意に達するに容易な書式であって、現代日本語の標準的記載形式が総仮名ではなく音訓交用の漢字仮名交じり文であるのは、その利便を継承しているのである。和歌の総仮名表記は、日本語記載実現の観点からすれば明らかな過剰表記である。音訓交用表記によって一度完成を見た国語記載方式を敢えて崩し、旅人や憶良が一字一音による過剰表記を何故採用したのであろうか。和歌記載における音訓交用から総仮名表記への転換は、いかなる合理的動機に基づいて行われたのであろうか。本論では、万葉歌の仮名主体表記の原資となった『古事記』歌謡総仮名表記の開発過程を推定し、併せてこれが奈良朝万葉の創作歌に転用される過程を推定復元したいと思う。

## 二　和歌の総仮名表記は何処から来たか

『万葉集』巻五において初めて出現する和歌の総仮名表記は、旧来の音訓交用表記と明らかな相違を見せる。一字一音表記の和歌が、作歌事情を記した漢文による題詞、左注の間に出現することから、このスタイルが「漢」文に対する「和」文を意識して制作されたとする見解がある。春日政治によれば、万葉歌の一字一音表記は、仏典の経文中に挿入される陀羅尼に倣ったものであるという(1)。『万葉集』巻五には、漢文が豊富に盛り込まれている。稲岡耕二は、この点に関して次のように述べる。

おそらく漢文部との対照が意識され、和歌が一字一音の音仮名で記されたものと考えられる。こうした形式は万葉集中でも珍しいので「漢倭混淆」の新形式のものとしてその文学性が注目されている。(中略)漢文序を構えて、音仮名書きの和歌を併記するこの形式は、記紀の散文中に挿入されている歌謡の表記に脈を引くものだろうが、集内においてこの形式を持ち込んだ最初の人が旅人であったか、憶良であったかは、興味深い問題をはらむ。

(『萬葉表記論』塙書房、一九七六、二四一頁)

これは、先の春日の認識を継承したものであるが、一字一音表記の開発動機を和漢の対照意識に求める見解に対して、沖森卓也は一字一音表記の和歌が漢文中に挿まれるのは「多分に資料的制約」によるものであるとし、『万葉集』以外の総仮名表記がすべて歌謡であることに注目する。(2) 沖森は、『古事記』撰上以前の一字一音表記として法隆寺五重塔初層天井組木に記された「難波津の歌」(奈尓波都尓佐久夜己)と藤原京出土木簡の「多々奈都久」という和歌の断片などから総仮名の和歌表記が漢文とは別に存在することを主張する。沖森によれば、この表記は天武朝をさかのぼるものでなく「非略体歌」(音訓交用表記)確立の後に出現したものであるとし、天武持統朝の政策である「音楽の整備」によって民間の歌謡を採集するに際して「楽譜として音列に忠実な一字一音式の音仮名によって表記されるようになったのではなかろうか。」と結論する。しかし沖森説の根拠となる「楽譜」を彷彿とさせる資料が残っていない。

万葉歌の総仮名表記が「記紀歌謡」の総仮名表記に発することは疑問の余地がない。しかしながら、和歌の表記者をして一字一音表記に向かわせた動機を「和漢の対照意識」や「楽譜を背景にした記載」といった外的要因に帰するのではなく、仮名書き行為自体の内在性に見いだそうとするのが後に述べる本論の立場である。

我々にとって最古の歌謡は、『古事記』(和銅五年七一二)所収のものである。『古事記』歌謡は、その八年後に成った『日本書紀』(養老四年七二〇)歌謡と重複するものがあり、歴史書という性格から「記紀歌謡」として一括されることが多い。しかし、『古事記』と『日本書紀』の歌謡の成立について無視しえない相違点がある。先ず、『古事記』歌謡は、口頭伝承を直接転記して成立した可能性があるという点である。その理由は言うまでもなく、『古事記』の基礎資料として序文に挙げられる「帝紀」および「旧辞」を撰録・討覈する際に稗田阿礼が介在していることである。帝紀と旧辞が文字で記された文献である可能性もあるがそれだけなら阿礼が介入する必要はない。阿礼が誦習する「帝皇日継」と「先代旧辞」の中に、文字で記されない口頭伝承に関わる情報が存在したのであろう。その中に歌謡があったことは確実である。

これに対して『日本書紀』には、歌謡の採集においてあらかじめ文字で記された文献が存在したとしか考えられないような記述がある。『日本書紀』本文の叙述は、「一書曰」の形で異伝を併記するという特徴を有するがこの異伝併記は、歌謡にも及ぶ。

之哀世能《しほせの》　儺鳴理鳴彌黎歴《なをりをみれば》　阿蘇寐倶屢《あそびくる》　思寐我簸多泥儞《しびがはたでに》　都麻陁氏理彌喩《つまたてりみゆ》　一本以㆓之哀世㆒易㆓彌儺斗㆒（傍線部分　顕宗天皇）

於彌能姑能《おみのこの》　耶賦能之魔柯枳《やふのしばかき》　始陁騰余彌《したとよみ》　那為我與釐據魔《なゐがよりこば》　耶黎夢之魔柯枳《やれむしばかき》　一本以㆓耶賦能之魔柯枳㆒易㆓耶陛哿羅哿枳㆒（傍線部分　顕宗天皇）

歌謡部の注記にある「一本」が本文叙述部の「一書」とどう違うのか定かではないが、「一本」は、口頭伝承ではなく文字で記された資料を指すものと考えなければならない。『日本書紀』歌謡編集過程において基礎資料となる文献が存在した。これは、『古事記』が既に成り、そこに収められる歌謡もまた『日本書紀』歌謡編纂の一資料たりえたことを考えれば、当然異とするに足りない。そこで我々は、伝承歌謡の文字転記の原初的形態を論ずるに際してとりあえず『古事記』歌謡の成立過程を考慮すればよいことになる。

## 三 『古事記』歌謡の成立

『古事記』撰上時（和銅五年七一二）の奈良人にとって、神話や歴史とともに伝えられた歌謡はいかなる存在であったのか。和銅五年は、『万葉集』の時期区分によれば第三期に相当する。第三期は、和銅三年（七一〇）の平城京遷都以後天平五年（七三三）までを指し、大宰府歌壇を指導した山上憶良と大伴旅人は、この時期の人物である。憶良と旅人は、神亀三年（七二六）から五年にかけて相次いで大宰府に着任した。巻五を特徴付ける漢文の素養から見て、彼らは在京時『日本書紀』編集の現場に近い位置にいたであろう。憶良と旅人は、日本紀編纂業務を通じて伝承歌謡が仮名で記載される過程を直接間接に経験した筈である。

記紀編纂当時において、歌を文字に転記する既存の方法があった。それは、言うまでもなく音訓交用表記である。実際に憶良や旅人は、初期万葉以来の音訓交用表記による歌を詠んでいる。音訓交用による和歌表記をよくした彼らは、歌を仮名専用で表記することの特異性を理解していたであろう。

憶良《おくら》等《ら》者《は》　今者《いまは》将レ罷《まからむ》　子《こ》将レ哭《なくらむ》　其彼母毛《それそのははも》　吾乎《わを》将レ待曽《まつらむぞ》　（三・三三七、山上憶良）
験無《しるしなき》　物乎《ものを》不レ念《おもはずは》　一坏乃《ひとつきの》　濁　酒乎《にごれるさけを》　可レ飲有良師《のむべくあるらし》　（三・三三八、大伴旅人）

万葉第二期に確立した音訓交用表記の原資が儀式の場における天皇の言葉を記した宣命の書式である。宣命は、実質的意味を持つ概念語を訓字で大書し、助辞や語尾などの文法形式を万葉仮名で小書きする記載法である。これは、諸王官人が集合する儀式の場で、天皇の口頭伝達を宣命使が誤りなく代読するためであったと見られる。宣命は『続日本紀』の文武天皇即位詔（六九七）から文献に登場する。宣命の記載を歌の表記に転用することによって和歌が口誦と記載の間をほぼ正確に往復できるようになった。これを以て我が国における記載文芸成立の画期とする。

他方、和歌とは別に一般的な文章の基本的記載様式は、五世紀以来漢文を主とするのであって、当初万葉仮名は翻訳不能の固有名詞を転記するためにのみ用いられた。仮名で表記するのでなければその語形を保存できないからである。推古朝以前の初期日本語資料に現れた仮名表記は、人名地名の固有名詞に限られる。それ以外の一般的な情報伝達は、漢文が担った。

八世紀の律令国家成立後、土地と住民管理が官人の文書行政によって行われるようになり、地名人名を公文書に登記するために万葉仮名の使用機会が飛躍的に増大した。夥しい数にのぼる固有名詞の記載によって、日本語の全音節を仮名表記することが可能な状態に達した(3)。しかし、日本語の全音節を仮名転記出来たとしても、直ちに仮名によって文章を綴ることにはならない。律令国家草創期に仮名による日本語文が発見されないのは、仮名が一般的な情報伝達のための文字として当時は見なされなかったからである(4)。

ところが文書主義社会の成熟に伴い、日本語形保存への欲求が天皇の言葉（宣命）と和歌において増大した結果、それまで固有名詞の音形転記にのみ使われてきた仮名を助辞の表記に適用して音訓交用表記を実現したのである。この表記法の開発によって口頭言語を保存復元することが可能になり、ここに全き日本語の表記法が成立した。ところで音訓交用表記を実践する者にとって、口頭言語の文字転記が可能であるのは、その表出内容と表現形式を記載者が完全に掌握していることが前提になる。記載者にとって意味不明の語を多く含んだ伝承歌謡を「音訓交用」で表記することは出来ない。

次に挙げる資料は、『古事記』『日本書紀』『続日本紀』『風土記』『仏足石歌』碑文に収載されている歌謡を対象にして、そこに用いられている語や語句のうち『万葉集』に例を見ないものを網羅したものである。括弧内のアラビア数字は『日本古典文学大系　古代歌謡集』（岩波書店）記載の歌謡番号による。二度以上現れる語や語法は改めて掲げない。固有名詞は除く。

## 『古事記』歌謡（全112首）246項目

八重垣　妻ごみ（1）　遠々し　賢し女　麗し女　押そぶらひ　さ野つ鳥　打ち止め　いしたふや　駈使《はせつかひ》　語り言　こをば（2）　萎《ぬ》え　萎え草　我《わ》鳥《どり》　汝《な》鳥《どり》　死せ（たまひ）　腕《ただむき》　若やる　素手抱《そただ》き　手抱き　抜《まな》がり　股長（3）　ま具《つぶさ》に　羽叩き　相応《ふさ》はず　そに鳥　山縣　藍蓼《あたて》　染木　染衣《しめ》　いとこやの　引け鳥　一本薄《ひともとすすき》　項傾《うなかぶ》し　朝雨《あさあめ》（4）　男《を》（単独用法）　置《き》て　文垣《あやかき》　ふはや　柔や（5）　御統《みすまる》　穴玉　み谷（6）　赤玉（7）　鴨着《ど》く（8）　鴫罥《しぎわな》　いすくはし　鯨《くぢら》　前妻《こなみ》　立柧稜　こきし（副詞）　ひゑね　後妻《うはなり》　いちさかき　しやこしや　いのごふ（9）　大室屋　入り居り　頸椎《くぶつつ》い　石椎《つつ》い（10）　粟生《あはふ》　か韮《みら》（11）　垣下《かきもと》　椒《はじかみ》　ひひく（12）　生石《おひし》　もとほろふ（13）　たたかふ　助《す》く（14）　七行く（15）　あめつつ　鵐《しとと》　利《と》目《め》（17）　しけしき　菅畳　いやさや（19）　後《しり》つ戸　前《まへ》つ戸　窺《うかが》はく（22）　やつめさす　さみなし（23）　さねさし　火中《ほなか》（24）　日々《かが》　九夜《ここのよ》　十日《とをか》（26）　利鎌《とかま》　くび　繊細《ひはほそ》　たわや腕《かひな》（27）　待ちがたに（28）　一つ松　あせを（29）　まほろば（30）　熊樫《くまかし》（31）　立ち来《く》（32）　なづき　稲幹《いながら》（34）　植草　海がは（36）　吾君《あぎ》　振熊《ふるくま》　痛手　なわ（助詞）（38）　酒《くし》　狂ほし　廻《もとほし》し　残《あ》さず（39）　ちばの　百千足る　家庭《やには》（41）　横去らふ　みほ鳥　しなだゆふ　すくすくと　後ろ手　小楯《をだて》　歯並《はなみ》　椎菱　端土《はつに》　赤　赤らけみ　底土《しはに》　に黒き　中つ土《に》　頭《かぶ》　真火　当てず　眉書き　うたたけだに（42）　野蒜　ほつもり　いざささば（43）　堰杭《ゐぐひ》　延《は》へけく　愚《をこ》（44）　本つるき　振《ふ》ゆ　素幹《すから》　下木《したき》　さやさや（47）　生《ふ》（単独用法）　横臼《よくす》　甘《うま》ら　父《ち》（48）　ことな酒《ぐし》　ゑ酒《ぐし》（49）　婿《もこ》（50）　連《つら》らく

くろざやの　まさづ子(52)　あぢまさ(53)　西風《にし》(55)　つぎねふや　烏草樹《さしぶ》　葉広《はびろ》　斎《ゆ》真椿　広り(57)　小楯《をだて》(58)　大猪子(60)　木鍬《こくは》　大根《おほね》　腕《ただむき》(61)　さわさわに　言へせこそ　やがはえ(63)　清《すが》し(64)　女鳥《めどり》(66)　高行く　料《ね》(67)　鷦鷯《さざき》(68)　長人(71)　枯野《からの》　振れ立つ　なづの木　さやさや(74)　立薦《たつごも》(75)　家《いへ》群《むら》(76)　走《わし》せ　今夜《こぞ》(78)　たしだしに　離《か》ゆ(79)　立ち止《や》め　小鈴(82)　天だむ　鳩(83)　したた(84)　ふなあまり(86)　蠣貝《かきがひ》(87)　槻弓《つくゆみ》　臥《こや》る(89)　葉広　熊樫　い組み竹　たしみ竹　確《たし》(91)　若栗栖原　わかくへ(93)　築《つ》く　斎《つ》く　玉垣　余す(94)　盛り人《びと》(95)　胡座居《あぐらゐ》　弾《ひ》く(96)　たこむら　虻《あむ》(97)　病み猪うたき　在り峰《を》(98)　金鋤《かなすき》　鋤き撥ぬる(99)　影る　八百土《やほに》　よし　い杵築《さづき》　新嘗屋《にひなへや》　百足《だ》る　覆《お》へり　瑞玉うき　こをろこをろに　こをば(100)　高る　真椿　まなばしら　庭雀《にはすずめ》　うずすまり(102)　ほだり(103)　朝《あさ》間《と》　夕間《ゆふと》　脇机《わきづき》(104)　はたで(105)　をぢなみ(106)　ゆらみ　柴垣《しばかき》(107)　潮瀬《しほせ》　なをり(108)　やふしまり　もとほし　切れむ(109)　大魚《おふを》　離《あ》れば(110)　小谷《をだに》　鐸《ぬて》(111)

**『日本書紀』歌謡（全128首）188項目**

八重垣(1)　うながす　御統《みすまる》　穴玉《あなだま》　み谷(2)　鄙つ女《め》　かたふち　目ろ寄《よ》し(3)　寝床(4)　鴨着《かもづ》く(5)　赤玉(6)　鴫縄《しぎなわ》　いすくはし　鯨《くぢら》　前妻《こなみ》　立柧棱　こきし　後妻《うはなり》　ひゑね　いちさかき　こきだ(7)　大室屋　入り居り　頭椎《くぶつつ》い　石椎《いしつつ》い(9)　はよ　ああしやを(10)　蝦夷《えみし》　百な人　たむかひ(11)　たたかへば　飢《ゑ》ぬ　助け(12)　垣本《かきもと》　粟生《あはふ》　臭韮《かみら》　根め(13)　はじかみ　口びひく(14)　幾久《いくひさ》(15)　殿戸(16)　命《を》死せむと　姫遊《ひめなそ》び　殺さむと(18)　石群《いしむら》　手《た》ごし(19)　さ身(20)　まほらま(22)　みけ　さ小橋《をばし》(24)　日々《かが》なべて　九夜《ここのよ》　十日《とをか》(26)　あらら　槻弓《つくゆみ》　まり矢　腹内《はらぬち》　小石《いさご》(28)　吾君《あぎ》　頭椎《くぶつち》　痛手《いたて》(29)　いきどほろし(30)　酒《くし》　もとほし　狂ほし　あさず　ささ(32)　うただぬし(33)　百千足る　家庭《やには》　国の秀《ほ》(34)

吾君《あぎ》　ふほごもり　いざさかばえな　ゐぐひ（35）　延へけく　堰杙《ゐぐひ》　築《つ》く　川俣江　菱がら　さしけくう
こ（36）　こはだ（37）　寝《ね》しく（38）　樫の生《ふ》　横臼《よくす》　甘《うま》ら　まろが親《ち》（39）　たされ　あらちし（40）　枯野《からの》
門中《となか》　なづのき　さやさや（41）　もこ（42）　わたりで（43）　やしなはむ（44）　みかしほ　早待ち　下す
（45）　うさゆづる（46）　さ夜床（47）　並び浜（48）　やだり（49）　ひか　小坂《をさか》　片泣き（50）　すず船（51）
鳥山（52）　小楯《をだて》（54）　うら桑《ぐは》　よろほひ（56）　木鍬《こくは》　大根《おほね》　さわさわに　やがはえ（57）　腕《ただむき》（58）　金機《かなばた》
雌鳥《めどり》　隼別《はやぶさわけ》　料《ね》（59）　さざき（60）　安むしろ（61）　遠人《とほひと》　長人《ながひと》（62）　ささがね（65）　ささら形《がた》（66）　浜《はま》
藻《も》（68）　走《わし》せ　今夜《こぞ》（69）　はぶり（70）　天だむ　鳰（71）　小前《をまへ》（72）　小鈴《こすず》（73）　袴《はかま》　足結《あよひ》（74）　呉床《あごら》
倭文纏《しづまき》　さ猪《ゐ》　手腓《たくふら》　虻《あむ》（75）　うたき　逃《に》げ　在峰《ありを》　あせを（76）　人でらふ　やつぎ（79）　闘《あ》ふ（82）　を
そね　ぬて　ゆらくもよ（85）　潮瀬《しほせ》　波折《なをり》　はたで　からかき（87）　組垣《くみかき》　あましじみ　なゐ　揺《よ》り（90）
琴がみ（92）　御帯《みおび》（93）　石の上《いす》　玉笥《たまけ》　玉盌《たまもひ》（94）　峡間《はさま》（95）　手抱《ただ》き　あざはり（96）　い組竹《くみだけ》　よ竹《だけ》（97）
むかさくる（99）　真さひ（103）　た作り　腰作《こしづく》らふ（106）　食《た》げ　かましし（107）　にこ手《で》さき手《で》　そもや（108）
藪原（109）　懲《きた》ます（112）　鉗《かなき》（115）　をむれ（116）　うしほ　海《うな》くだり（120）　平くつま　をのへ（122）

**『続日本紀』歌謡（全8首）4項目**

御孫《みま》　厳《いか》（3）　おしとど　としとど（8）

**『風土記』歌謡（全20首）8項目**

新栄《あらさか》　御酒《みさけ》（6）　いやぜるの（7）　潮《うしほ》（8）　はこえ（9）　弟姫《おとひめ》　下す（11）　はつかに（12）

**『仏足石歌』（全21首）16項目**

響き（1）　三十《みそ》ち　具足《そだ》れる　稀《まれ》（2）　彫《ゑ》りつく（3）　参《まゐ》てむ（8）　敬ひて（9）　参到《まゐた》りて（10）　をぢな

きや　劣れる（13）賞《め》だしかりけり（15）回《まは》り（16）蛇《へみ》　集まれる　汚き（19）怖《お》づ（20）

右によれば『古事記』歌謡が一首あたり約二・二語の『万葉集』非収載語を抱えているのに対して、『続紀』は〇・五語、『風土記』は〇・四語、『仏足石歌』は〇・八語の『万葉集』非収載語の出現率である。また『古事記』歌謡と相当数重複する『日本書紀』歌謡は、歌数一二八首、万葉集非収載項目一八八（一首あたり一・五語）と『古事記』に近い傾向を見せる。これらの事実は、『古事記』『日本書紀』歌謡の言葉が『万葉集』と排除的であり、それ以外のものが『万葉集』の言葉と親和的であることを意味しよう。『古事記』歌謡の「作者」は、神々、伝説上の大王や諸王達である。これに対して『万葉集』は、八世紀奈良人の創作歌の集成である。『古事記』編纂当時（万葉第三期）の奈良人にとって、伝承古歌謡の言葉は八世紀奈良語とは異質の響きを持つものであったろう。『古事記』歌謡の万葉非収載語リストの中には「鯨」「赤」「鳩」などの基本語彙も含まれるがそれらは比較的少数であって、これ以後再び日本語史上に姿を現さない語や語句が多い。

そこで『古事記』歌謡と『万葉集』の排除的関係は、古語によって詠まれた伝承歌謡と八世紀当時の現代語によって詠まれた創作和歌の対立に帰着するだろう。『万葉集』は、雄略天皇、磐媛皇后、聖徳太子の名を冠する僅かな伝承歌を除けば同時代の詠み手になる歌によって構成される。『万葉集』は、本質的に創作和歌の集成である。奈良時代語によって伝達される天皇の言葉（宣命）を音訓交用で書記したように、第二期万葉人は八世紀奈良方言で詠われる和歌を音訓交用で記載したのである。

『古事記』伝承古歌謡の音形を担保する人物が稗田阿礼であった。それを転記する際、太安万侶が既存の和歌記載法たる音訓交用表記を拒絶した理由は何であったであろう。安万侶の前に与えられたのは当時の言葉になじみのない語や語法が充満する古歌群であって、阿礼が口誦する古歌の内容を安万侶がすべて理解し、音訓交用による破綻のない記載を実現することは不可能であっただろう。古歌謡を音訓交用で記録することは、それ自体が注釈行為だからである。安万侶にとって無理な「注釈」を避けて古歌を正確に記録する方法は、伝承歌の音形をすべて仮名転記する以外に無い。音形をすべて仮名に転記する歌謡の表記は、八世紀奈良人の理解を容易に寄せ付けない古歌の記録のために開発された記載方式であった。

このほか『風土記』歌謡は、諸国の伝承歌から成っており、無論総仮名表記であるが、語彙語法は万葉歌との落差が認められない。この点は、東歌が防人歌に比べて方言色の希薄であることと似ており、京風に加工されている可能性がある。

『続日本紀』歌謡は、奈良王朝の事跡に関連して詠まれたものであるから、万葉歌との落差はもとより無い。続紀歌謡では、八首中三首が音訓交用で記される。

新年始迩《あらたしきとしのはじめに》　何久志社《かくしこそ》　供奉良米《つかへまつらめ》　万代摩提丹《よろづよまでに》

この歌は、天平十四年正月に聖武天皇が大安殿に群臣を宴した折、六位以下の臣等が琴の演奏に併せて歌ったものである。「新しき年の始め」の句は、大伴家持が天平宝字三年正月因幡国庁で「国郡司等」との宴席で詠んだ歌(巻二十・四五一六)の中に音訓交用のまま取り入れられている。

新年乃《あらたしきとしの》始乃《はじめの》　波都波流能《はつはるの》　家布敷流由伎能《けふふるゆきの》　伊夜之家餘其騰《いやしけよごと》

また、「かくしこそ供へ奉らめ」の句は、天平感宝元年越中国守館で天皇の芳野離宮行幸に「儲作」した長歌(巻十八・四〇九八)に取り入れられている。

～此山能《このやまの》　伊夜都藝都藝尓《いやつぎつぎに》　可久之許曽《かくしこそ》　都可倍麻都良米《つかへまつらめ》　伊夜等保奈我尓《いやとほながに》

この歌句は『催馬楽』「新年」のほか、『琴歌譜』(一四)、『古今和歌集』(一〇六九)に類例を持つなど古代宮廷で親しまれたものの如くである。

海行波《うみゆかば》　美豆久屍《みずくかばね》　山行波《やまゆかば》　草牟須屍《くさむすかばね》　王乃《おほきみの》　幣尓去曽死米《へにこそしなめ》　能杼尓波不死《のどにはしなじ》

右は天平勝宝元年、陸奥国出金を賀する聖武天皇東大寺行幸に際して、大伴佐伯宿禰が献上した氏族古来の歌であるとされる。これも家持が「賀二陸奥国出レ金詔書一一首幷短歌（天平感宝元年）」（十八・四〇九四）の歌中歌として音訓交用で詠み込んでいる。

海行者《うみゆかば》　美都久屍《みづくかばね》　山行者《やまゆかば》　草牟須屍《くさむすかばね》　大皇乃《おほきみの》　敝尓許曽死米《へにこそしなめ》　可敝里見波《かへりみは》　勢自等許等太弖《せじとことだて》

これは、天皇の武辺にあって忠節を誓う大伴氏の真情をよく表わしており、家持ら氏族全体が一に解釈していたからこその音訓交用表記であっただろう。『続紀』にはもう一首音訓交用の歌がある。

葛城《かづらき》　寺乃《てらの》　前在也《まへなるや》　豊浦寺乃《とよらのてらの》　西在也《にしなるや》　於志止度《おしとど》　刀志止度《としとど》　桜井尓《さくらゐに》　白壁之豆久也《しらかべしづくや》　好壁之豆久也《よきかべしづくや》　於志止度《おしとど》　刀志止度《としとど》　然為波《しかしてば》　国曽昌由流也《くにぞさかゆるや》　於志止度《おしとど》　刀志止度《としとど》

右は天平勝宝年間以来皇位継承の見込みが立たず、政情不安に陥った際に流行した童謡《わざうた》であり、万葉歌とやや趣が異なる。注目されるのは、この歌を「識者」が白壁王（後の光仁天皇）「登極の徴」と解釈しているのである。

識者以為《ラク》　井《ハ》則内親王之名。白壁《ハ》為《タリ》二天皇之諱一。蓋天皇登極之徴也。

（『続日本紀』巻三十二、光仁天皇、宝亀二年）

このように伝承歌謡であっても歌意の定着しているものや曰く因縁のある歌に関する特定の解釈を押し出そうとする際には音訓交用表記が採られたのである。

## 四　仮名主体表記は何故万葉歌人に採用されたのか

『万葉集』巻五の仮名主体表記の原資が伝承古歌謡の総仮名表記であることを疑うことが出来ない。それでは何故伝承歌謡の表記法を歌人たちが創作和歌の表記法に転用したのであろうか。歌人達は、従来の音訓交用表記には無い如何なる効果を期待して総仮名表記を採用したのか。

古歌を記載するための総仮名表記を創作和歌の世界に持ち込んだのは山上憶良と大伴旅人である。彼らは神亀五年頃に相次いで大宰府に入り、交流を持った。彼らは在京時に『日本書紀』編纂業務に携わったか、それに極めて近い位置にいたと言われている。よって、彼らは歌を総仮名で表記することの特殊性を知っていた筈である。

この表記が大宰府で生まれたことは示唆的である。大宰府官人は、奈良から赴任する京人ばかりではない。大宰府を含む地方国庁において奈良から着任する官人は、四等官と特殊技能をつかさどる専門官であり、人員構成において上級官人の占める割合は、全体の一部を形成するに過ぎなかった。地方国庁の経営は、かなりの部分を在地人の子弟から採用される郡司が支えていた。また筑紫、壱岐、対馬地域には数千人の東国方言を話す防人が常駐し、大宰府は筑紫、東国諸国、京の諸方言が飛び交う京と並ぶ方言の坩堝であった。大宰府と京の違いは、大宰府では京言葉を話す人間が少数であったことである。憶良や旅人は、この方言の海の中で歌壇を組織した。

天平二年正月、大伴旅人の邸宅で開かれた梅花の宴にちなむ「梅花歌三十二首（巻五・八一五〜八四六）」の歌人の中に在地官人が含まれている可能性がある。この梅花宴は、豊後守、壱岐守、大隈目、対馬目、薩摩目などの官職を有する者も名を連ねており、大規模な宴会であったことが知られる。巻五に収録される三十二首は、おそらく選ばれた歌群であって、この背後には在地官人の作を含む和歌群が存在したに違いない。憶良や旅人が過剰とも見える総仮名表記をあえて創作和歌に導入したのは、大宰府では少数派の言語である京言葉の一音一音を確認しながら、京言葉で歌を詠もうとする在地官人等への範を顕す効果もあったであろう。日本各地の方言が飛び交い、言語的違和感が交錯する大宰府において京言葉で詠まれる和歌を一音ごと仮名表記するところにこの表記法の積極性があったと思われる。

ところで大宰府で詠まれた和歌には音訓交用表記されたものも多数ある。（巻三・三二八〜三三七、三八一、四四六〜四五〇、巻四・五五五、五六六〜五七六、五五九〜五七六、巻六・九五七〜九六八、巻八・一四七二〜一四七四、一五二三〜一五三二など）

大宰府ではどのような基準で音訓交用表記と総仮名表記が使い分けられたのか、今のところ詳らかにしないが、問題は創作歌の総仮名表記が奈良ではなく大宰府で始まったという動かぬ事実にある。この点が重要であるのは、同じ頃この表記法が奈良において用いられなかったことに現れている。すなわち、養老七年から天平十六年までの畿内近辺の歌を収める巻六が音訓交用表記の和歌によって構成されているが、これは京において京人の詠む歌に総仮名が配されるのは、過剰表記以外の何者でもなかったからである。

## 五　大伴家持の選択

『万葉集』巻十七は、大伴家持が編纂業務に関与したことの明らかな巻である。この巻は、総仮名表記の歌によって構成されており、家持を始め新世代の歌人が巻五以来の総仮名表記を受け入れる過程を観察することができる。巻十七の歌は、天平二年大宰帥大伴旅人が大納言として帰京の折に「傔従等」が海路入京し、羇旅の悲傷を陳べる一〇首の歌（三八九〇〜三八九九）から始まる。仮名表記による歌巻の始めに旅人と大宰府にちなんだ歌を置くのが示唆的である。続く歌には、八年後の天平十年家持の「天漢」を仰ぐ「述レ懐」一首が配される。

多奈波多之《たなばたし》　船乗須良之《ふなのりすらし》　麻蘇鏡《まそかがみ》　吉欲伎月夜尓《きよきつくよに》　雲起和多流《くもたちわたる》　（三九〇〇）

これに次いで大伴書持が大宰府旅人の館での天平二年正月の梅花宴三十二首（巻五・八一五〜）に「追和」して詠んだ天平十二年十二月の新歌六首（三九〇一〜）を置く。

このように巻十七冒頭の編集体裁は、大宰府に始まる総仮名表記による巻五を継承しようとする意図を明らかにしている。巻十七は、巻五の続編を企図して編まれた。

しかし、巻十七冒頭の歌群は、よく観察すると巻五以来の仮名主体表記であるとは言え、徹底した「総仮名表記」ではないことが知られる。先の家持歌（三九〇〇）を例に取れば「船乗、鏡、月夜、雲起」が訓字であり、実際は音訓交用表記である。これは、同じ巻の越中で詠まれた家持の多くの総仮名表記歌群とは明らかに様相が異なっている。同巻では三九一一番歌からの三首（天平十三年四月）、三九一六番歌からの六首（天平十六年四月）が家持詠であって、これらは第一節で述べたように仮名主体表記であるが総仮名ではなく訓字を交用している。三九一一番からの三首を次に挙げる。

安之比奇能《あしひきの》　山辺尓乎礼婆《やまべにをれば》　保登等藝須《ほととぎす》　木際多知久吉《このまたちくき》　奈可奴日波奈之《なかぬひはなし》

保登等藝須《ほととぎす》　奈尓乃情曽《なにのこころぞ》　多知花乃《たちばなの》　多麻奴久月之《たまぬくつきし》　来鳴登餘牟流《きなきとよむる》

保登等藝須《ほととぎす》　安不知能枝尓《あふちのえだに》　由伎底居者《ゆきてゐば》　花波知良牟奈《はなはちらむな》　珠登見流麻泥《たまとみるまで》

家持が徹底した総仮名表記に踏み切るのは、佐藤隆が指摘するように、天平十八年閏七月越中の国守に赴任後の

ことであると思われる。(5)

実は、家持越中赴任に際して大伴坂上郎女が家持に贈った二首（三九二七〜）以後、この巻の表記体裁が一変し、より徹底した仮名表記が実践されていることが知られる。

試みに巻十七冒頭から長歌一首を除く短歌三六首（三八九〇〜三九二六）と家持越中赴任後の、同じく長歌を除いた三六首（三九二七〜三九六四）を取り出し、歌中の訓字を抽出してその使用数を比較した。括弧内の数字は歌番号である。ここでは便宜、前者を奈良歌群、後者を越中歌群と呼ぶ。

**奈良歌群（三八九〇〜三九二〇。三九〇七を除く）**

児、松原、見渡、女、喪（三八九〇）荒津、海、時（二例）、吾（三八九一）海夫、釣舟、我船（三八九二）、昨日、魚、取、今日、見（三八九三）、淡路島、船、吾（三八九四）天伝、日、家（三八九五）家、命、浪、思、（三八九六）大海、何時、問、児（三八九七）大船、居、歌、乞（三八九八）海、未通女、火、松原（三八九九）船乗、鏡、月夜、雲、起（三九〇〇）君（三九〇一）花、如此、君、見（三九〇二）春雨、花、常（三九〇三）花、盛、物（三九〇四）遊、内、庭、梅、柳（三九〇五）御、苑、百木、落、花、雪（三九〇六）盾並而、水緒、大宮所（三九〇八）常花、鳴者、日（三九〇九）珠、宅、霍公鳥（三九一〇）山辺、木際、日（三九一一）情、花、月、来鳴（三九一二）枝、居者、花、珠、見（三九一三）今、鳴者、代、所レ念（三九一四）山谷、野、今、者、鳴（三九一五）橘、雨（三九一六）夜音、指者、花、者（三九一七）橘、苑、鳴（三九一八）青丹、不レ鳴（三九一九）鶉、鳴、花、橘、屋（三九二〇）衣、雄、服、獦、月、者（三九二一）髪、大皇、貴（三九二二）天下、雪、（三九二三）山、日、昨日、今日（三九二四）新、年、豊、雪（三九二五）大宮、零、白雪、見（三九二六）

以上134項目

**越中歌群（三九二七〜三九六四。三九五七、三九六二を除く）**

吾名、山、絶（三九三一）海辺、恋（三九三二）相（三九三三）目（三九三四）草枕、月日（三九三七）代、見（三九四〇）鶯（三九四一）花（三九四二）秋田、穂（三九四三）野辺、念出（三九四四）妹、衣袖（三九四五）秋風、吹（三九四六）秋風（三九四七）月、歴、紐（三九四八）念意（三九五〇）日晩、野辺、見（三九五一）藤、花（三九五二）鴈、秋風（三九五三）馬、並、見（三九五四）月（三九五五）白雲（三九五八）見（三九五九）庭、雪（三九六〇）白浪、榜、船（三九六一）世間、春花（三九六三）山河（三九六四）　以上47項目

これによれば、奈良歌群とそれに直続する越中歌群を比べて後者の訓字使用が激減し、越中歌群がより徹底した仮名表記を実践していることが知られる。これによれば、音訓交用に近い表記から総仮名に近い表記への転換点が家持の越中赴任であった可能性が濃厚である。この事実は、先の佐藤の仮説の説得力を高めるものである。巻十七の表記の急転換の原因は、大宰府の憶良や旅人と同じ立場に越中で家持が置かれたこと、すなわち京言葉を話す家持が在地方言に包囲されたことに強い自覚が生じたためではないだろうか。

家持が越中方言の存在に留意していたことは、天平二十年正月に詠んだ歌の中で「東風越俗語東風謂二之安由乃可是一也（巻十七・四〇一七）」と家持自らが注記を施している事から知られる。天平二十年四月一日越中掾久米広縄の館で開かれた宴会の詠四首中に「羽咋郡擬主帳臣能登乙美」という在地官人の歌が載せられている。この宴には家持も参加した。

安須欲里波《あすよりは》　都藝弖伎許要牟《つぎてきこえむ》　保登等藝須《ほととぎす》　比登欲能可良尓《ひとよのからに》　古非和多流加母《こひわたるかも》　（十八・四〇六九）

この歌に続いて、国師従僧清見が帰京の折、送別の宴での主人家持の歌二首が並ぶ。その二首目（四〇七一）と左注を見よう。

之奈射可流《しなざかる》　故之能吉美良等《こしのきみらと》　可久之許曽《かくしこそ》　楊奈疑可豆良枳《やなぎかづらき》　多努之久安蘇婆米《たのしくあそばめ》

右郡司已下子弟已上諸人多集二此會一　因守大伴宿祢家持作二此歌一也

大宰府の梅花宴では推測の域を出なかった国庁での在地官人の宴参加が越中ではこのように確かめられる。しかもこの歌は、在地人への呼びかけが動機になっている。家持の周辺において国司と郡司は、必ずしも水と油のような関係ではなく人間的交流があった。天平宝字三年正月、因幡国庁で家持が詠んだ歌（四五一六）も「国郡司」をもてなす宴席でのものであった。

家持は、越中や因幡で在地官人に作歌指導を行った筈である。方言音声を持つ在地人に対する奈良語による作歌指導に際して総仮名表記が効果的であることは言うまでもない。この時代は、地方人も和歌を詠んだ。京人もそれを意識したことは、東歌（巻十四）と防人歌（巻二十）というテクストの存在がそのことを示している。東歌と防人歌は、ともに徹底した総仮名表記である。東国方言が露呈するこれらの和歌の組織的な採集に関わったのが家持であった。京人にとって言語的違和感を含んだ歌を記載するために総仮名表記を用いるのは、伝承古歌の転記で試され済みの方法であった。その一方で家持は、総仮名表記を自作歌に導入するのを旅人や憶良の実践から十数年間見合わせていた。天平五年から天平十八年までの時間差は、この前衛的和歌表記に対して奈良在住の家持が取ったそれなりの根拠ある逡巡を表わしているだろう。彼がその採用を決断したのは、越中赴任に際して京人が歌を総仮名表記することの真の意味を悟ったからではないだろうか。奈良朝和歌の総仮名表記は、伝承古歌、大宰府や越中での創作歌、東歌、防人歌など八世紀奈良の京人にとって異言語との接触の場で出現したという結論を得た。

## 【注】

（1）春日政治「仮名発達史序説」『春日政治著作集Ⅰ』五四頁（勉誠社）
（2）沖森卓也（二〇〇〇）「万葉仮名文の成立」『日本古代の表記と文体』第二章第四節（吉川弘文館）
（3）拙著（一九九六）『古代日本語の形態変化』（和泉書院）
（4）乾善彦（二〇〇〇）「日本語書記史と人麻呂歌集非略体歌の『書き様』」『萬葉』第一七五号
（5）佐藤隆（二〇〇〇）「大伴家持と巻十七歌巻の表記」西宮一民編『上代語と表記』（おうふう）

# 索引

## 人名索引・書名索引

# 用語索引

# あとがき

本書は、古代日本語の音声と文法の歴史的変遷を叙述した前著『古代日本語の形態変化』（和泉書院、一九九六）以来の古代語を論じた著述である。前著は、音声史研究と文法史研究および学説史的研究の三部から構成されていた。この前書に関して筆者は、上梓直後から三つの構成部分がそれぞれ独自に発展するであろうことを希望的に予想した。その結果、音声史研究が学説史的研究に合流して、『近世仮名遣い論の研究』（名古屋大学出版会、二〇〇七）と『「国語学」の形成と水脈』（ひつじ書房、二〇〇七）を成果として得ることが出来た。学説史研究は、筆者がもともと好んだ領域であるが、筆者が参加した二十一世紀ＣＯＥプログラム（二〇〇二年度から五年間）、グローバルＣＯＥプログラム（二〇〇七年度から五年間）の課題であったテクスト解釈学の遂行によく合致した。その結果、プログラム実施の十年間、筆者は学説史研究に精力を注ぐことになった。

一方で、筆者の研究の本貫とも言うべき古代語研究も継続していたが、ＣＯＥプログラムが終了して学説史の二著を上梓した後、古代語研究をいかに再建軌道に乗せるか苦心していた。その頃、折よく京都大学（当時）の木田章義氏から日本語の起源に関するシンポジウムを開きたいので、筆者にも何か発表せよとの依頼を頂いた。有難いお誘いであったが、筆者は、日本語の起源に関する見識を持たない。それでも、残された資料によって推認しうる古代日本語の通時的趨勢を把握、記述して、前史日本語を推測する補助線を引くことが出来るならということでお引き受けしたのであった。その際、筆者は、古代日本語を形成し、変革した最大の要因が動詞の増殖にあると見て、その太い一線から奈良時代から平安時代にかけての音声変化と文法変化をある程度説明することが出来るのではないかと考えた。

京都大学文学研究科主催のシンポジウム（二〇一二年十二月九日）の概要は、京都大学文学研究科編『日本語の起源と古代日本語』（臨川書店、二〇一五）に収録された諸論考によって知ることが出来るが、その中の拙稿「古代日本語の歴史的動向から推測される先史日本語」が本書序章のもとになった論文である。本章の表題中にある「動詞増殖」とは、シンポジウムをきっかけに得た本書全体を貫くモチーフであって、この考えを獲得する機会を与えてくださった木田氏に感謝申し上げたい。

本書を構成する諸章のもとになった論文を次に挙げる。

序　章「形態的特徴から見た古代日本語動詞の通時的過程」『国語国文』（京都大学国語国文学研究室、二〇一三）

［第一部］

第一章「奈良時代語の尊敬を表す語尾スの消長」名古屋・ことばのつどい編集委員会編『日本語論究5』（和泉書院、一九九七）

第二章「上代語活用助辞と動詞語尾との歴史的関係について」『国語国文』第八三巻一一号（京都大学国語学国文学研究室、二〇一四）

「上代語活用助辞ムの意味配置に関与する統語構造」『萬葉』第二二一号（萬葉学会、二〇一六）

「上代語における意志・推量の助辞ム成立の歴史的関係」『訓点語と訓点資料』第一三六輯（訓点語学会、二〇一六）

第三章「奈良時代語における話者願望標識マクホシをめぐる通時的諸相」国語語彙史研究会編『国語語彙史の研究三十七』（和泉書院、二〇一八）

［第二部］

第四章　本書のための書下ろし

第五章「完了辞リ・タリと断定辞ナリの成立」『萬葉』第一七〇号（萬葉学会、一九九九）

第六章「断定辞ナリの成立に関する補論―万葉集と宣命を資料にして―」名古屋・ことばのつどい編集委員会編『日本語論究6』（和泉書院、一九九九）

「奈良時代語におけるニアリからナリへの形態変化と意味変化」名古屋・ことばのつどい編集委員会編『日本語論究7』（和泉書院、二〇〇三）

「奈良時代語の述語状態化標識として成立したリ、タリ、ナリ」『国語学』第五四巻四号（通巻二一五号）（国語学会、二〇〇三）

「動作の結果継続を表す名詞修飾の歴史的動態」『名古屋大学国語国文学100』（名古屋大学国語国文学会、二〇〇七）

「奈良平安朝文芸における過去辞が介入する分詞用法」『名古屋言語研究』（名古屋言語研究会、二〇一二）

「上代語動詞の形容詞転用に関する諸問題」国語語彙史研究会編『国語語彙史の研究三十四』（和泉書院、二〇一五）

補論1「上代日本語ラ行音考」『富山大学人文学部紀要』第六号（富山大学人文学部、一九八三）
補論2「和歌における総仮名表記の成立」『名古屋大学国語国文学93』（名古屋大学国語国文学会、二〇〇三）

本研究に関して受けた公的研究費および民間研究費を次に挙げる。

［日本学術振興会科学研究費］

二〇〇四年度～二〇〇七年度
「古代日本語における述語形容詞化用法としての名詞修飾機能に関する統語構造論的研究」

二〇〇八年度～二〇一一年度
「日本語動詞の形容詞的用法の獲得過程に関する通史的研究」

二〇一五年度～二〇一九年度
「古代日本語の活用助辞成立に介入する動詞および助辞の役割に関する歴史文法学的研究」

［三菱財団助成金］

第四十三回（平成二十六年度）三菱財団人文科学助成
「古代日本語の派生的増殖過程に関する歴史言語学的研究」

■著者紹介

釘貫　亨（くぎぬき　とおる）
一九五四年和歌山県生れ
東北大学大学院博士課程（国語学）単位取得退学
富山大学人文学部助教授
現在、名古屋大学大学院教授（日本語学）博士（文学）
名古屋大学
専攻：古代日本語音声、文法、日本語学説史
著書：『古代日本語の形態変化』（和泉書院一九九六年）
『近世仮名遣い論の研究』（名古屋大学出版会二〇〇七年）
『「国語学」の形成と水脈』（ひつじ書房二〇一三年）

研究叢書513

# 動詞派生と転成から見た古代日本語

二〇一九年八月二〇日初版第一刷発行
（検印省略）

著者　釘貫　亨
発行者　廣橋研三
印刷所　亜細亜印刷
製本所　渋谷文泉閣
発行所　有限会社　和泉書院

大阪市天王寺区上之宮町七－六
〒五四三－〇〇三七
電話　〇六－六七七一－一四六七
振替　〇〇九七〇－八－一五〇四三



ISBN978-4-7576-0914-3　C3381